中国城市群发展报告

2016

ZHONGGUO CHENGSHI
QUN FAZHAN BAOGAO

|刘士林|刘新静|主编|

中国出版集团 東方出版中心

发布单位

上海交通大学城市科学研究院

教育部《中国都市化进程年度报告》课题组

基金支持

教育部哲学社会科学系列发展报告首批建设项目

上海交大城市科学斐讯研究基金

《中国城市群发展年度报告》
编　委　会

内容简介

在经济全球化、城市化的背景下，作为经济和人口集聚的主要空间载体，城市群已成为全球城市发展的主流和趋势。在中国，城市群作为国家新型城镇化规划建设的“主体形态”，其发展水平和质量也决定了“中国梦”的内涵和境界。本报告以上海交通大学城市科学研究院 2016 版《中国城市群数据库》及 2014 版《中国城市群发展指数框架》为基础，根据六年(2007～2012 年)综合指数值特别是 2012 年的最新指数特征，对我国城市群的人口、经济、社会、文化和均衡性进行客观考量和公正评价，为中国城市群的健康发展和有序推进提供借鉴和参考。

目前，最新数据和指数值显示，中国九大城市群综合指数水平的排名结果依次为：长三角城市群、珠三角城市群、京津冀城市群、山东半岛城市群、中原经济区、成渝经济区、环长株潭城市群、武汉城市圈和环鄱阳湖城市群(并列)。京津冀、长三角和珠三角在优质人口集聚、居民生活质量和文化发展水平上走在前列，位居第一阵营。山东半岛城市群凭借优越的地理位置和良好的经济基础，位居第二阵营。中原经济区、成渝经济区以及环长株潭城市群经济基础薄弱，城市一体化程度较低，与东部城市群仍存在较大差距，位居第三阵营。武汉城市圈和环鄱阳湖城市群资源挖掘和利用程度不够，发展理念和政策水平有限，与其他城市群的发展水平差距较大，位居第四阵营。

从基本格局上看，三大城市群稳居前三位，各自优势地位难以动摇。京津冀、长三角、珠三角的综合发展水平处于绝对优势地位，代表了中国城市群发展的最高形态和前进方向。但各大城市群都在快速发展，差距正在逐步减少。同时，九大城市群各有优势和不足。但经过六年数据的调查和分析，我们认为三大城市群的优势和领先地位在短期内不会发生改变，如京津冀城市群的文化发展指数一枝独秀，是中国名副其实的文化中心。而长三角城市群经济总量最大，牢牢占据着中国经济中心的霸主地位，同时生活质量指数领先，是较为理想的宜居城市群。珠三角以绿色发展见长，经济的可持续增长潜力大。其他城市群的基本情况是，山东半岛城市群位居中位，有着巨大的赶超优势。中原经济区、成渝经济区以及新增加的长江中游三个城市群虽然在整体上落后，但在一些指标上也有优势。

从纵向发展上看，九大城市群的各项指数水平总体上均呈现出上升趋势。其中，京津冀城市群的综合指数稳定上升，长三角城市群更是以十分明显的优势位居首位，珠三角城市群的综合指数值持续出现波动，表现出不稳定的特点，而成渝经济区、中原经济区及山东半岛城市群的综合指数增长幅度相对比较小。新增加的长江中游三城市群从指标水平上看也处于持续上升的趋势，但增长程度不明显。这既反映出六年中九大城市群在城市人口、经济及生活文化水平方面均不断进步，也显示出京津冀和长三角在纵向发展上快于珠三角及其他城市群的最新趋势。

从横向比较上看，我国城市群发展的层级分化日趋固化。从综合指数排名看，我国区域发展不均衡问题并未好转，各自的劣势和问题在短期内也难以从根本上解决。山东半岛城市群尽管在东部仅居于二线，但总体发展水平仍高于中西部的成渝和中原。中原经济区和成渝经济区不仅经济基础薄弱，一体化程度较低，发展速度和发展质量均滞后，在发展思路与模式上也比较被动，依附并受制于东部而缺乏应有的文化自信和道路自觉。新增加的长江中游三城市群本身的发展基础较为薄弱，城市群的规划范围和相关政策出台和推进迟缓，也是影响该地区发展的主要问题之一。基于中国主要城市群发展现状和问题的研判，东部城市群应探索人口、经济、生活、文化四位一体，均衡发展的城市群机制，解决我国城市群层级体系混乱和一体化缺乏内生动力的问题；中部城市群建立就业、产业和基础设施三者的联动机制，注重提升整体实力；而西部城市群要积极融入“一带一路”战略，切实做到“把城市群作为主体形态”；中国城市群的发展需深研区域文明传统，重建区域文化及价值的认同，切实推进文化城市群战略。

Briefing

The mega-city region, as the major spatial unit for the population and its economy, has become the mainstream and trend of urban development against the backdrop of global urbanization and economic integration. In China, the mega-city region is the "major pattern" of newly national urban planning, which will greatly influence the connotation and level of "China Dream". Based on 2016 China Mega-City Region Database and 2014 "China Mega-City Index", the report, issued by Institute of Urban Science in Shanghai Jiao Tong University, we examine and evaluate data of six years (2007 - 2012) involving population, economy, society, culture and equilibrium. It will provide experience and reference for the sustainable development in mega-city regions of China.

The ranking of nine mega-city regions in China based on comprehensive index is Yangtze River Delta mega-city region, Pearl River Delta mega-city region, Beijing-Tianjin-Hebei mega-city region, Shandong peninsula mega-city region, Middle Plains mega-city region, Chongqing-Chengdu mega-city region, Changsha Ring Area mega-city region, Wuhan Ring Area mega-city region and Nanchang Ring Area mega-city region (same place). Yangtze River Delta mega-city region, Pearl River Delta mega-city region and Beijing-Tianjin-Hebei mega-city region stay in the first-tier team thanks to its high level of population gathering, living quality and cultural development. Shandong peninsula mega-city region is in the second-tier team based on its good geographical location and economic development. Middle Plains, Chongqing-Chengdu and Changsha Ring Area mega-city regions are in the third-tier team due to weak economic base and low urban integration. Wuhan Ring Area mega-city region and Nanchang Ring Area mega-city region are in the fourth-tier team due to its limited resources utilization level, developing conceptions and policies.

In overall situation, the highest rankings of Yangtze River Delta mega-city region, Pearl River Delta mega-city region and Beijing-Tianjin-Hebei mega-city region will remain the same in short term. Their overall development are in absolute advantage, which stands for the highest level and latest trend of mega-city region development in China. The nine mega-city regions are in fast growth with smaller gap among each other. Meanwhile the nine mega-city regions have their own merits and demerits. Beijing-Tianjin-Hebei mega-city region is in reality China's cultural center according to the leading cultural development index. Yangtze River Delta mega-city region is the economic center with its overall economic inventory and is an ideal region for living with its excellent living quality index. Pearl River Delta mega-city region is characteristic of its green growth and sustainability. Shandong peninsula mega-city region occupies the middle place in the rankings and have great potential of surpassing others in front of it. Middle Plains mega-city region, Chongqing-Chengdu mega-city region and the three newly joined mega-city regions lag behind, but still have advantages in some aspects.

In perspective of development with time, the overall index of nine mega-city regions is increasing. Beijing-Tianjin-Hebei mega-city region has a constantly increasing index. Yangtze River Delta mega-city region has an obvious growth in its overall index. The index of Pearl River Delta mega-city region is unstable with waves. The overall index of Shandong peninsula mega-city region, Middle Plains mega-city region and Chongqing-Chengdu mega-city region has relatively small growth. The three newly joined mega-city regions in the middle reach of Yangtze River are experiencing growth though in small steps. The nine mega-city regions all keep improving in aspects of urban population, economy, living condition and culture.

Beijing-Tianjin-Hebei and Yangtze River Delta mega-city region have faster growth than Pearl River Delta mega-city region and the rest of mega-city regions.

In perspective of development in space and hierarchy, the mega-city regions in China are increasingly locating in several tiers. In overall index, the regional equilibrium is still in not so well situation and nine mega-city regions are in several tiers. Shandong peninsula mega-city region has higher level of development than Middle Plains mega-city region and Chongqing-Chengdu mega-city region though they are all second-level metropolises in China. The problems of Middle Plains mega-city region and Chongqing-Chengdu mega-city region lie in their weak economic base, low developing integration and quality, slow growing speed, passive growth patterns and lacking of due cultural confidence and conscious. The three newly joined mega-city regions in Middle area of Yangtze River are with weak growth foundation. Their planning and policies are in a relatively slow launching. Based on judging the overall development in mega-city regions in China, it is proposed that the mega-city regions in the East are to form a mechanism integrated population, economy, life and culture to sort out the mega-city regional hierarchical structure and refresh the internal dynamics. The mega-city regions in the middle are to unify the employment, industry and infrastructure to improve the developing strength. The mega-city regions in the west are to actively participate in the strategy of "One Belt One Road" with the mega-city region as the major pattern. The mega-city regions in China are suggested to reveal the regional civil tradition, reconstruct the regional cultural recognition and take the path of cultural urban planning in China.

目 录

前沿观察

主题报告

战略研究

理论参考

专题报告

智慧城市

对话访谈

学 术 资 讯

Contents

Foreword

Major Report

Strategic Research

Theoretical Research

Special Report

Smart City

Interviews

Academic Information

前沿观察

我国城市群规划建设的若干重要问题

我国城市群规划建设的若干重要问题

一、如何看待国家启动城市群规划编制?

城市群是当今世界城市和区域发展的主流和大趋势①。从2005年国家“十一五”规划首次提出“把城市群作为推进城镇化的主体形态”,到2014年《国家新型城镇化规划》最终明确“把城市群作为主体形态”,我国新型城镇化的发展模式在经过近十年的争论和探索后得以尘埃落定,既不是长期以来一直占据主流的“小城镇”,也不是2000年以后异军突起的“大都市”,而是更具有包容性和协调性的城市群成为主导和基调。

关于我国城市群的发展现状,主要可以从两个层面看。在国家文件中,明确为国家级的城市群主要有两个表述:一是《中共中央关于制定国民经济和社会发展第十一个五年规划的建议》提出的3个,即长三角、珠三角和京津冀;二是《国家新型城镇化规划》提到的5个,增加了长江中游城市群和成渝城市群。在专家和研究机构的层面,关于中国城市群的规模,目前主要有32个②、30个③和20个④三种说法,它们相互之间的叠合度很高,一些城市群只是在名称上略有差别。在城市群成为新型城镇化主体形态和概念、名称、范围都比较混乱的背景下,由国家发展和改革委员会牵头制定在范围上涵盖全国的城市群规划已势在必行。

我国城市群战略规划编制并非始于今日。从时间上看,最早可追溯到20世纪80年代的长三角经济区,90年代以后,由于西方城市群理论的传播和影

---

① 盛蓉、刘士林:《当代世界城市群理论的主要形态与评价》,《上海师范大学学报》,2015年第2期。
② 《中央打造32个城市群的背后》,《中国经营报》,2013年12月17日。
③ 刘士林:《城市群规划应因地制宜》,《光明日报》,2013年2月4日。
④ 《中国将分三类打造20个城市群　国家级新增2个》,《经济参考报》,2015年3月11日。

响，长三角城市群的概念开始普遍流行。但几乎与此同时，珠三角城市群、环渤海(京津冀)城市群的理论研究与概念性规划也开始活跃起来。从层级上看，最初除了长三角由国务院直接推动，其他城市群大都是由地方政府及研究机构操刀，其中一部分很快上升到国家层面。时至今日，不仅限于东部城市化发达地区，只要是城市扎堆、人口密集的地方都不甘示弱，各种层级的城市群规划已不下 30 个。从 2008 年开始，城市群规划文件正式进入“国字头”时代，国务院连续发布了长三角、珠三角规划，均提出了建设“世界级城市群”的发展目标。京津冀的规划编制尽管在 2010 年前后已完成，但由于一些特殊原因并未发布。这些研究与规划不论水平高低、落地与否，都毫无疑问地为我国编制全国性的城市群规划积累了经验和基础。

与单体城市不同，城市群的发展目标是建构良好的分工体系和层级关系，解决大城市与中小城市、城市与农村不断激化的对立和冲突①。编制全国性的城市群规划体系，是落实中央城镇化工作会议提出“完善城镇化健康发展体制机制”“推动大中小城市和小城镇协调发展”等战略任务的必然。同时，由于城市群本就有以城市协同发展打破行政区划壁垒的特点，与我国当下十分强调的“政府”和“市场”要划清界限的行政体制改革思路也是高度一致的。在当前行政新常态下启动编制工作，相关阻力和矛盾会比过去减少许多。

二、城市群规划编制重点要做好哪些准备?

城市群规划由于空间与经济规模巨大、人口和行政单元众多、社会关系和文化成分复杂，要编制一个能照顾各方利益需要、协调多元主体的规划，要做的准备工作当然很多。但最重要的不是在具体层面上怎么突破，而是如何在顶层设计上先做好两件事：

一是认真研究城市群的理论、历史流变和当代形态，同时密切跟踪和及时梳理中国城市群的发展进程和特殊经验，建构符合世界城市群发展一般规律和中国新型城镇化需求的城市群概念、内涵、评价标准和发展模式。目前，《国家新型城镇化规划》尽管提出“把城市群作为主体形态”，但还只是一些粗线条的描述和阐释，不仅本身不够精密、准确和周严，和各城市群的发展现状与需

① 上海交通大学城市科学研究院：《城市群：未来城镇化的主平台》，《光明日报》，2014 年 6 月 3 日。

求也存在较大差异。如果这个基础性的理论问题和框架不能解决好，就不可能确立一个科学的遴选标准体系。或者说，如果“概念”和“标准”不能先行确立，“谁进来，谁不进来”就有很大的随意性和盲目性，甚至出现“该进来的没有进来，不该进来的进来了”，这样的规划不仅无助于城市群健康发展，还会制造出新的矛盾及后遗症。

二是要认真研究中国城市群的真实发展现状，对各城市群的各种主要数据要有准确和全面的把握。目前，关于我国城市群的数据统计分析、标准化处理、评价评估体系还缺乏一个权威平台，加上过去的城市群研究主要侧重经济指标，对人口、环境、社会、文化等因素涉及很少，既不能科学评估我国城市群的综合发展水平，也不能为其健康和可持续发展提供正确指导和路径。同时，我们还缺乏国家层面上的城市群数据库和决策支持系统，这往往导致“哪些入选，哪些不入选”的理由未必充分、政策和资源配置未必合理等问题。同样，这个基础性的问题解决不好，也会伤害一些城市群建设的积极性。

规划本身并不只是“墙上挂挂”，而是一根调配资源和指引发展的“软指挥棒”，由于涉及更大规模的经济活动和人口集散，城市群规划对自然环境、经济社会、文化建设的影响远高于一般的城市规划，所以在规划前，应研究、研究、再研究，慎重、慎重、再慎重。而在观念上有较多的争论、数据还不准确的背景下，我国城市群规划应先做一些示范点，以便“船小好掉头”。

三、“城市发展战略规划”与“城市群发展战略规划”的区别是什么？

“城市发展战略规划”与“城市群发展战略规划”的区别主要表现在两个方面：

在“表层结构”上，主要是“单体城市”与“城市共同体”的形态差别。前者的发展目标是在空间、交通、人口、经济、金融、文化等方面发展为具有“寡头”性质的“大都市”。后者的最高境界则是建成具有合理的城市分工和层级体系，在生态功能上成为“一荣俱荣、一损俱损”性质的“城市群”。

在“深层结构”上，主要是“现代主义”和“后现代主义”的精神差别。19世纪以来迅速发展的大城市，在性格上很像“现代主义者”，只顾自己，唯我独尊，排斥他者和社会；而20世纪60年代以来出现的城市群，在性格上则像“后现代主义者”，承认“个性”的同时也承认“共性”，在价值理念上不再追求“集聚”

而是探索“分布”。这是城市发展更高的理念和境界，如同一个完成了“社会化”、到了懂事年纪的孩子。

从大城市向城市群发展，是一个全球性的主流趋势。20 世纪 60 年代以来，“单体城市”对外加剧了城市之间的“同质竞争”，造成区域内资源、资金和人才的巨大浪费和低效配置，对内激化了城市内部的“恶性博弈”，直接损害了城市社会应有的公平、正义及人的精神生态，不断受到质疑、修正和摈弃。与此同时，在形态上具有“组团发展”特征、在机制上形成“共生互动”的“城市群”，逐渐成为当今世界城市化和区域发展的主流，为从根本上解决“产业同质竞争、项目重复建设、空间批量生产”的“粗放型城市发展模式”指明了方向①。对于中国北上广深等大都市，必须充分意识到原来那种“以邻为壑”“各自为战”的发展方式，是粗蛮生长的城市化初级阶段，而勇于承担区域一体化的职责，才是走向成熟、走向城市化高级形态的基本特征。这首先需要改变我们已然习惯了的“城市发展战略规划”，以真正“海纳百川”“兼容并蓄”的城市理念和胸襟，对区域内的大都市、城市、城镇和乡村进行系统规划和设计。

四、中西城市群形成的机制性差别是什么？

根据我们的研究，中西城市群的基本差异可以“空间因素”和“时间因素”的对立来概括。西方城市群概念源于戈特曼的地理学及其对自然空间如何演化为城市空间、城市空间又如何演化为城市群空间的调查与跟踪。受其影响，西方城市群最重视的是自然空间演化、城市形态蔓延、空间距离改变等，包括戈特曼特别重视的交通和信息，包括城市群理论的内部分歧，如大都市区强调的是空间中有农村和低城市化地区，如超级都市群概念强调的是几个城市群由于边界消失而结成一体等。由此可以得出，西方城市群理论起源于对“空间”变化的观察和研究，其在实践中遭遇的很多问题也可归结为“空间”问题，并倾向于从空间角度寻求解决问题的方案和路径。

与西方城市群不同，中国城市群在理论和现实中主要受制于“时间”要素。首先，与戈特曼的调查研究和理论总结不同，我国城市群研究主要是西方理论传播和影响的产物；其次，与西方城市群主要是城市地理与经济自然演化的结

① 刘士林：《“把城市群作为主体形态”》，《文汇报》，2013 年 12 月 19 日。

果不同，我国城市群规划与建设的主要动力是人工的规划、设计和推动。因而，在我国的城市群理论和实践中，必然更多地加入了时代特征、当下诉求等“时间性因素”，或者说，很多紧迫性、当下性的需要和愿望很容易混入并主宰我国的城市群发展。这些时间性的因素，有些符合城市群发展的内在机制与规律，但毋庸讳言，更多的是在违背城市群“自然历史进程”的前提下，揠苗助长、人工催化甚至是过度刺激的结果。①

在我国城市群的快速发展中，如何充分遵循城市群自然成长和演化的内在规律，顺应全球城市化进程的主流趋势和基本原理，既是我国城市群研究特别需要注意的问题，也是决定我国城市群建设质量和发展水平的关键所在。由于城市群代表了当今城市化的主流与趋势，这个问题与矛盾也同样存在于其他层级的城市化进程中。

五、城市建设怎样过渡到城市群建设?

古罗马哲人有一句话，叫“服从命运的跟着命运走，不服从命运的被命运拖着走”。从城市建设到城市群建设的转型，也基本上不超出哲人的逻辑。

在城市群成为新型城镇化主体形态的大背景下，主要会有两种过渡方式：一是主动转型发展，二是在付出很大代价之后“洗心革面，重新做人”。在我国城市化进程中，过去也有一些“血的教训”。如在 20 世纪 90 年代，一些城市对兵临城下的城市化大趋势毫无觉察，依旧将主要精力和资源投入农业战线，等他们觉悟过来，很多机遇早已不在，由此造成的与其他城市的发展差距，更不是在短期内可以弥补的。从城市到城市群，是城市化进程的一次新升级。对此如果不能有自觉意识并转变城市发展方式，一些现在看起来还不错的城市，在不久的未来很可能就会“沦为乡村”。

面对经济增长放缓、人口红利降低的现实，当然要引起足够的重视。但还要看到，在“单体城市”发展模式中，必然有很多资源和政策由于配置不合理和制定不合时宜而被低效使用，并没有发挥出应有的作用。城市群意味着可以在更大区域内实施资源和政策的有效配置，因而有理由相信，如果城市群规划做得好，完全可能弥补城市自身在经济发展、人口资源配置等方面日趋严峻的

① 刘士林：《城市群的全球化进程及中国经验》，《学术界》，2012 年第 6 期。

问题及其可能导致的负面影响。

六、国家城市群规划对长三角、京津冀及珠三角将产生什么样的影响?

2005 年,在《中共中央关于制定国民经济和社会发展第十一个五年规划的建议》中,首次提出作为国家综合竞争力最高代表的“城市群”概念,并明确要求已形成一定规模的珠江三角洲、长江三角洲、环渤海地区,“继续发挥对内地经济发展的带动和辐射作用,加强区内城市的分工协作和优势互补,增强城市群的整体竞争力”。同时,该建议还提出在有条件的地区,要“以特大城市和大城市为龙头,通过统筹规划,形成若干用地少、就业多、要素集聚能力强、人口合理分布的新城市群”①。此后,我国城市群的总体规划和专项规划开始进入快速增长期并陆续向社会发布。2008 年,国务院发布了长三角、珠三角、北部湾的区域发展规划。2009 年,国家发展和改革委员会发布了关中—天水经济区、辽宁沿海经济带等发展规划。此外,国家发展和改革委员会还发布了武汉城市圈和长株潭城市群的“资源节约型和环境友好型社会建设”综合配套改革总体方案,也可以看作是“专项特色”性质的城市群发展规划。“十二五”时期以来,在我国快速城市化的大背景下,城市群规划编制持续发力,其中最重要的是 2011 年海峡西岸经济区、成渝经济区、中原经济区和 2014 年京津冀协同发展、“一带一路”、长江经济带正式成为国家三大战略。此外,分别以承接产业转移、蓝色经济发展为“专项特色”的皖江城市带、山东半岛等也有斩获。这些都为国家发展和改革委员会启动编制全国性的城市群规划做了必要的铺垫。据媒体报道,全国性城市群规划主要包括 5 个国家级城市群(长三角、珠三角、京津冀、成渝、长江中游)、9 个区域性城市群(哈长、山东半岛、辽中南、海峡西岸、关中、中原、江淮、北部湾、天山北坡)和 6 个地区性城市群(呼包鄂榆、晋中、宁夏沿黄、兰西、滇中、黔中)②,这些其实都不是“突发奇想”,其中既有政府和规划部门的执著探索,也有国家新型城镇化战略的通盘考虑,因而可以看作是在全国范围内开展的一次战略性整合与系统性设计。

如果最后出台的城市群规划真是这 20 个,它们在空间、产业布局等方面

① 《中共中央关于制定国民经济和社会发展第十一个五年规划的建议》,新华网,2005 年 10 月 18 日。

② 《中国将分三类打造 20 个城市群　国家级新增 2 个》,《经济参考报》,2015 年 3 月 11 日。

所发挥的实际效果，现在还难以评价。但至少有一个好处，就是把原来主要为三大城市群独享的好处，平摊到更大的区域范围内，这就等于在政策层面上所有的城市群站在了同一个起跑线，初步实现了所谓的“程序公平”。这对其他二三线城市群，特别是中西部城市群，将会起到巨大的鼓励和推进作用。而对一直“面有骄色”的三大城市群，也会有所刺激和警示。据上海交通大学城市科学研究院最新推出的《中国城市群发展报告 2014》表明，由于长三角、珠三角、京津冀与其他城市群在现实中实际存在的巨大“不平等”，所以在短期内其他城市群还是不可能超越三大城市群的。① 此外，一些媒体热议的国家级城市群上升为 5 个，其实并不确切，其中的成渝城市群早在 2011 年就成为“国家级”，不过当时的名字叫“成渝经济区”。而其他的城市群规划也不是“一张白纸”，同样经历了多年的反复推敲和修改，并在一些局地和层面上进行过长期探索。只是由于名称同样“改来改去”，所以给人的感觉比较混乱而已。

七、推进城市群建设应重点发展哪些方面?

从现阶段看，最重要的是正确理解城市群的内涵和本质，对中国城市群应该走什么样的发展道路做出科学判断和战略选择。

根据我们的研究，当今世界的城市群主要有两种发展模式：一是传统以经济、交通和人口为要素的“经济型城市群”；二是重文化、生态和生活质量的“文化型城市群”。前者虽然“貌似”城市群，但由于在本质上遵循的仍是“唯我独尊的大都市”发展理念和模式，所以不仅没有发挥推进区域一体化和协调发展的功能，本身正是城市化区域结构失衡、功能失调、秩序混乱的主要原因。目前我国城市群走的都是“经济型城市群”发展道路，尽管在短期内经济总量、交通基建和人口规模增长很快，但也导致了“物质文化”与“人文精神”、“硬实力”和“软实力”的严重失衡和不协调，以“文化型城市群”取代“经济型城市群”发展模式已势在必行。

理想的城市群本质上是一个在人口、经济、社会、文化和整体结构上具有合理层级体系，在空间边界、资源配置、产业分工、人文交流等方面具有功能互补和良好协调机制的城市共同体。就此而言，推进城市群建设的重点内容主

① 东仁：《2014 中国城市群：谁的实力最强》，《瞭望东方周刊》，2015 年第 2 期。

要包括两大方面：一是西方城市学家已经意识到的、偏重于空间和人口的“合理的城市层级体系和分工协作机制”；二是“文化、生态和生活质量”这个更加重要的、决定了城市群建设的目的和意义的根本性问题。但受西方城市群理论和中国经济型城市化发展模式的影响，当下关于城市群的研究和认识，却主要停留在西方 20 世纪 60 年代的水平上，即把城市群规划简单等同于“经济”和“交通”建设。不仅在长三角和珠三角规划中，在其他各城市群或经济区也都是如此。这种片面化和简单化的倾向，必须引起重视并得到纠正，否则很可能在城市群之间形成更大规模的“同质竞争”和“结构趋同”。而这与城市群的本义——建立区域内合理的层级分工体系、解决单体城市间的恶性竞争以及提供丰富和美好的文化生活——是完全背道而驰的。紧密结合《国家新型城镇化规划》提出的“注重人文城市建设”，提出和实施“文化型城市群”发展模式，有助于协调城市群的交通、经济、人口增长和文化、生态、生活质量改善的矛盾冲突，带动我国城市建设进入以文化发展为主题、以经济发展为基础、以政治建设为目标的良性循环阶段。

八、如何看待“一带一路”与“城市群”之间的关系？

“一带一路”与“城市群”的关系十分密切，这可以从两方面看：

从历史上看，“一带一路”不仅主要以城市为空间节点，也形成了特有的丝绸之路城市生产生活方式，我们一直倾向于把它们理解为“历史上的城市群”。以丝绸之路为例，我们刚完成的《中国丝绸之路城市群研究》，就是以历史记载的骆驼商队所经路线上的 26 个重要城市为研究对象，同时这也是国家主席习近平在哈萨克斯坦纳扎尔巴耶夫大学演讲时首提“丝绸之路经济带”的境内部分。我们把这个城市群界定为：以传承古代丝绸之路节点城市的生产、贸易、生活方式和文化传统，以重建当今丝绸之路经济带的政治、外交、物流、文化交往功能为战略框架，具有多中心、多起点、多民族、多文化、跨区域和国际化的带状城市共同体。“一带”的情况也相差不多，主要是由一系列河海港口城市构成的。

在现实中看，“一带一路”主要是以城市的人口、经济和交通节点为支撑体系的，离开城市就不可能谈“一带一路”的建设和复兴。这是因为，从“一带”看，我国中西部的生态环境已过于脆弱，经不起大的建设工程折腾，所以相关建设最好在城市化区域内布局，以免给自然生态环境造成新的“建设性损伤”。从“一路”看，21世纪是海洋的世纪，而中国海上丝绸之路的沿线城市已过于繁华，甚至是开发过度，在东部很多城市已被要求建设用地“零增长”。在这种背景下，借用已有城市空间，盘活它们的资源，应成为海上丝路沿线城市战略思维的“新常态”。就此而言，“一带一路”战略本质上是规模更大、组团式的城市群规划建设。

在新型城镇化背景下，把城市群作为“一带一路”规划建设的主体形态，从确定城市群的层级体系和边界，理顺彼此之间的资源配置关系，形成具有互补性的产业结构，建立合理的协调和补偿机制出发，提出和设计“一带一路”城市群总体战略规划框架，具体可以包括三方面内容：从宏观层面看，优化提升东部地区城市群，培育发展中西部地区城市群；从中观层面看，建立“一带一路”主要城市群的发展协调机制，有助于提高大区域框架的一体化合作水平；从微观层面看，提出以中心城市带动周边中小城市的发展战略思路，可有效降低区域内部的不平衡并在整体上降低发展成本。

九、京津冀协同发展需要注意的主要问题有哪些？

京津冀城市群包括了约1.1亿人口和约22万平方千米的面积，像这样一种超级社会发展工程，其复杂性和艰巨性不亚于历史上任何一场大战役。由于2015年4月30日中共中央政治局会议审议通过的《京津冀协同发展规划纲要》只是一个指导性文件，不可能把所有的细节问题都考虑周全并做出相应的制度安排。同时，在实际建设过程中，还会遭遇各种意想不到的新情况和新问题，所以要充分遵循城市群自然成长和演化的规律，在总体上确定“蹄疾而步稳”的战略原则：“蹄疾”是步子一定要快，慢了就等于不发展，就等于倒退；“步稳”是稳扎稳打，特别是要防止不顾自身资源和社会承受限度的“冒进”倾向。只要把这两方面的要求统筹协调好，京津冀协同发展应无大碍。

但就现阶段看，有三个方面需要引起重视：

一是在观念上，不能把主要精力都集中在“眼见为实”的“交通”和“产业”上，这很有可能导致“旧的问题还没有解决，新的问题又来了”。比如交通一体化有可能会是“摊一个更大的大饼”，而产业转移也很可能只是把“一个城市的资源环境问题下放到身边的其他城市中”。

二是在实践上，要切忌各种“形式主义”和“本位主义”。前者的问题是容易导致“例行公事”，对《规划》中的各项要求只是敷衍应付，或者是“嘴上说一套，实际干一套”。后者的问题是“屁股决定脑袋”，凡是和自己局部利益相关的就“真抓实干”，否则就“事不关己，高高挂起”。

三是在“主体”上，不能急于求成，核心是要有耐心和信心。“罗马城不是一天建成的。”区域的一体化和协同发展，和人类社会的其他历史进程一样，都不会是一帆风顺的。京津冀城市群的发展，不仅涉及环境资源、人口、经济、社会、文化等多种要素，也由于其体量巨大、关系众多和层级复杂等原因，在实际建设过程中，出现摇摆、反复甚至是局部的倒退，都是正常和无可避免的，也无须“大惊小怪”。对于所有“发展中的问题”，只能以更高水平的发展来解决。

十、如何看待“中心城市”和“城市群”的关系？

中心城市与城市群的关系十分复杂，而这个问题在“一城独大”的京津冀地区尤其严重，需要尽快破解和调整。

从“中心城市”方面看，在西方理论研究中，大致可理出一个以“城市(City)→大都市(Metropolis)→世界城市(World city)/全球城市(Global city)”为关键词的基本框架或演化历程。从城市群的方面看，可以理出以“相邻的大都市区域(Neighboring metropolitan regions)→多个大都市群体(Metropolitan clusters)→超级都市区域(Mega-cities)→大都市带/都市群(Megalopolis/Mega-region)→超级都市群(Super-mega-region)”为关键词的基本框架或演化历程①。从这两个范畴体系看，它们对应于国家相关文件中的“国家中心城市”和“城市群”，对中国城市化进程发生了深刻而重大的影响。如北京现在的目标是“世界城市”，上海现在的目标是“全球城市”。如相对于北部湾城市群、山东半岛城市群，像长江中游城市群，包括我们讲的丝绸之路城市群，都近似于“超级都市群”。

关于中心城市和城市群的关系，主要可分为“恶性循环的初级阶段”和“良性循环的高级阶段”。在初级阶段，中心城市和城市群主要是矛盾和斗争关系，而在高级阶段则是互补与和谐关系。在当下，以北京为代表，我国的中心

① 刘士林：《从大都市到城市群：中国城市化的困惑与选择》，《江海学刊》，2012 年第 5 期。

城市，或者说城市群的首位城市和其他城市的矛盾冲突比较大，这说明城市群都处在低层次的对立阶段。只有发展到城市群的高级阶段，形成良好的层级分工体系，这种矛盾才会真正解决。因为一个理想的大都市必然是以城市群的形态出现，而一个理想的城市群在本质上则如同大都市一样是一个有机体。目前，我国城市群正处在从初级阶段向高级阶段的艰难演化中，京津冀城市群的问题最为突出，也应该在协同发展中真正起到一个良好的示范作用。

在过去的研究中，不同于传统的城市化(Urbanization)，我们把当今城市发展的主导模式称为都市化(Metropolitanization)①，认为不是一般的城市，也不是多少个城市，而是“国际化大都市”与“世界级城市群”才决定了世界的发展变化。在我国，曾有183个城市先后提出建设“国际化大都市”，而当下的各种城市群(包括经济区)也超过了30个。所以说中国的未来发展，也主要取决于它们。就此而言，促进“大都市”和“城市群”协同发展，具有举足轻重的战略性意义。

十一、我国城市群最新的发展状况、趋势和问题是什么?

关于中国城市群最新的发展状况、趋势和问题，我们主持有《中国城市群发展年度报告》。这个报告的编写和发布始于2013年，时间不算长，但已成为各界讨论城市群的主要依据和参考。具体说来，主要原因有三：

一是我们在西方研究基础上提出了一个更全面的城市群概念。不同于西方学者最看重的经济、交通等因素，我们提出城市群在本质上是一个在人口、经济、社会、文化和整体结构上具有合理层级体系，在空间边界、资源配置、产业分工、人文交流等方面具有功能互补和良好协调机制的城市共同体。同时，这也是我们和国内同行在概念上最重要的区别。

二是在理论基础上，聚焦于中国城市化进程的重大问题导向，自主设置了《中国城市群发展指数框架》，最新版包括5个一级指标(城市人口指数、城市经济指数、城市生活指数、城市文化指数和城市首位比指数)、16个二级指标和41个三级指标。从人口、经济、社会、文化和均衡性五个方面对城市群发展进行综合考量和客观评价，为新型城镇化道路提供理论指导和决策依据。

① 刘士林：《都市化进程论》，《学术月刊》，2006年第12期。

三是自主建设有《中国城市群数据库》。这个数据库是在我们具有自主知识产权的城市群理论、城市群发展指数框架指导下设置并建设的，具有全面、客观、科学和人文兼备、符合城市群未来发展趋势的特质，目标是引导我国城市群朝着理想和可持续的目标演化。

据《中国城市群发展报告 2014》对中国六个城市群（长三角、珠三角、京津冀、山东半岛、中原经济区、成渝经济区）最新建设发展情况及综合水平的研究评估，目前，中国六个城市群综合指数水平的排名依次为：长三角、珠三角、京津冀、山东半岛、中原经济区、成渝经济区。其中，京津冀、长三角和珠三角在优质人口集聚、居民生活质量和文化发展水平上走在前列，位居第一阵营。山东半岛城市群凭借优越的地理位置和良好的经济基础，位居第二阵营。中原经济区和成渝经济区经济基础薄弱，城市一体化程度较低，与东部城市群仍存在较大差距，位居第三阵营。

从总体上看，京津冀、长三角、珠三角的综合发展水平依然具有绝对优势，山东半岛城市群的发展水平虽落后于三大城市群，但远高于中原经济区和成渝经济区。中原经济区和成渝经济区的综合指数数值均比较小，无论是发展速度还是发展质量都相对落后。六个城市群的综合指数结果反映出我国城市群发展呈现出明显的分层化趋势，这与我国区域发展差异依然较大的现实相符合，加大对中西部城市群的支持任重道远。

十二、我国城市群需要确立怎样的战略模式？

在理论上，这个问题并不复杂，西方城市群的理论告诉我们，要规划好城市群的层级体系和分工机制，中国都市化进程的探索本身则告诉我们，要协调好环境、人口、经济和文化的关系。但问题在于，城市群的突出特征是空间和人口规模巨大，依附其中的社会关系、利益需求、矛盾冲突同样水涨船高，同时我国城市群规划和建设具有速度太快、体量太大的特点，很多问题来不及思考清楚并做出相应的安排。还有就是我国的城市群规划不可能脱离 21 世纪国内国际的两个大背景，特别是改革开放深水期和国际环境的复杂多变，也包括并没有多少可以真正参考的国际规划经验，所以如何在一个规划中把如此众多的数据、层级、关系、需求、矛盾处理好，绝不是一件容易的事情。

要想统筹兼顾好这些方方面面，我国城市群规划应分两步走，即在具体的规划之前,先做一个具有"总规"性质的《中国城市群战略规划纲要》。

关于城市群战略规划的编制,我们总结了一句话就是"城市规划编制,战略研究先行"。城市规划,既千头万绪又不能顾此失彼。要处理好这对矛盾,必须先做好顶层设计。战略研究不同于一般的城市规划,就在于它具有明显的顶层设计性质。具体说来,战略规划的对象和内容不是常规性的,而是特指那些影响城市发展的主要、关键、深层次的问题和矛盾,一旦这些问题被充分考虑并解决,会在整体上带动和影响城市的建设和发展。所以战略规划不仅要先于城市规划,也比城市规划更重要,直接决定了未来社会资源和政策的配置,以及是否可以抢得先机。但比较遗憾的是,战略规划的重要性和技术性在国内都比较薄弱,甚至经常被"领导讲话"或"文件精神"取而代之。

战略规划没有现成的模式,因时因地因人而异。最重要的是要有战略眼光,要能看到 5 年、10 年甚至 20 年以后的城市会是什么样,城市社会的变化和城市生活的需要,以及可能会有什么风险和挑战,如何未雨绸缪?这就需要好好研究城市发展的规律、特点和趋势,要有理论、数据等方面的支持。而关于中国城市群的战略模式,我们认为必须走"文化型城市群"的发展道路。

十三、影响中国城市群成为"世界级城市群"的主要问题是什么?

早在 1976 年戈特曼发表《全球大都市带体系》时就提到"以上海为中心的城市密集区",并把它看作是"世界第六大城市群"。而单纯从经济指标看,据一份长三角城市群的经济发展报告预测,长三角若以 11%的增长速度计算(考虑通货膨胀因素),同时纽约城市群和东京城市群的以每年 2%的发展速度预测增长,并保守预计 2007～2012 年美元兑人民币汇率为 1∶6,2012 年以后汇率为 1∶5,在 2013 年长三角经济总量就超过了纽约城市群,到 2018 年左右赶上东京城市群,在总量上成为世界第一。① 就此而言,这个问题并不存在,中国已经有所谓的"世界级城市群"了。但实际上并非如此。不仅各界在谈到"中国是否有世界级城市群"时主要持相反的看法,在国务院 2010 年 5 月批复的《长三角区域发展规划》中,也只是提出了建成"具有较强国际竞争力的世界级

① 王方华:《从中国第一圈到世界第一圈》,载于《中国都市文化研究》第 1 卷,上海人民出版社 2009 年版。

城市群[①]"的战略定位。这在某种意义上也表明长三角目前并不是"世界级城市群"。

问题的关键在于缺乏一个明确并被普遍认同的"世界级城市群"评价标准体系。特别是从"经济、人口、交通、文化"的综合评价看，尽管我国城市群的数量和规模已为数不少，经济体量也足够大，但却普遍存在着三大问题：一是发育不足，与世界五大城市群相比，在城市层级和分工体系、区域协调和一体化水平方面还存在着较大的差距；二是发展不平衡，和中国的三大城市群相比，目前扎堆出现的中西部城市群不仅在经济发展、交通基建等硬件方面远远落后于东部城市群，其"物质文化"与"人文精神"、"硬实力"和"软实力"的比例失衡和不协调也更加严重；三是在文化软实力上落后。在后工业社会，由文化资源、文化氛围、文化发展水平等构建的城市生活方式，在深层次上决定着一个城市群的发展和兴衰。在西方，如以技术产业和风险投资取胜的北加州城市群(Nor-Cal)，以潮流和产业设计中心为目标的意大利城市群(Rome-Milan-Turin)，以金融、设计和高科技为竞争优势的大东京城市群(Greater Tokyo)等，正在探索走文化型城市群发展模式，而专注于经济、交通基建的中国城市群在这方面尤其显得任重而道远。

之所以出现软实力和文化上的巨大落差，在很大程度上与传统的城市规划模式直接相关。其主要问题在于：一是编制规划时"只有硬件，没有软件"，普遍以交通、产业、人口为重，而忽视人文交流、非物质文化、价值认同等；二是在文化建设时"只见文化产业，不见文化传承"，如旅游景区、文化产业园区甚至是博物馆和图书馆徒有华丽外观，内涵和内容却"千人一面"。城市的本质是文化，文化城市群代表了城市群发展的更高形态。对于我国的城市群，一方面是环境与资源的瓶颈问题日益突出，改变经济增长方式压力很大，另一方面，比起土地、矿产、江河湖泊来，历史悠久、形态多样的传统文化才真正称得上"取之不尽、用之不竭"。但就现状而言，各地宝贵的文化资源很难得到高水平和良性的开发利用。为此建议在国家"十三五"规划中，在《国家新型城镇化规划》提出"注重人文城市建设"的背景下，紧密结合新型城镇化"把城市群作为主体形态"的战略部署，明确提出"文化型城市群"战略，为转变业已形成的"经济型城市群"发展模式，全面满足我国城市发展在制度文明、物质基础和人文精神多方面的需要提供全新的顶层设计。

---

① 徐益平：《长三角区域规划公布避免恶性竞争 25 城分工确定》，中国经济网，2010 年 6 月23 日。

主题报告

2016中国城市群发展指数报告

2016中国城市群发展指数报告

一、2016：中国城市群的发展现状与趋势

改革开放以来，"大都市"与"城市群"已成为增强中国综合实力、提升国家竞争力极为重要的板块与核心的结构。没有中国城市在都市化进程中迅速地跨越式发展，就不可能有今天在世界格局中越来越重要的中国概念。[①] 2014年《国家新型城镇化规划》明确提出"把城市群作为主体形态"，既不是长期以来一直占据主流的"小城镇"，也不是2000年以后异军突起的"大都市"，而是以大都市为领头羊的城市群成为我国新型城镇化的主导和基调。

与国内外城市发展报告主要以戈特曼等人的西方理论研究为依据，且在评估指标体系上主要侧重于经济指数排名不同，上海交通大学城市科学院以具有自主知识产权的"都市化进程理论""中国式城市化道路"为基础，结合中国城市化进程的实际，重新界定了城市群的概念与标准，为我国城市群规划发展提出了符合国家战略需要的理念与模式。同时，以自主研发的《中国城市群发展指数框架》及《中国城市群数据库》为基础，摈弃了西方学者最关注的城市交通问题和国内相关评价体系的"唯GDP"倾向，建构了人口、经济、社会、文化、均衡性五位一体的城市群评价指标体系，为我国城市群向其理想形态演化和发展提供了新框架与参照系。

1. 2016中国城市群发展的总体背景

自2006年《国家"十一五"规划纲要》首次提出"把城市群作为推进城镇化的主体形态"，迄今已达10年，城市群在我国城镇化进程中的"主体形态"地位

---

① 刘士林：《以"大都市"与"城市群"的拔节声作证——纪念中国改革开放30周年》，《社会科学》，2008年第6期。

逐渐明确、作用日益凸显。其中，京津冀、长三角和珠三角代表着我国城市群发展的最高水平和发展方向，京津冀城市群总人口约为 1.1 亿，总面积约为 22 万平方千米；长三角城市群总人口约 9 400 万，总面积超过 10 万平方千米；珠三角城市群总人口约为 3 000 万，总面积达到 5.4 万平方千米。三大城市群 GDP 总额超过 17 万亿、约占全国总量的 36%。东部地区发展水平较高的有山东半岛城市群、中部地区体量较大的有中原经济区、西部有依托直辖市重庆的成渝经济区，这三个城市群的发展水平尽管不及三大城市群，但在空间、经济和文化的分布上也极具代表性。截至 2011 年，山东半岛城市群总面积约为 7.4 万平方千米，总人口达到 4 000 万；中原经济区总面积超过 28 万平方千米，总人口约为 1.7 亿；成渝经济区总面积约为 24 万平方千米，总人口也超过 1 亿。这六个城市群的 GDP 总额约为 27 万亿，占全国 GDP 总额的 57%。

2014 年以来，对中国城市群总体格局影响最大的是长江中游城市群的正式出场。2014 年 4 月，国务院总理李克强在重庆主持召开长江经济带沿线 11 省市政府负责人座谈会，9 月 25 日国务院正式公布《关于依托黄金水道推动长江经济带发展的指导意见》，明确了长江经济带涉及长江黄金水道流经的 11 省市，包括上海、江苏、浙江、安徽、江西、湖北、湖南、重庆、四川、云南和贵州等，并提出将长江经济带建成具有全球影响力的内河经济带、东中西互动合作的协调发展带、沿海沿江沿边全面推进的对内对外开放带以及生态文明建设的先行示范带的战略目标。2015 年 3 月 26 日，国务院批复的《长江中游城市群发展规划》，将该地区已有的三个城市群，即武汉城市圈、环长株潭城市群、环鄱阳湖城市群正式纳入长江中游城市群的范围，成为一个特大型城市群。截至 2011 年，武汉城市圈总面积超过 12.5 万平方千米，总人口约为 5 100 万；环长株潭城市群总面积约为 9.8 万平方千米，总人口约为 3 900 万；环鄱阳湖城市群总面积超过 12.8 万平方千米，总人口约为 3 600 万。据此计算，长江中游城市群涉及总面积约为 35 万平方千米、总人口超过 1.2 亿、GDP 总额超过 4 万亿，分别约占到全国的 3.6%、8.9%、8.5%。在我国新型城镇化建设中占据重要地位，并对我国城市化的空间格局产生深远影响。

以上九大城市群的面积超过 128 万平方千米，约占全国的 13.3%；人口近 6.3 亿，约占全国的 46.6%；GDP 总额达到 31 万亿，约占全国的 66%。从九大城市群的人口、面积及经济总量看，它们不仅对中国区域与城市发展起着十分关键的作用，从中也可以看出我国新型城镇化的基本结构和发展态势。

2. 中国城市群发展的政策规划情况

在国家层面,2000 年以来,与中国城市群发展密切相关的政策文件主要是 2010 年发布的《全国主体功能区规划——构建高效、协调、可持续的国土空间开发格局》(以下简称“全国主体功能区规划”)和 2014 年发布的《国家新型城镇化规划(2014～2020 年)》(以下简称“国家新型城镇化规划”)。“全国主体功能区规划”实质上是给各个区域分层分级,将国土空间划分为优化、重点、限制、禁止开发四类,并设计了“两横三纵”的城市化总体战略。“国家新型城镇化规划”以“全国主体功能区规划”提出的“两横三纵”为空间基本框架,对我国不同区域、不同城市的城镇化进行了战略与制度安排。配合这两大基本战略部署,在全国层面上陆续出台了多项文件、规划和指导意见,其内容要点整理如下:

表 1　全国层面有关城市群发展的政策、规划和意见

文件名称(时间)	要　　点
《关于区域规划的若干问题》(2006)	明确区域规划是以跨行政区的经济区域为对象编制的规划,提出区域规划的几个问题,包括功能定位、主要内容、保障机制和政策手段、如何进一步做好区域规划工作
党的十七大报告(2007)	要求 2020 年基本形成主体功能区布局
“十一五”规划纲要(2006—2010)	首次提出要把城市群作为推进城镇化的主体形态/确定编制全国主体功能区规划
关于编制全国主体功能区规划的意见(2007.7.26)	该规划为战略性、基础性和约束性规划,将国土空间划分为优化、重点、限制、禁止开发四类,并且要处理好这四类主体功能区之间的关系
《全国主体功能区规划——构建高效、协调、可持续的国土空间开发格局》(2010.12.21)	基本形成“两横三纵”为主体的城市化战略格局、“七区二十三带”为主体的农业战略格局、“两屏三带”为主体的生态安全战略格局
“十二五”规划纲要(2011—2015)	科学规划城市群内各城市功能定位和产业布局
党的十八大报告(2012)	科学规划城市群规模和布局
《中共中央关于全面深化改革若干重大问题的决定》(2013)	城市群在“完善城镇化健康发展体制机制”,特别是在“推动大中小城市和小城镇协调发展”和“优化城市空间结构和管理格局,增强城市综合承载能力”等方面具有战略核心地位

续 表

文件名称(时间)	要点
2014 年中央经济工作会议(2014)	要优化布局,根据资源环境承载能力构建科学合理的城镇化宏观布局,把城市群作为主体形态,促进大中小城市和小城镇合理分工、功能互补、协同发展
2014 年中央城镇化工作会议(2014)	优化城镇化布局和形态,全国主体功能区规划对城镇化总体布局做了安排,提出了“两横三纵”的城市化战略格局,要一张蓝图干到底
《国家新型城镇化规划(2014—2020 年)》	发展目标之一是城镇化格局更加优化。“两横三纵”为主体的城镇化战略格局基本形成

在区域和省的层面,相关政策发布从 2008 年开始,自 2010 年以后数量大幅增多。目前,在发展较为成熟的城市群中,长三角城市群、珠三角城市群的区域规划发布较早,基本在 2010 年以前;成渝经济区、海峡西岸经济区的规划出现在 2011 年;中原经济区的规划出现在 2012 年;山东半岛城市群的两个规划分别是 2009 年和 2011 年;辽中南城市群目前还没有国家级的城市群规划,但作为环渤海的重要组成部分,在全国主体功能区规划中已被列为优先发展地区。此外,横贯陕甘两省的《关中—天水经济区规划》颁布于 2009 年,在我国区域与城市群规划中也是比较早的。

近两年来国家最新颁布的城市群规划主要有两个,一是《长江中游城市群发展规划》,二是《京津冀协同发展规划纲要》。

2015 年 3 月 26 日,为贯彻长江经济带作为国家重大战略实施并推动中部地区的发展,国务院批复《长江中游城市群发展规划》(下称《规划》)。这是继长江三角洲城市群、珠江三角洲城市群和京津冀城市群之后第四个国家级城市群规划,也是国家新型城镇化规划出台后确立的首个跨区域城市群规划。[①]《规划》明确了长江中游城市群所覆盖的范围,是以武汉城市圈、环长株潭城市群和环鄱阳湖城市群为主体形成的特大型城市群,中心城市为武汉、南昌和长沙。2015 年 4 月,国家发改委地区经济司负责人在对《规划》解读中指出,其规划范围包括湖北省武汉市、黄石市、鄂州市、黄冈市、孝感市、咸宁市、仙桃市、潜江市、天门市、襄阳市、宜昌市、荆州市、荆门市,湖南省长沙市、株洲市、湘潭

① 《长江中游城市群有望成为中国核心增长极》,中国网,2015 年 4 月 10 日。

市、岳阳市、益阳市、常德市、衡阳市、娄底市，江西省南昌市、九江市、景德镇市、鹰潭市、新余市、宜春市、萍乡市、上饶市及抚州市、吉安市的部分县(区)，共31个城市。

2015年8月，在中共中央政治局审议通过数月后，《京津冀协同发展规划纲要》(以下简称《纲要》)正式公布。京津冀城市群是我国发展较为成熟的三大城市群(京津冀城市群、长三角城市群和珠三角城市群)之一，但其发展规划却一直是"千呼万唤不出来"，成为影响和制约区域协调发展的一个深层次问题。《纲要》指出，推动京津冀协同发展是一项重大的国家发展战略，核心在于疏解北京的非首都功能，并要求京津冀在交通一体化、生态环境保护和产业升级转移等领域率先有所突破。京津冀三省市的战略定位，一直是京津冀城市群研究和建设中备受关注的焦点，《纲要》对此做出明确的阐述，即北京市是"全国政治中心、文化中心、国际交往中心、科技创新中心"；天津市是"全国先进制造研发基地、北方国际航运核心区、金融创新运营示范区、改革开放先行区"；河北省是"全国现代商贸物流重要基地、产业转型升级试验区、新型城镇化与城乡统筹示范区、京津冀生态环境支撑区"。这不仅明确了三省市在京津冀城市群体系中的分工和协调机制，同时也规划了各城市在全国城市发展中的目标和方向。

3. 中国城市群发展的最新理论进展

"城市群"是在指称上具有多元性和综合性的概念。在理论研究中，厘清"城市群"研究的发展脉络并追踪其最新研究进展，必须要明确早期学者们曾使用过哪些名称。比如城市规划学者的"城市密集地区"、城市地理学者的"都市连绵区"和"(大)都市带"、经济学者及地理学者的"都市圈"和"城市群"等等。其中有两点值得注意，一是早期城市群的研究具有非常明显的学科特性，学者们分别从各自的学科专业视角出发，用特定学科的概念体系去界定城市群，用本学科的方法体系去研究城市群，二是这些多元性的概念有指称上的区别，每一种指称都有其侧重点和特点，每一种指称都代表这一发展形态的某个阶段或某种形态，但在指向"城市群"的意义上各方并不冲突。

根据中国知网数据库的调查显示，可以得出以下几方面的认识：一是有关"城市密集地区"的研究，从20世纪90年代到2013年仅有30余项，近两年来已鲜有研究成果发表。可见，在城市群研究日益多元化和复杂化的当下，"城市密集地区"作为一种较为简单化的表述和形式正在渐渐销声匿迹。二是有关"都市连绵区"的研究,从 20 世纪 90 年代到 2015 年也仅有 30 余项,研究的时间连续性不强,且研究对象主要集中在长江三角洲地区。三是有关"都市带"的研究,从 20 世纪 90 年代到 2015 年不足 30 项,除了载于学术期刊的研究之外,值得注意的是相当一部分研究和报道出现在大众报刊上。四是有关"都市圈"的研究,自 20 世纪 90 年代到 2015 年达到 2 000 余项,在 2007 年前后达到顶峰,而后研究数量不断减少,同样有相当一部分出现在大众报刊中。"都市圈"的研究主要以大都市为中心,既有关于大都市区内的经济冲突、社会冲突与环境冲突的研究,又有都市圈基本理论问题的研究,特别是围绕长三角、珠三角和京津冀这些地区的应用性研究占大多数。五是有关"城市群"的研究,自 20 世纪 80 年代中期开始到 2015 年有近 9 000 项,研究数量不断增加,这说明学界对"城市群"的研究在不断升温,其中有近 1/3 为大众报刊,这代表政策领域和公共媒体对"城市群"的关注程度也较高。因此,无论从研究数量、理论性、关注度来讲,有关"城市群"的研究都是最高的。值得注意的是,不仅有大量关于长三角、珠三角和京津冀三大城市群的研究,还出现了更多有关东部沿海以及中西部城市群的研究,比如山东半岛城市群、中原城市群、长株潭城市群、关中城市群等。

在城市群的相关研究中,目前还出现了四个新的趋势和特点:

一是基本概念的再认知。在城市群发展不断深入的背景下,有学者提出应重新思考城市群的基本概念,认为城市群的范围界定以及内部各大中小城市功能如何定位和协调等方面还有待深入研究,地方政府各行其是行不通,应根据不同类型的城市群进行科学合理的分析论证(姚士谋、陈振光、叶高斌、陈维肖,2015)。

二是分层次差别化的地方或区域城市群研究。在城市群研究的早期,大多数研究较为笼统,对于各个地方城市群没有针对性地深入分析,提出的战略或对策研究缺乏现实的指导意义。近年来随着地方政策的出台和公共领域对城市群的关注日渐增加,学界对地方城市群进行了分层次差别化的研究,如京津冀城市群(肖金成,2015)、长三角城市群(肖金成,2014)、长江中游城市群(秦尊文,2014)、中原城市群(刘士林,2014;苗长虹,2015)、成渝城市群(孟祥林,2015)、长株潭城市群(孟祥林,2014)、绍兴城市群(顾朝林,2015)、江南城市群(刘士林,2014)、丝绸之路城市群(刘士林,2014)等。

三是关于中国城市群发展的模式研究,有学者认为中国城市群应该科学培育和分级建设，不同发育程度的城市群存在着不同的问题和不同的发展模式，如京津冀城市群的协同发展优化模式、长江三角洲城市群的扩围模式、珠江三角洲城市群的“两条腿”并行模式、辽中南城市群的空间整合模式、哈长城市群的“井”字型空间组织模式、中原城市群的战略整合模式、关中城市群的均衡组织模式等(方创琳，2015)。此外，还有学者提出成渝城市群的“双核+三带”发展模式(孟祥林，2015)。

四是关注城市群发展中的社会、环境和文化因素，推动城市群的可持续发展，这类研究具有多学科的性质，打破学科和地域的限制，并且结合新的研究方法和手段。如有学者提出的“文化型城市群”，认为应培育具有鲜明层级体系和积极协调作用的城市群文化机制，推进以工业化、现代交通建设为主导的“经济型城市群发展方式转变”；同时在社会主义文化强国总体框架下重建和复兴不同区域的“小传统文化”，使之在城市群层级体系建设和区域一体化与协调发展中发挥更大作用(刘士林，2015)。

认真梳理和分析城市群概念与理论的演化和进展，可以为我国城市群研究、规划和建设提供更为科学的理论依据和科学指导。

二、2016 报告：研究对象和范围的界定

《中国城市群发展报告 2016》是上海交通大学城市科学研究院连续第三次发布的中国城市群发展报告①。在研究方法、研究对象、数据资源、评价指数方面既承继过去的框架与原则，同时为了适应新形势也做了局部的修订和拓展。

2013 年报告是团队首次发布的城市群专项指数报告，“主要目的是对具有自主知识产权的‘都市化进程理论’及在此基础上自主研发的《中国城市群数据库》和《中国城市群指数框架体系》进行测试和检验，为今后大规模研究和科学化评估做准备”。② 在指数框架体系与报告主要结论获得广泛认同之后，我们在基础理论研究、数据库建设及评价指标体系方面继续深化推进，在基础理论研究上，主要是结合《国家新型城镇化规划》提出的“人文城市”，以我们一直从事的“文化城市”理论为基础，不断丰富“文化型城市群”的理论内涵和中国

---

① 从 2016 年起，《中国城市群发展报告》改为双年报告。

② 刘士林、刘新静：《中国城市群发展指数报告(2013)》，社会科学文献出版社 2013 年版，第 6～7 页。

路径研究，为我国城市群的转型发展提供基础理论支持；在数据库建设上，主要是对长三角、珠三角、京津冀三大城市群实施了数据更新，同时从东部、中部和西部各选择一个城市群进行数据采集和标准化处理，为扩大评估范围做好准备。

2014 年报告在指数框架体系上有所提升和调整，主要是根据 2013 年报告发布后的反馈信息和意见，同时结合我们城市群理论研究的最新进展及《中国城市群数据库》的建设情况，对个别重在反映城市群微观方面的三级指数做了适度修正，使其更加客观和更加公正。这些调整和拓展的目标只有一个，就是对我国六个城市群的最新进展、主要问题和总体趋势进行客观分析和深入阐释，为国家以城市群为主体形态的新型城镇化战略提供参考和借鉴。

2016 年报告在《中国城市群数据库》和《中国城市群指数框架体系》的基础上，结合"文化型城市群"等最新理论进展，我们将指数报告的研究对象范围扩展为九大城市群，对《中国城市群数据库》进行了年度数据更新。此外，经过前两年报告的测试和完善，结合本年度数据的预研究，认为 2014 版《中国城市群指数框架体系》无须做出调整和改变。2016 年报告基本情况如下：

1. 研究对象扩展为九大城市群：京津冀、长三角、珠三角、成渝、中原、山东半岛、武汉城市圈、环长株潭城市群、环鄱阳湖城市群。

在研究对象的遴选上，本年度报告涉及京津冀、长三角、珠三角、成渝经济区、中原经济区、山东半岛、武汉城市圈、环长株潭、环鄱阳湖九大城市群，在数量上比 2014 版增加了 3 个。

2013 年报告以我国三大城市群（京津冀、长三角、珠三角）为研究对象，主要集中在东部发达地区，也是我国经济社会发展水平最高的城市群。但对数量庞大、发展迅速的中西部城市群没有涉及，不利于揭示和观察中国城市群的整体空间布局、发展现状与趋势。当时的主要考虑是以三大城市群为对象，测试和完善《中国城市群发展指数框架》。在 2013 年报告发布并引起广泛关注之后，2014 年我们将研究范围拓展到中西部，新增了位于中部的中原经济区和位于西部的成渝经济区，同时也开始关注东部地区的二线城市群，为此增加了位于东部的山东半岛城市群。这样遴选的主要原因在于，成渝经济区是我国第四个直辖市重庆所在的城市群，与京津冀和长三角具有很大的可比性，可以了解以直辖市为首位城市的我国三个城市群的发展现状与问题。而中原经济区是国家促进中部崛起战略的主战场，其五大战略定位之一是建设"华夏历史文明传承创新区”,深入了解其发展状况,客观评价其得失利弊,不仅对中原经济区建设,同时对“经济发展不足而文化资源丰富”的广大中西部城市群具有普遍意义。山东半岛城市群和三大城市群都属于东部,但在行政地位、经济水平、社会发展与文化建设上,属于发达地区的“二线城市群”,具有“逊色于长三角和珠三角,却大大优于中西部”的典范意义,是研究我国城市群发展的重要样本。以上的拓展,体现了本报告注重文化发展和区域均衡发展的主旨。

2016 年报告新增了武汉城市圈、环长株潭城市群、环鄱阳湖城市群,这三个城市群都处于长江中游地区,之所以增加这三个城市群,主要出于两方面的考虑:一是国务院于 2015 年 3 月 26 日批复了《长江中游城市群发展规划》,明确长江中游城市群所覆盖的范围,是以武汉城市圈、环长株潭城市群和环鄱阳湖城市群为主体形成的特大型城市群,中心城市为武汉、南昌和长沙,该规划是近期中国城市群出台的最新政策和指导意见,也凸显了近期城市群发展的重点和要点,对长江中游城市群所覆盖的三个城市群进行研究有重要的理论和现实意义;二是对于中西部城市群的研究进一步增加,从研究的空间结构上,长江中游三个城市群的纳入使得本报告对中国东中西部城市群的考察具备了空间上的连接性(见图 1)。需要说明的是,尽管长江中游城市群作为一个跨区域城市群的身份和地位已经明确,但在本年度报告中我们仍按照其所包含的三个城市群进行独立研究,原因是这三个城市群所涉及的城市体量巨大,且是一个复杂的跨区域城市群,分为三个城市群独立研究,能够更为准确地反映其发展的真实水平,并且针对性地找出问题、分析问题和解决问题。在相关的研究分析中,我们也在必要之处进行了长江中游城市群的总体分析和阐释。今后我们的研究对象还会不断拓展,直到囊括我国全部的城市群。

从研究对象涉及的城市总体情况看,在 2013 年报告三大城市群总计 34 个城市、2014 年报告六大城市群 87 个城市的基础上,本年度报告新增了武汉城市圈、环长株潭城市群、环鄱阳湖城市群的 31 个城市,九大城市群的城市总数达到 118 个(见表 2)。具体如下:

已有的六大城市群的城市主要包括:京津冀城市群的北京市、天津市和河北省的石家庄、唐山、保定、秦皇岛、廊坊、沧州、承德、张家口共 10 个城市;长三角城市群的上海、南京、杭州、苏州、无锡、南通、泰州、扬州、镇江、常州、湖州、嘉兴、宁波、舟山、绍兴共 15 个城市;珠三角城市群的广州、深圳、珠海、惠州、东莞、肇庆、佛山、中山、江门共 9 个城市;成渝经济区的重庆市和四川省的

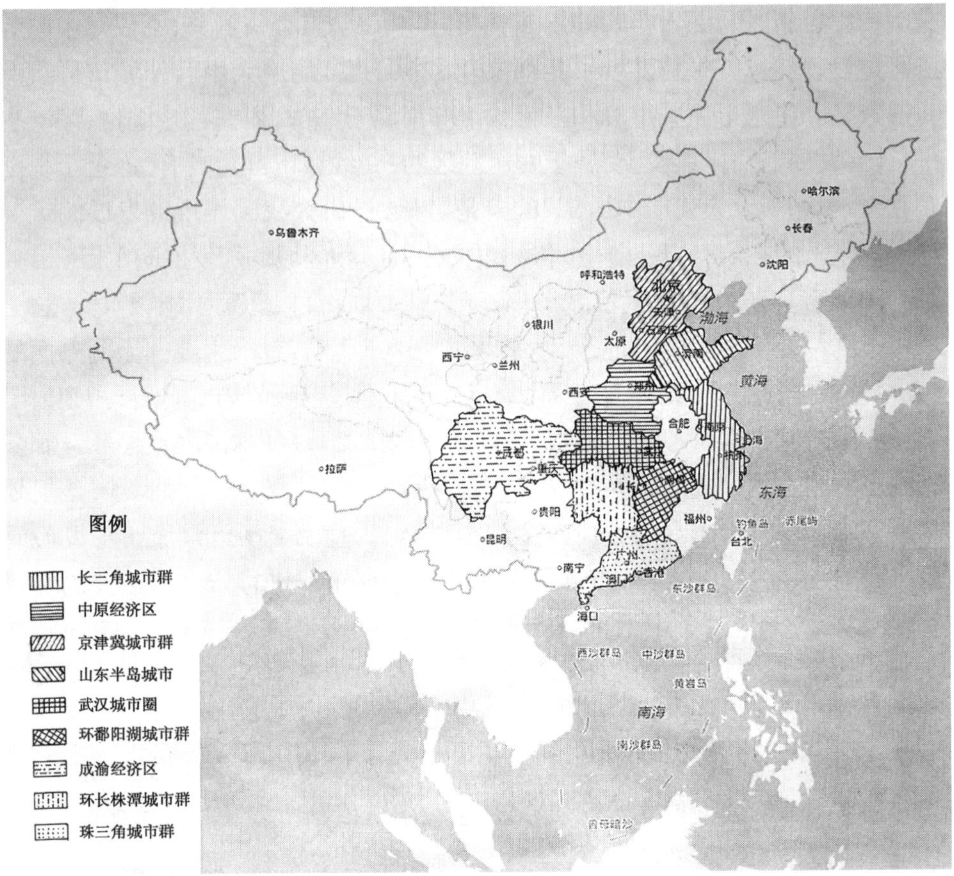

图 1　中国九城市群空间分布图(上海交通大学城市科学研究院制图)

15 个城市(成都、德阳、绵阳、眉山、资阳、遂宁、乐山、雅安、自贡、泸州、内江、南充、宜宾、达州、广安),共计 16 个城市;中原经济区包括河南省的 17 个城市(郑州、开封、洛阳、平顶山、安阳、鹤壁、新乡、焦作、濮阳、许昌、漯河、三门峡、商丘、南阳、信阳、周口、驻马店)、河北省的 2 个城市(邢台、邯郸)、山西省的 3 个城市(长治、晋城、运城)、安徽省的 5 个城市(宿州、淮北、阜阳、亳州、蚌埠)以及山东省的 2 个城市(聊城、菏泽),共计 29 个城市;山东半岛城市群包括济南、青岛、烟台、淄博、威海、潍坊、东营、日照,共计 8 个城市。

依据《长江中游城市群发展规划》,2016 年新增的三个城市群的覆盖范围包括:湖北省武汉、黄石、鄂州、黄冈、孝感、咸宁、仙桃、潜江、天门、襄阳、宜昌、荆州、荆门,共计 13 个城市;湖南省长沙、株洲、湘潭、岳阳、益阳、常德、衡阳、娄底，共计 8 个城市；江西省南昌、九江、景德镇、鹰潭、新余、宜春、萍乡、上饶及抚州、吉安的部分县(区)，共计 10 个城市。

表 2　2016 中国城市群发展指数报告的研究对象

城市群	城　　市	所属省级行政单位
京津冀城市群	北京市 天津市 石家庄、唐山、保定、秦皇岛、廊坊、沧州、承德、张家口	北京市 天津市 河北省
长三角城市群	上海市 南京、杭州、苏州、无锡、南通、泰州、扬州、镇江、常州 湖州、嘉兴、宁波、舟山、绍兴	上海市 江苏省 浙江省
珠三角城市群	广州、深圳、珠海、惠州、东莞、肇庆、佛山、中山、江门	广东省
成渝经济区	重庆市 成都、德阳、绵阳、眉山、资阳、遂宁、乐山、雅安、自贡、泸州、内江、南充、宜宾、达州、广安	重庆市 四川省
中原经济区	郑州、开封、洛阳、平顶山、安阳、鹤壁、新乡、焦作、濮阳、许昌、漯河、三门峡、商丘、南阳、信阳、周口、驻马店 邢台、邯郸 长治、晋城、运城 宿州、淮北、阜阳、亳州、蚌埠 聊城市、菏泽市	河南省 河北省 山西省 安徽省 山东省
山东半岛城市群	济南、青岛、烟台、淄博、威海、潍坊、东营、日照	山东省
武汉城市圈	武汉、黄石、鄂州、黄冈、孝感、咸宁、仙桃、潜江、天门、襄阳、宜昌、荆州、荆门	湖北省
环长株潭城市群	长沙、株洲、湘潭、岳阳、益阳、常德、衡阳、娄底	湖南省
环鄱阳湖城市群	南昌、九江、景德镇、鹰潭、新余、宜春、萍乡、上饶及抚州、吉安的部分县(区)	江西省

2. 数据说明

本年度报告沿用了上海交通大学城市科学研究院自主研发的《中国城市群发展指数框架》，共设置人口、经济、生活、文化和首位比 5 个一级指标，优质人口指数、职业人口指数、人口生态综合指数、城市经济增长指数、第三产业发展指数、可持续发展指数、生活成本指数、生活便捷指数、教育卫生服务指数、城市文化资本指数、城市文化魅力指数、城市文化创新指数、经济首位比、生活首位比、文化首位比、人口首位比 16 个二级指标及 41 个三级指标。

本年度报告中的各项数据，来源于上海交通大学城市科学研究院自主研发的《中国城市群数据库》。该数据库以具有自主知识产权的中国城市群理论为指导，以九大城市群 2007～2012 年 6 年的相关专项数据为素材建构而成。与一般以月度、季度为统计标准的经济类指数不同，基于以下两方面的原因：一是在研究时段上，由于城市群指数研究涉及的对象多、范围大、层次繁复，加上各城市的数据统计口径和发布时间不统一；二是在研究对象上，由于本报告涉及的数据来源广、种类多，特别是涉及生活、文化等软性指数，相关部门这些数据的统计与发布不仅零散，存在空白，而且也明显滞后于相关经济社会数据。就此而言，尽管本年度报告的数据截至 2012 年，但已是目前中国城市群发展最新和较为全面的数据，其相关指数分析与观点，也客观呈现了中国城市群发展的最新进展、主要问题和总体趋势。

三、2016 中国城市群发展指数框架与评估机制

1. 指数框架的构建

在总体架构上，2016 年报告的指数体系框架包括 5 个一级指标、16 个二级指标和 41 个三级指标在内的评估指数系统(见表 3)。

表 3　中国城市群发展指数表

中国城市群发展指数		
城市人口指数	优质人口指数	在校大学生数与总人口比(%)
		文盲率(%)
	职业人口指数	从业人口数比(%)
		失业人口数量(万人)
	人口生态指数	人均预期寿命(岁)
		自然增长率(%)
城市经济指数	经济增长指数	人均 GDP(元)
		人均社会消费品零售总额(元)
		固定资产投资额(亿元)

续 表

中国城市群发展指数		
城市经济指数	第三产业发展指数	第三产业占 GDP 的比重(%)
		第三产业从业人员比重(%)
		第三产业生产总值(亿)
	可持续增长指数	工业废水(万吨)
		工业二氧化硫排放量(吨)
		工业烟尘排放量(吨)
		工业固体废物利用率(%)
		建成区绿化覆盖率(%)
城市生活指数	生活成本指数	CPI
		恩格尔系数(%)
	生活便捷指数	人均道路面积(平方米)
		人均绿地面积(平方米)
		生活垃圾处理率(%)
	教育卫生服务指数	小学专任教师数(人)
		执业(助理)医师人员数(市辖区)(人)
		城市医疗救助支出(万元)
城市文化指数	城市文化资本指数	文化、体育、娱乐业从业人数(万人)
		公共图书馆总藏量(万册、件)
	城市文化魅力指数	年接待游客数量(万人次)
		世界付费日报发行量前百名数量(家)
		全国电视收视市场市场份额前 20 的频道数(个)
	城市文化创新指数	文化产业 30 强数(个)
		国家级奖励数(个)
城市首位比指数	经济首位比	人均 GDP 首位比(%)
		能源消耗量首位比(用电量)(%)
		第三产业份额首位比(%)
	生活首位比	每万人公共汽车拥有量首位比(%)
		国际互联网用户首位比(%)

续 表

中国城市群发展指数		
城市首位比指数	文化首位比	文化、体育、娱乐业从业人数首位比(%)
		国家级奖励数量首位比(%)
	人口首位比	人口密度首位比(%)
		在校大学生人口数量首位比(%)

2. 指数框架的阐释

综合国内外城市群的研究成果,以扎实严谨的基础理论研究建构城市群发展的科学理论,结合中国都市化进程的现实问题与战略需要,秉持“不看口号看实际、不看形式看内容、不看数量看质量、不看经济看整体”的价值立场,上海交通大学城市科学研究院自主研发了《中国城市群发展指数框架》,共设置 5 个一级指数,各一级指数下设置二级、三级指数若干。

(1) 城市人口指数(集聚—分散度)

城市人口规模是城市化的基本指标。人口大规模和高密度的集聚,也是城市群的基本特征。如《牛津地理学词典》的定义:“任何超过 1 千万居民的众多中心、多城市、城市区域,通常由低密度的定居和复杂的经济专门化网络所支配。”而根据戈特曼的观点,一个城市群的人口则一般要在 2 500 万以上。但在半个世纪之后的今天,这种“唯人口论”明显遭遇到巨大的尴尬和困境。特别是由于人口过度集中导致了越来越普遍的城市病,已严重威胁到大都市和城市群的可持续发展。因此,本指数框架放弃了传统的人口规模评价标准,而以“集聚—分散度”作为城市人口评价的核心范畴,用来测评城市人口在空间、年龄等方面的分布和构成是否合理,是否有利于一个城市群朝着理想形态发展和演化。

在一级指数下,与城市社会学主要关注人口数量增长不同,本指数框架更注重从质量角度评价城市群在人口方面的发展水平。首先,21 世纪的竞争是人才的竞争,与人口数量相比,城市人口的素质与质量变得更加重要;其次,中国城市群具有鲜明的社会主义属性,能否公平公正分享中国城市发展的机遇和成果,必然要成为衡量中国城市化成败的关键指标;再次,一些直接影响城市发展的其他人口问题,如自然增长率与城市可持续发展、人均预期寿命与城市总体发展水平等,也是我们在指数设置时特别予以关注的。鉴于以上思考和判断,我们设置了作为城市发展生力军的优质人口指数、用来衡量城市公平正义的职业人口指数及用来预测城市负担和发展潜力的人口综合生态指数等二级指数。

在城市人口指数下,设二级指数 3 个、三级指数若干:

① 优质人口指数

- 在校大学生数与总人口比
- 文盲率

② 职业人口指数

- 从业人口数比
- 失业人口数量

③ 人口生态综合指数

- 人均预期寿命
- 自然增长率

以上所设的各级城市人口指数,主旨在于显示城市人口在一些主要领域的分布状况及其合理化程度。容器是城市的一个基本功能,人口“缺乏”或人口“爆棚”,或者是在某些方面“不足”而在另一些方面“过剩”,会直接或间接影响到一个城市群的“人气”、活力和创造性。同时,以上指数具有精准化和易识别的特点,其数值消长可以直接呈现城市人口的发展质量,而其所揭示的各种问题与矛盾,也是中国城市在当下急需关注和解决的。

(2) 城市经济指数(规模—内涵度)

城市是天生的经济体,一个良性发展的城市群必然要以强大的经济基础和可持续的经济发展方式为骨骼。在这个意义上,城市经济显然是衡量城市群发展的重要指标之一。但在全球人口爆炸、能源危机、生态环境急剧恶化的当下,城市经济发展方式也发生了重大变革,其核心是以高新技术产业、金融资本运营、信息产业、文化产业等为代表的后现代生产方式,日渐取代了以矿山开采、冶炼、纺织等传统制造业为主体的现代城市经济体系。特别是针对发展中国家,不再是经济规模的简单扩张,而是经济的发展内涵和质量,才真正决定了一个城市群的未来。而问题的复杂性在于,中国经济发展既需要较大较快的经济增长,以满足我们这个 13 亿人口大国在城市化进程中需要的物质基础,但与此同时,出于环境资源的局限和可持续发展的战略性考虑,中国还必须以牺牲部分经济发展以换取可持续的未来。有鉴于此,本指数框架在设置城市经济指数时，以城市经济发展的规模—内涵度为核心范畴，用以兼顾“经济规模”和“增长质量”的矛盾，而不是采取简单的二元对立思维，以充分照顾中国城市化的多层次性和阶段复杂性，使本指数评价能够以比较适度的方式规范、引领我国城市群的发展和转型。

首先，受中国城市经济既需要快速发展又必须转变经济发展方式的双重制约和限定，我国城市群在未来相当长的时间内，将始终处于“规模”和“内涵”的激烈矛盾冲突中，两者各有合理性，不可偏废。由是之故，我们在城市经济指数中保留了 GDP 指数，继续关注城市经济的规模和总量增长，但与此同时，也将经济增长方式转型及经济增长质量或绿色发展作为重点指标，把工业垃圾、工业废水等处理率纳入考察范围，使该指数和当下一些城市经济与竞争力指数判然有别。同时，从科学性出发，我们还将 GDP 细化为人均 GDP。

其次，由于城市化与现代化的内在关联性，在城市经济指数中，我们借鉴了英格尔斯的现代化标准，确立了以第三产业的发展质量作为衡量城市现代化的重要标准，并为此设置了第三产业发展指数，用以测评城市经济发展的创新能力及城市群未来的竞争力。

城市经济指数下设二级指数三个、三级指数若干：

① 城市经济增长指数

- 人均 GDP
- 人均固定消费品总额
- 固定资产投资额

② 第三产业发展指数

- 第三产业占 GDP 的比重
- 第三产业从业人员占从业人员总数的比重
- 第三产业生产总值

③ 可持续发展指数

- 工业废水排放量
- 工业二氧化硫排放量
- 工业烟尘排放量
- 工业固体废物利用率
- 建成区绿化覆盖率

以上所设的城市经济指数，主旨在于显示城市经济发展在规模扩张与内涵建设、数量增长与质量提升的关联度和均衡性。与自然经济相比，城市经济的显著特点是较大的规模，与现代经济发展方式相比，当代城市群的显著特点则在于城市的可持续发展。对于正处于工业化和后工业化进程中的中国城市群，只有处理好这两者之间的矛盾冲突，兼顾两方面的需要和现实，才能走出一条适度牺牲自然和环境友好兼顾、规模增长和内涵建设互补、转变经济发展方式和城市发展方式转型互动的新型城市化道路。

(3) 城市生活指数(健康—病态度)

关于城市的本质，亚里士多德早就指出："人们为了活着，聚集于城市；为了活得更好，居留于城市。"这一关于城市本质的经典表述，经过 2010 上海世博会主题——"城市让生活更美好"的再现与传播，已被当今世界各国和城市奉为圭臬。但对正处于改革开放黄金期和城市病高发期的中国，"美好城市，美好生活"既是一场前所未有的艰巨挑战，同时也是中国城市化道路的历史必然要求。建设以人为本、宜居宜业、市民满意和幸福的城市生活，是中国城市群在社会建设上的首要任务，因而我们将城市生活指数设置为一级指数。

从当下的具体情况看，影响中国城市生活的主要矛盾有三方面：一是以"物价"问题为核心，城市生活成本不断上扬。来到城市的人们不是找到了自由发展的空间，而是处处受到钳制和约束，异化为所谓的"房奴""车奴""卡奴"等，他们在城市中不是找到了幸福，而是日益感到不幸和痛苦。二是以"交通""环境"等问题为中心，城市生活环境和条件上不断恶化。这与我国城市"硬件"与"软件"建设失衡、不协调密切相关。其后果是，中国城市在外表上越来越华丽、繁华的同时，普通市民在日常的衣食住行等方面却日益感到不便，由此导致的对城市本身的怀疑、失望、厌恶等极端心态与言行也与日俱增。三是以"医疗"和"教育"问题为核心，中国城市公共服务的资源配置和服务质量等矛盾日益凸显。按照一般的理解，城市比乡村、大都市比一般城市总会有更好的医疗和教育条件，但由于人口过度集中和公共服务资源相对短缺，"上学难""就医难"等传统问题在我国城市普遍存在，在基础设施更好更先进的大都市最为激烈。以上这些问题，是我国"城市病"的主要形式和代表，在城市群这个更大的空间中也更加突出。为此我们在城市生活指数下设置生活成本指数、生活便捷指数、教育卫生服务指数等二级指数，用来显示中国城市群在"让生活更美好"方面的差距，同时也侧重从城市管理和服务角度提供努力和改善的方向。

城市生活指数下设二级指数三个、三级指数若干：

① 生活成本指数

- CPI
- 恩格尔系数

② 生活便捷指数

- 人均道路面积
- 人均绿地面积
- 生活垃圾处理率

③ 教育卫生服务指数

- 小学专任教师数
- 执业(助理)医师人员数
- 城市医疗救助支出

以上所设的各级城市生活指数，主旨在于显示城市生活的健康—病态度。一方面，适度和可承受的生活成本，较为畅通的交通和符合标准的空气质量等，以及较高水平和均等化的医疗和教育，是一个健康城市的基本要求。与之相反，则表明城市出现了各种病症，城市问题和矛盾不断增加和激化，使城市深陷于不可持续的泥潭中无法自拔。需要说明的是，由于城市生活的复杂性和多样性，在设置城市生活指数时，我们充分考虑了当下中国城市面临的突出和紧迫问题，而不是面面俱到，我们希望以这些方面的测评，引导中国城市先“医得眼前疮”。

(4) 城市文化指数(希腊化—罗马化度)

芒福德曾指出：“城市不只是建筑物的群体，……不单是权力的集中，更是文化的归极。”①文化始终是影响城市生存与发展的一个重要而永恒的关键要素。一方面，很多人来到或喜欢某个城市，并不是因为从中得到了更高的物质待遇或实惠，而仅仅是出于一种心理和情感上的满足。另一方面，在景观社会中，随着文化资本对城市发展的重要性不断提升，以城市文化功能为核心的文化城市正成为全球城市的主流发展趋势与重点战略目标。文化城市是一种不同于“政治城市”“经济城市”的新型城市发展模式，核心是一种以文化资源和

① [美] 刘易斯·芒福德著，宋俊岭、倪文彦译：《城市发展史——起源、演变和前景》，中国建筑工业出版社 2005 年版，第 91 页。

文化资本为主要生产资料,以服务经济和文化产业为主要生产方式,以人的知识、智慧、想象力、创造力等为主体条件,以提升人的生活质量和推动个体全面发展为社会发展目标的城市理念、形态与模式。它最突出的本质特征是城市的文化形态与精神功能成为推动城市发展的主要力量与核心机制。① 文化城市的核心机制在于吸附、汇聚、积累和生发“人气”,正如在社会主义文化大发展大繁荣的整体背景下,将传统不宜测评的文化发展设为一级指数,对于软实力水平普遍较低的中国城市群,具有重要的引领与示范作用,也符合中国城市化的当下需要与根本利益。

首先,在后工业社会中,随着文化资源直接构成城市经济系统中重要的新生产要素,文化生产力成为城市社会良性与可持续发展的重要支撑,以及文化发展成为城市和谐与全面发展的更高理想,文化对城市群发展的影响正变得越来越重要。设置城市文化指数,有助于引导中国城市发展观念和方式转变。

其次,文化是城市的灵魂。古代罗马城解体的原因即“在物质建设上的最高成就以及社会人文中的最坏状况”②。在快速的城市化进程中,中国城市不同程度地实现了“物质建设上的最高成就”,但在“社会人文”等方面则陷入越来越严重的滑坡和危机中。设置城市文化指数,有助于推动中国城市文化和精神生态环境的建设。当今城市,不是没有文化,而是文化没有质量。

再次,未来的竞争是人才和人力资源的竞争,随着中国人口红利的逐渐消失,如何吸引到更多的移民成为城市发展的重大问题。近年来以“逃离北、上、广”和“大城市伪幸福”为代表,中国城市开始面临“城市人气下滑”的考验,一些城市甚至出现了“人心涣散”、人去城空的问题。设置城市文化质量指数,建设先进的城市文化,有助于提升城市软实力并吸引更多的优质人口资源。

城市文化指数下设二级指数三个、三级指数若干:

① 城市文化资本指数

- 文化、体育、娱乐业从业人数
- 公共图书馆总藏量

② 城市文化魅力指数

---

① 刘士林:《建设文化城市急需解决三大问题》,《中国文化报》,2007 年 7 月 17 日。

② [美] 刘易斯·芒福德著,宋俊岭、倪文彦译:《城市发展史——起源、演变和前景》,中国建筑工业出版社 2005 年版,第 229 页。

- 年接待游客数量
- 世界付费日报发行量前百名数量
- 全国电视收视市场份额前 20 的频道个数

③ 城市文化创新指数

- 文化产业 30 强个数
- 国家级奖励个数

城市文化指数的主旨在于显示中国城市发展的希腊化—罗马化度。古代雅典是“美好生活”的代表，古罗马城则是“死亡之城”的象征。在希腊，“既不放浪形骸狂饮取乐，也不着意追求舒适与奢华、装饰与摆设；过着一种运动员式的、确实是很节制的生活，在苍天之下进行着他们的每一种活动。美好的生活并不昂贵，而且这种生活中最美善的种种内容，尤其是这座城市都可尽情受用了。”①而“罗马人从未认真处理这些现实的文化问题和城市问题，他们贪得无厌地追求权力和权力的种种物质表现，并将此作为生活的理想”②，最终沦为“一个反面生活的容器”，并“把历次文明似乎都不可避免的那些丑恶扩大化和持久化了”。③ 城市在发展中是“希腊化”还是“罗马化”，最终决定了一个城市的兴衰和命运。需要指出的是，芒福德对当今大都市曾发出警告：“哪里的人口过分密集，哪里房租陡涨居住条件恶劣，哪里对偏远地区实行单方面的剥削以至不顾自身现实环境的平衡与和谐——这些地方，罗马建筑和传统的各种前例便几乎都会自行复活，如今的情况正是这样：竞技场、高耸的公寓楼房、大型比赛和展览、足球赛、国际选美女比赛、被广告弄得无所不在的裸体像、经常的性感刺激、酗酒、暴力等等，都是地道的罗马传统。同样，滥建浴室，花费巨资筑成的公路，而尤其是广大民众普遍着迷于各种各样的耗资巨大而又转瞬即逝的时髦活动，也都是地道的罗马作风……这类现象大量出现时，死亡之城即将临近了。”④在这个意义上，以现代大都市为核心的城市群，最容易出现“罗马化”的问题，因而，以“希腊化—罗马化度”作为城市文化指数的核心内容，对于当今世界的都市化进程具有重要的警示意义。此外，在本年度指数报

---

① [美] 刘易斯·芒福德著，宋俊岭、倪文彦译：《城市发展史——起源、演变和前景》，中国建筑工业出版社 2005 年版，第 176 页。

② 同上，第 259 页。

③ 同上，第 245～246 页。

④ 同上，第 259 页。

告中，我们仍充分考虑了中国城市文化发展在现阶段的特殊性，侧重于文化基础设施和基本服务能力，以后会逐渐强化文化内涵方面的指数研究和测评，使文化指数更全面和科学。

(5) 城市首位比指数(支配—服务度)

城市首位比是本指数报告提出的重要创新指标。该概念源自城市社会学的“人口首位度”，城市社会学使用这个概念，本是指一个国家或地区最大城市与第二大城市的人口数值比。一般认为城市首位度小于2%比较正常。但实际上，由于人口集聚与资源集聚的密不可分，所以城市首位度也间接显示出一个国家或地区的资源、特别是优质资源的分布状况，并同样遵循着首位比数值越小，则国家或区域发展越平衡的基本原理。就城市群是放大的城市而言，这一原理也适用于评价城市群的发展水平。具体而言，首位城市与周边城市在各种资源上分布越均衡，即首位度越低，城市群就越接近理想状态，容易形成合理的层级分工体系。反之，首位比指数越高，则表明城市群内的资源配置越不均衡，并容易在交通、能源、住房、公共服务等方面出现城市病。这不仅直接影响到首位城市的发展，也降低了其对整个城市群发展的辐射与带动作用。城市群的首位比是影响城市群发展的一个综合性指标，因此，本指数体系设立城市首位比一级指数，以评估一个城市群与其理想形态的关联和距离。

城市首位比一级指数下设经济首位比、生活首位比、文化首位比、人口首位比四个二级指标，并根据关联度和显示度相结合的原则，设置三级指标若干。

① 经济首位比

- 人均GDP首位比
- 能源消耗量首位比(用电量)
- 第三产业份额首位比

② 生活首位比

- 每万人公共汽车拥有量首位比
- 国际互联网用户首位比

③ 文化首位比

- 文化、体育、娱乐业从业人数
- 国家级奖励数量首位比

③ 人口首位比

● 人口密度首位比

● 在校大学生数量首位比

以上各级城市首位比指数，主旨在于测试和评估城市群内部首位城市的支配—服务度。城市群的原理告诉我们，首位城市的职能主要有二：一是支配，二是服务。这个数值越理想，就表明一个城市群的内在关系越和谐、区域一体化水平越高、协调能力越强，以及综合竞争力与可持续发展优势越明显。反之，则需要认真检点首位城市与次级城市的关系结构，并提供政策和制度的调整与建设，以改变首位城市与区域内其他城市的“内耗”。特别需要指出的是，只想“支配”而不想“服务”，在当下已成为中国城市群首位城市的痼疾，直接破坏了城市群内部的功能互补和共存共荣机制，“同质竞争”和“重复建设”日趋严重。就此而言，城市首位比指数，在中国城市群发展评价中具有核心地位。

3. 城市群综合指数的建立与阐释

关于综合指数的建立，人们常用的是德尔菲法和层次分析法(AHP)，但这些方法最主要的问题是指标权重的设置主观性较强。而全排列多边形综合图示法，则是一种简单、直观、有效的评价方法，在很大程度上能够避免这种主观性。目前在可持续发展评价、生态和环境评价等领域，全排列多边形综合图示法被广泛应用。①

本报告在建立综合指数时，也选择这一研究方法，从城市人口指数、城市经济指数、城市生活指数、城市文化指数、城市首位比指数几方面入手，利用全排列多边形综合图示进行综合评价，完成中国城市群评价指标体系的建构。

该方法的主要思想是：假设有 N 个指标，以这些指标的上限值为半径，以 $360°/N$ 为夹角，通过各指标值连线构建一个不规则中心 N 边形。其顶点是 N 个指标首尾相连的全排列，N 个指标共可构建成 $(N-1)!/2$ 个不同的不规则 N 边形。综合指数就是这些不规则 N 边形的面积均值与中心多边形面积的比值。

---

① 参看：王书玉、卞新民：《江苏省阜宁县生态经济系统综合评价》，《生态学杂志》，2007 年第 2 期；蔡邦成、陆根法等：《江苏省经济的可持续发展评价》，《中国环境科学》，2006 年第 4 期；周伟、曹银贵、乔陆印：《基于全排列多边形图示指标法的西宁市土地集约利用评价》，《中国土地科学》，2012 年第 4 期。

指标的标准化选择下列标准化函数：

$$F(x)=\frac{a(x+b)}{x+c},\ a\neq 0,\ x\geqslant 0$$

其中，$F(x)$满足：

$$F(x)\mid_{x=L}=-1,$$
$$F(x)\mid_{x=T}=0,$$
$$F(x)\mid_{x=U}=1$$

等式中，L 为指标的下限，U 为指标的上限，T 为阈值。

根据以上条件，可以得到：

$$F(x)=\frac{(U-L)(x-T)}{(U+L-2T)x+UT+LT-2LU}$$

通过标准化以后，所有的指标都位于[-1, 1]之间。由此可得指标标准化函数为：

$$S_i=\frac{(U_i-L_i)(x_i-T_i)}{(U_i+L_i-2T_i)x+U_iT_i+L_iT_i-2L_iU_i} \qquad \text{(公式 1)}$$

其中，L_i、U_i、T_i 分别为指标 x_i 的最小值、最大值和均值。

利用 N 个指标可以构建一个中心正 N 边形，中心点是 $S_i=-1$，顶点是指标 $S_i=1$，中心点至顶点的线段表示区间[-1, 1]，各指标的标准化值位于这些线段上。以指标 $S_i=0$ 可以构建 N 边形代表指标的临界区域。临界区域内部表示指标为负，外部表示指标为正。如图 2 所示。

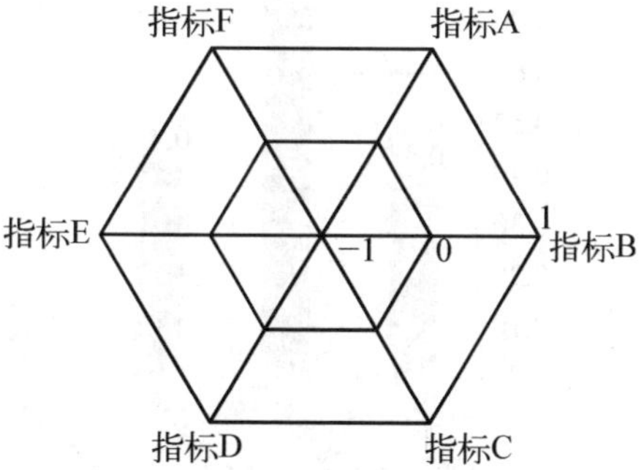

图 2　全排列多边形结合图示法示意图

全排列多边形综合指数为：

$$S=\frac{\sum_{i\neq j}^{i,j}(S_i+1)(S_j+1)}{2N(N-1)} \qquad \text{(公式 2)}$$

其中，S 为综合指数，S_i 和 S_j 分别代表第 i 项和第 j 项指标，N 代表指标数量。

出于研究的实际需要，本综合指数利用公式 1 对所有原始数据进行标准化处理，在逆向指标前加上负号使其正向化。主要包括：文盲率、失业人口数量、自然增长率、CPI、恩格尔系数、各首位比、工业废水、工业二氧化硫、工业烟尘排放量。

四、2016 中国城市群发展指数情况及主要评价

依据上海交通大学城市科学研究院具有自主知识产权的“都市化进程理论”“文化城市群理论”和自主研发的《中国城市群发展指数框架(2014 版)》《中国城市群数据库(2016 版)》，课题组对中国九大城市群发展指数展开研究，主要指数排名及评价报告如下。①

1. 城市群综合指数及排名

利用全排列多边形综合图示法，根据京津冀、长三角、珠三角、成渝、中原、山东半岛、武汉城市圈、环长株潭、环鄱阳湖九大城市群 2012 年的各项数据，可以得出这九大城市群在 2012 年的最新综合指数(见图 3)。

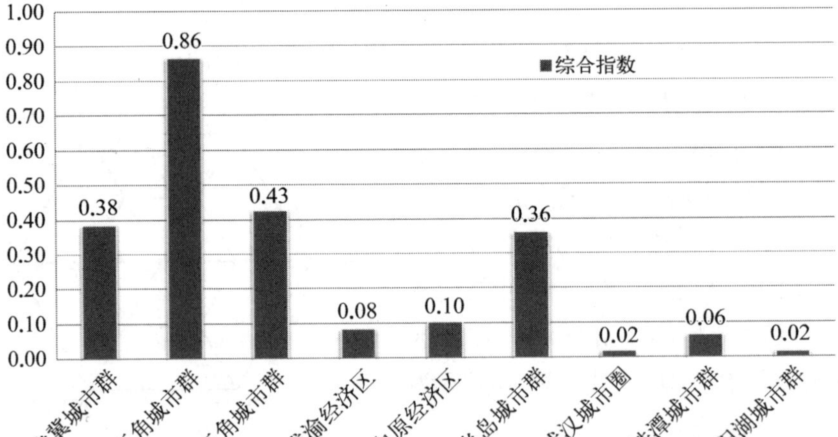

图 3　2012 年九大城市群的最新综合指数示意图

① 在总体上需要说明的是，由于 2016 年度仍然沿用《中国城市群发展指数框架(2014 版)》，指数框架并无调整，因此本年度报告只展示 2012 年最新数据的分析结果，必要之处会援引和对比之前的分析结果，2007～2011 年的相关情况请见 2014 年度的报告，在此不再赘述。

2012 年的最新数据及分析显示，京津冀、长三角、珠三角三大城市群的综合发展水平依然处在绝对的优势地位，山东半岛城市群的发展水平虽落后于三大城市群，但远高于中原经济区、成渝经济区、武汉城市圈、环长株潭、环鄱阳湖城市群，这五个城市群无论是发展速度还是发展质量都相对落后，其中，中原经济区、成渝经济区和环长株潭城市群的发展水平相对较高，而武汉城市圈和环鄱阳湖城市群在九大城市群的发展排名上相对落后。这九大城市群 2012 年最新的综合指数结果反映出我国城市群发展的分层化趋势仍然十分明显。

在纵向比较上，结合 2014 年报告中 2007 年到 2011 年的数据及分析结果，六个城市群的综合指数总体上呈现出上升趋势，只有京津冀城市群在 2012 年的综合指数略有下降，而长三角城市群 2012 年的综合指数上升十分显著，这是其继续保持在九城市群首位的主要原因之一。珠三角城市群的综合指数在 2012 年表现出较大幅度的增长。成渝经济区和中原经济区的综合指数继 2011 年稍有回落之后有所上升，与 2010 年持平或稍有增加，这与中西部城市群发展基础薄弱、抗干扰性差是一致的。山东半岛城市群在 2012 年的综合指数有所增加，虽然幅度较小，但一直保持持续增长的态势，是城市群体量不大但在总体发展水平上可以超过成渝经济区和中原经济区的主要原因。新加入指数排名的是位于长江中游地区的环长株潭、武汉城市圈和环鄱阳湖城市群，从具体发展的数据来看，这三个城市群的综合发展水平总体上处于上升趋势，但发展水平的波动频率快、波动程度大是其显著特点，这与中部地区发展基础薄弱、建设设施陈旧、政策红利较为薄弱有较大关系。

根据 2012 年最新综合指数平均值比较，九大城市群综合指数水平的排名结果依次为：长三角城市群、珠三角城市群、京津冀城市群、山东半岛城市群、中原经济区、成渝经济区、环长株潭、武汉城市圈和环鄱阳湖城市群(注：武汉城市圈和环鄱阳湖城市群 2012 年综合指数相同，并列第八)，其综合指数得分分别为 0.86、0.43、0.38、0.36、0.10、0.08、0.06、0.02、0.02(见表 4)。

在一级指数排名上，九大城市群的发展水平及排名具体如下：

在人口指数排名上，依次是珠三角城市群、长三角城市群、山东半岛城市群、京津冀城市群、环长株潭城市群和武汉城市圈(并列)、成渝经济区和环鄱阳湖城市群(并列)、中原经济区，其一级指数得分分别为 0.55、0.42、0.4、0.34、0.17 和 0.17(并列)、0.10 和 0.10(并列)、0.03；

在经济指数排名上，依次是珠三角城市群、长三角城市群、山东半岛城市群、京津冀城市群、环长株潭城市群、成渝经济区、武汉城市圈、中原经济区、环鄱阳湖城市群，其一级指数得分分别为 0.55、0.49、0.38、0.35、0.19、0.15、0.14、0.08、0.04；

在生活指数排名上，依次是长三角城市群、中原经济区、山东半岛城市群、珠三角城市群、京津冀城市群、环鄱阳湖城市群、环长株潭城市群、武汉城市圈、成渝经济区，其一级指数得分分别为 0.51、0.35、0.28、0.27、0.25、0.13、0.11、0.08、0.02；

在文化指数排名上，依次是京津冀城市群、长三角城市群、成渝经济区、珠三角城市群、中原经济区、山东半岛城市群、环长株潭城市群、武汉城市圈、环鄱阳湖城市群，其一级指数得分分别为 0.80、0.68、0.14、0.12、0.08、0.04、0.02、0.01、0.00；

在首位比指数排名上，依次是长三角城市群、山东半岛城市群、成渝经济区、中原经济区、珠三角城市群、环长株潭城市群、京津冀城市群、环鄱阳湖城市群、武汉城市圈，其一级指数得分分别为 0.48、0.41、0.37、0.34、0.21、0.17、0.15、0.13、0.02(见表 4)。

表 4　2012 年九大城市群综合及一级指数评价排名

排名	城市群	人口	经济	生活	文化	首位比
1	长三角	2	2	1	2	1
2	珠三角	1	1	4	4	5
3	京津冀	4	4	5	1	7
4	山东半岛	3	3	3	6	2
5	中原经济区	9	8	2	5	4
6	成渝经济区	7	6	9	3	3
7	环长株潭	5	5	7	7	6
8	武汉城市圈	5	7	8	8	9
8①	环鄱阳湖	7	9	6	9	8

① 注：武汉城市圈和环鄱阳湖城市群的 2012 年综合指数相同，并列第八。

从图 4 到图 12,集中反映了 2012 年九大城市群各一级指数的具体情况。

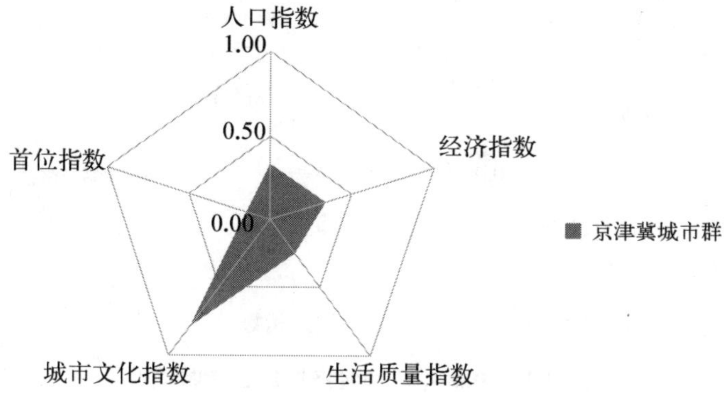

图 4　2012 年京津冀城市群综合指数图

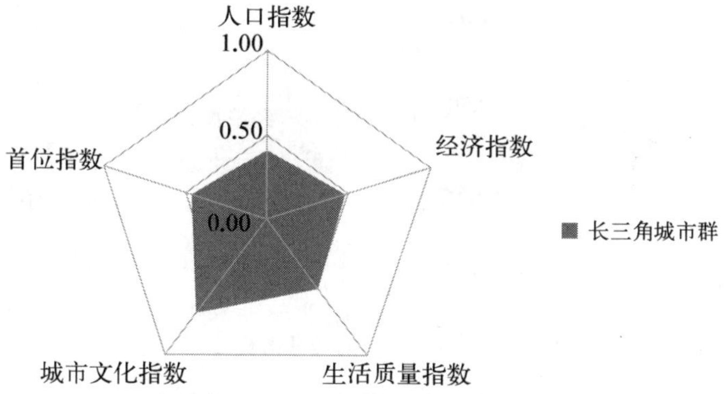

图 5　图 2012 年长三角城市群综合指数图

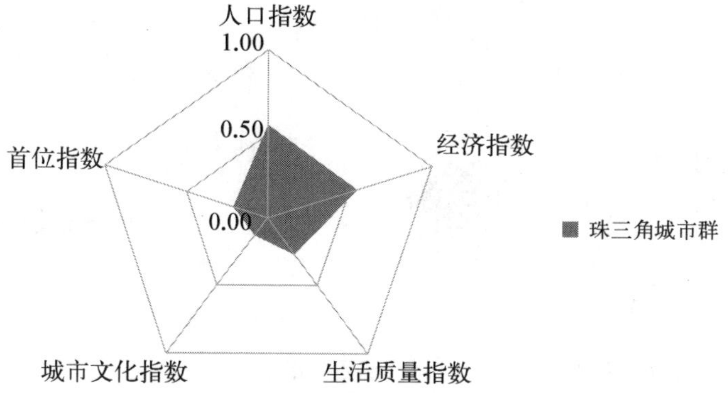

图 6　2012 年珠三角城市群综合指数图

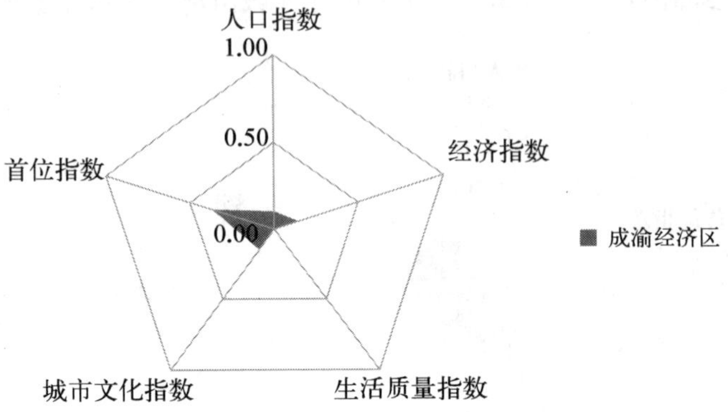

图 7　2012 年成渝经济区综合指数图

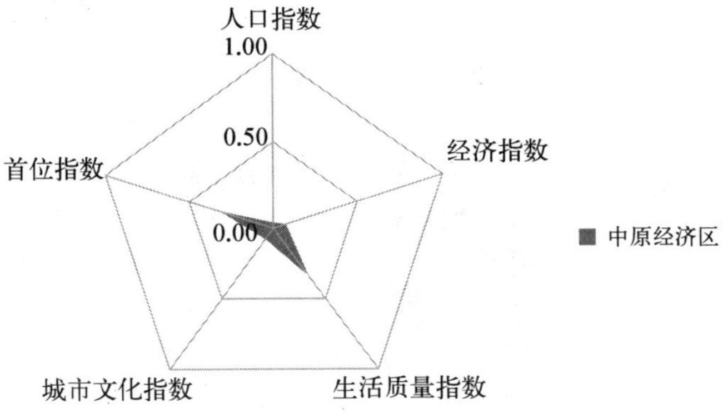

图 8　2012 年中原经济区综合指数图

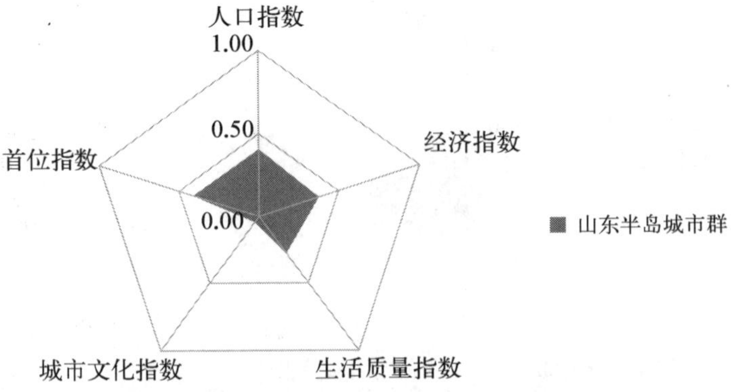

图 9　2012 年山东半岛城市群综合指数图

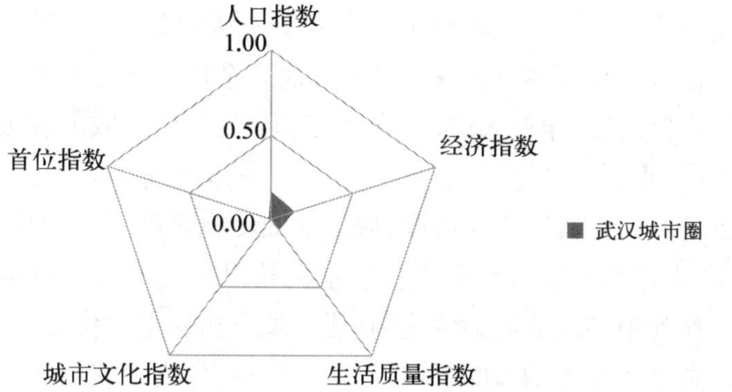

图 10　2012 年武汉城市圈综合指数图

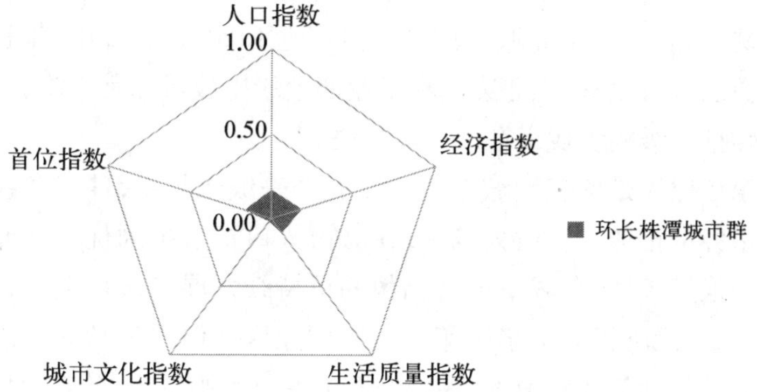

图 11　2012 年环长株潭城市群综合指数图

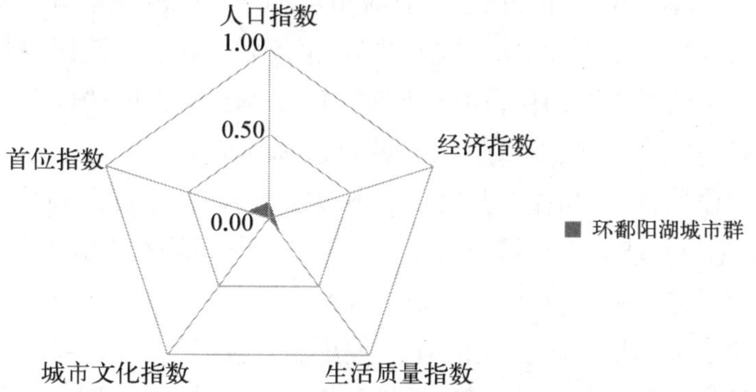

图 12　2012 年环鄱阳湖城市群综合指数图

对从图 4 到图 12 的系列进行解读，可以得知 2012 年九个城市群的综合发展情况与存在的主要问题。

排在第一位的是长三角城市群。在五个一级指数中，长三角的城市生活指数排在首位，首位比指数也排在首位，其他三个指数均处于第二位。相比于其他八个城市群，长三角在人口、经济、社会生活、文化和城市层级体系的发展相对比较平衡，表明在经过 30 多年的磨合与一体化进程之后，一种良好的层级体系与合理的协作机制正在形成，城市基础设施建设完善，因此城市生活指数稳居首位，无论是从生活便利程度还是文教卫生领域的发展水平均具有极大的优势。作为中国经济最为发达的地区，长三角的主要优势在于经济发达，无论是经济总量还是人均 GDP 均位于全国前列，作为国家经济中心的地位日趋稳固。但其最大的软肋仍是环境和可持续发展问题，其工业废水、工业二氧化硫等的排放量在 2012 年仍明显高于其他城市群。从绿色发展的角度看，明显落后于珠三角、山东半岛城市群等。但相比于 2011 年，2012 年长三角可持续发展指数已有所改善，工业废水和工业烟尘的排放量显著下降，反映出长三角城市群转型升级的步伐正在加大和加快。

排在第二位的是珠三角城市群。在五个一级指数中，珠三角在城市人口指数和城市经济指数上均位列第一，在城市人口指数中的优质和职业人口二级指数也有很好表现，在城市经济指数的可持续发展二级指数上保持优势地位，是其在城市经济指数上名列第一的主要原因。但珠三角的生活指数和首位比指数分别位列第四和第五，基本处于中等靠后的位置，前者落后于长三角城市群、中原经济区、山东半岛城市群，后者仅领先于城市群内部差异最大的武汉城市圈、环鄱阳湖城市群、京津冀城市群和环长株潭城市群。在城市文化指数上不仅与长三角、京津冀有较大差距，也落后于成渝经济区，排在第四位。以年接待游客数量指数为例，2012 年珠三角接待游客量继 2011 年下降后又出现明显下降，从上一年的 2.8 亿人次跌至近 2.5 亿人次。基于本报告的指标设置及引导作用，珠三角在公共文化服务设施投入、文化资源的社会和经济效益、科技文化创新能力、旅游资源的开发利用等方面均有很大的提升空间，也是未来应该重点改善和发展的领域和方向。

排在第三位的是京津冀城市群。在五个一级指数中，京津冀的城市文化指数遥遥领先于其他八个城市群，继续保持在第一的位置，城市经济指数中的第三产业二级指数表现出较大的优势。以北京为首位城市的京津冀城市群有深厚的历史底蕴和丰富的文化资源，同时北京作为国家首都在区位、政策、人才、资金、市场等方面得天独厚的优势，使其成为名副其实的国家文化中心。

2012 年的最新数据显示,京津冀城市群的首位比指数水平有所提升,但其发展的最大问题依然是城市群的内部差异和两级分化严重,距离一个理想的城市群——在人口、经济、社会、文化和整体结构上具有合理层级体系,在空间边界、资源配置、产业分工、人文交流等方面具有功能互补和良好协调机制的城市共同体——还有很大的差距。同时这还说明,在文化、政治、经济、人才等方面优势明显的首位城市北京,没有充分发挥出其应有辐射和带动作用,区域一体化发展仍长期停滞在研究层面和启动阶段。但自 2014 年开始,由国务院副总理张高丽担任协同发展领导小组组长,京津冀城市群出台了一系列的重要举措,一体化和协同发展的步伐进入快速发展阶段。但具体效果的体现还会有一个"延时"阶段。

排在第四位的是山东半岛城市群。在五个一级指数中,山东半岛城市群的城市人口指数、城市经济指数和城市生活指数均排在第三位,表明其优质人口发展水平较高,经济发展的综合水平较强,以及居民生活水平较高,在这三个方面具有较为突出的优势。山东半岛城市群的首位比指数排在第二位,表明城市群内的各城市发展较为均衡。凭借这些优势,山东半岛城市群超过了体量比自身大得多的中原经济区和成渝经济区,成为我国城市群第二方阵的重要代表。优质人口素质高是山东拥有丰厚的齐鲁文化并传承较好的有力证明,而内部发展较为平衡则与该城市群只包括沿海八个发达城市,以及将山东省的聊城市、菏泽市等抛给中原经济区密切相关。但是,山东半岛城市群的"文化指数"仅排在第六位,处在长江中游地区的三个城市群之前。这与本报告的指数设置与目标导向有关,文化指数包括城市文化资本指数、城市文化魅力指数和城市文化创新指数三个二级指标,山东半岛城市群在传统文化资源与资本等方面并不弱,关键是城市群的文化魅力和创新能力未能充分释放出来,也可以说是"有大本钱但没有做出大生意"。这种悖论在我国二线城市群中相当普遍,是今后各城市群在文化建设中亟待关注和突破的困境。

排在第五位的是中原经济区。在五个一级指数中,中原经济区的城市生活指数依然保持在第二的位置,表明从生活成本和便捷度等指标看,中原经济区的宜居水平在九大城市群中相对较高。同时,在九城市群中,中原经济区的城市人口指数倒数第一,城市经济指数倒数第二,前者揭示出"人口大城市群"与"人口强城市群""人口数量"与"优质人口"的突出矛盾,后者则显示出中原经济区在经济领域发展程度不高,与东部发达城市群有着明显差距。城市人口指数倒数第一与城市经济指数倒数第二,还表明人才不足与就业不足已成为制约中原经济区发展的主要障碍。此外,城市经济指数倒数第二还揭示出当前的经济增长仍是以牺牲环境为代价的粗放型增长模式,区域经济发展亟待转型升级。

排在第六位的是成渝经济区。在五个一级指数中,成渝经济区的文化指数位列第三位,较上一年的情况有所提升,文化优势进一步凸显。2012 年的最新数据显示,成渝经济区的首位比指数退居第三,仍具有较强的优势,但其在本质上是一种在整体不发达状态下的"原始和谐",是区域内各城市发展水平都比较低的集中体现。此外,值得关注的是,成渝经济区在 2012 年的就业人口比例有较大的增加幅度,表明其在人口指数特别是职业人口指数方面在提升。成渝经济区发展面临的主要问题包括:首先,成渝经济区虽然在中西部具有一定的经济优势,但与东部发达城市群相比仍相当落后,这是成渝经济区的生活指数垫底、人口指数落后的主要原因,经济的不发达制约着城市群的总体发展进程和水平。其次,成渝经济区虽有重庆、成都等核心城市,但与上海、广州、北京等核心城市相比,辐射能力弱、带动作用不强等问题也比较突出。如成都作为中国著名的休闲城市,不仅整个区域的恩格尔系数偏高,人们的生活压力也一直比较大。此外,作为西部城市群,成渝经济区文化发展落后的主要原因是投入不足,具体表现在文化产业发展不足、从业人员相对较少、图书馆等文化事业落后等方面,这在整个西部地区也具有很强的代表性,是国家在文化政策和资金配置时应重点关注的。打破低层次的和谐,走向高层次的发展,是成渝经济区同时也是中西部城市群必须确立的战略意识。

排在第七位的是环长株潭城市群,在五个一级指数中,环长株潭城市群的城市人口指数和城市经济指数均排在第五位,前者与武汉城市圈共同位列第五,超越了成渝经济区、中原经济区和环鄱阳湖城市群,这表明其人口发展的综合水平在九大城市群中位于中等位置,具备一定的潜在优势,后者排在成渝经济区、武汉城市圈、中原经济区和环鄱阳湖城市群之前,主要原因在于环长株潭城市群的第三产业二级指数和可持续发展二级指数都排在靠前的位置,特别是可持续发展二级指数,仅次于珠三角城市群,这说明环长株潭城市群在转变经济发展方式有所突破,既实现了较快的经济增长,又达到了减少污染排放的目标。此外,值得注意的是,环长株潭城市群在长江中游地区的三个城市群中位于首位,优势比较显著,不仅如此,在一些指标上还超越了成渝经济区和中原经济区。

排在第八位的是武汉城市圈,在五个一级指数中,武汉城市圈与环长株潭城市群的城市人口指数并列排在第五位，排在成渝经济区和中原经济区的前列。武汉城市圈在校大学生数比例和从业人口比方面的水平较高，优质人口指数和职业人口指数的优势显著，这与其高等教育院校集中以及相关投入较高有关。顾名思义，武汉城市圈有其自身的区域发展模式，即以武汉市为中心展开圈层式的发展，因此一个不容忽视的问题是其城市群均衡发展水平完全没有优势，在九大城市群中垫底，这与该地区的发展历史、传统的经济布局以及生活形态密切相关。尽管中心城市武汉市的工业经济基础雄厚，城市发展历史悠久，但在本报告的评价指标体系中排在靠后的位置，即便在长江中游的三个城市群中优势也不明显。

排在第九位的是环鄱阳湖城市群，在五个一级指数中，环鄱阳湖城市群的城市人口指数排在第七位，优势主要集中在人口的增长率上，其在城市经济和文化发展水平上都排在最后，整体发展水平有限。但作为位于中部地区的城市群，仍然有一些相对优势存在，比如在职业人口二级指数上名列第三位，排在珠三角和山东半岛城市群之后，在可持续经济发展二级指数上位于第三位，排在珠三角和环长株潭城市群之后，但值得注意的是，环鄱阳湖城市群较低的污染排放水平也是以较低的经济发展水平为基础的。

2. 专项指数排名之一：人口指数

人口指数由优质人口指数、职业人口指数和人口生态指数构成。图 13 描绘了 2012 年九大城市群人口指数的综合评价情况和排名情况。

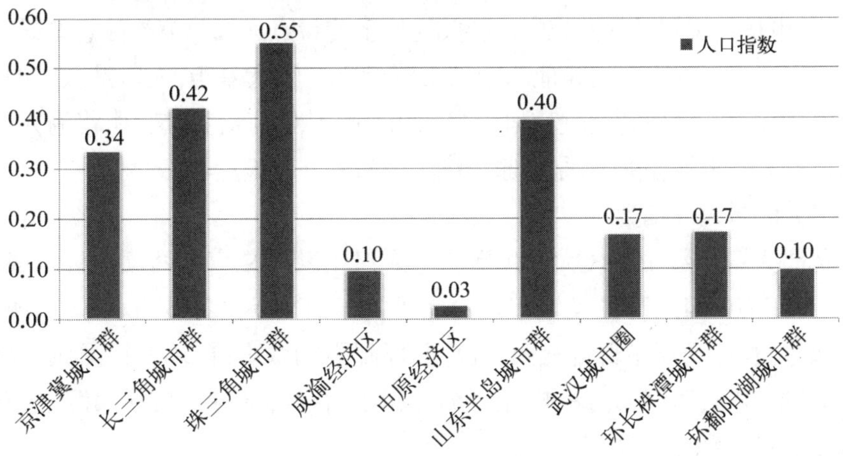

图 13　2012 年九大城市群人口指数排名

据上图可得出一个基本判断：在总体评价上，2012 年珠三角城市群的人口指数最高，长三角城市群位居第二，山东半岛城市群位居第三，京津冀城市群位居第四，环长株潭和武汉都市圈并列第五、成渝经济区和环鄱阳湖城市群并列第七、中原经济区位于第九位。

在纵向分析上看，结合 2014 年报告中 2007～2011 年各城市群五年的均值水平，2012 年珠三角城市群的人口指数仍处于首位，在 2014 年报告研究的六个城市群中，山东半岛城市群的人口指数水平略有下降，其余五个城市群均有所提升。在 2012 年，珠三角人口指数较过去五年的平均水平有大幅上升，稳坐第一的位置。这表明，珠三角城市群一直保持着巨大的人口优势，这是支撑其快速发展的重要资源之一。长三角城市群的人口指数水平在 2012 年提升的幅度最大，排名第二，反映出长三角城市群人才吸引力在增强，而人口优势较大的山东半岛城市群排在第三位，其人口指数略低于长三角。京津冀城市群的人口指数水平仍排在第四位，虽然 2012 年的人口指数水平较前五年的平均水平有所提升，但是排名没有变化。环长株潭城市群和武汉城市圈排在并列第五位，而成渝经济区和环鄱阳湖城市群并列第七位，中原经济区在人口指数方面排在垫底位置。此外，从图中还可以清晰看出，排在前四位的珠三角、长三角、山东半岛和京津冀城市群的差距较小，而与排在后面的五个城市群水平差距较大。同处于长江中游地区的环长株潭、武汉城市圈和环鄱阳湖城市群在人口指数水平上较为相近，分别是 0.17、0.17 和 0.1，说明这三个城市群在人口发展方面同质性较高，这既可以为长江中游城市群的协调发展提供某种重要基础，同时也是其规划及其实施中需要关注的重要特点之一。值得注意的是，中原经济区在人口指数方面与其他八个城市群相比有较大差距，人口是城市的基础要素之一，对城市群的发展起着非常关键的作用，如何培养和吸引优秀人才，以及如何扩大城市就业能力，是中原经济区今后发展应重点考虑的。

(1) 优质人口指数

优质人口指数由在校大学生数与总人口比以及文盲率两项指标构成。总体来看，在 2012 年，珠三角城市群的优质人口指数保持着最高水平，京津冀城市群次之，长三角城市群排在第三位，而环鄱阳湖城市群、环长株潭城市群、山东半岛城市群、武汉城市圈、中原经济区和成渝经济区分别排在第四、第五、第六、第七、第八和第九位。

具体言之，随着我国教育事业的迅速发展，大学生占比迅速提升，普通百姓的识字水平也在不断提高。2012 年,九大城市群的在校大学生与总人口比排名从高到低依次是珠三角城市群、山东半岛城市群、长三角城市群、武汉城市圈、京津冀城市群、环长株潭城市群、环鄱阳湖城市群、成渝经济区和中原经济区。从 2007 年至 2012 年,九大城市群在校大学生与总人口比例总体上均处于上升趋势,其平均值从 2.15%上升至 2.69%。其中,珠三角城市群从 2.91%上升至 4.48%,山东半岛城市群从 3.11%上升至 3.54%,长三角城市群从 2.74%上升至 3.28%,武汉城市圈从 2.37%上升至 2.90%,京津冀城市群 2.10%上升至 2.81%,环长株潭城市群从 1.91%上升至 2.28%,环鄱阳湖城市群从 2.03%上升至 2.07%,成渝经济区从 1.31%上升至 1.68%,中原经济区从 0.82%上升至 1.13%。在文盲率指标上,2012 年九大城市群从低到高依次是珠三角城市群、京津冀城市群、环鄱阳湖城市群、环长株潭城市群、长三角城市群、中原经济区、武汉城市圈、山东半岛城市群和成渝经济区。从 2007 年到 2012 年的平均水平来看,珠三角城市群的平均水平仍最低,只有 3.34%,京津冀城市群平均为 4.20%,长三角城市群平均为 6.55%,山东半岛城市群和中原经济区平均分别为 7.06%和 6.89%,成渝经济区最高,平均为 8.28%,武汉城市圈平均为 6.88%,环长株潭城市群平均为 4.63%,环鄱阳湖城市群平均为 5.02%。

(2) 职业人口指数

职业人口指数包括从业人口数比和失业人口数量两大指标。从总体上看,在 2012 年,珠三角城市群的职业人口指数高居榜首,山东半岛城市群次之,环鄱阳湖城市群排在第三位,环长株潭城市群排在第四位,京津冀城市群排在第五位,武汉城市圈、长三角城市群、成渝经济区和中原经济区依次排在第六、第七、第八、第九的位置。但在外向型经济发展压力越来越大的背景下,珠三角职业人口指数水平也在面临越来越严峻的挑战。

具体言之,2012 年,九大城市群的从业人口数比从高到低依次是珠三角城市群、长三角城市群、京津冀城市群、山东半岛城市群、成渝经济区、武汉城市圈、环长株潭城市群、环鄱阳湖城市群、中原经济区,其中珠三角城市群从业人口比例达到 31.23%,远高于长三角城市群的 23.81%、京津冀城市群的 19.78%、山东半岛城市群的 16.30%。同时,珠三角城市群失业人口数只有 41.74 万人,远低于长三角城市群的 77.31 万和京津冀城市群的 54.40 万。由此可知,在解决就业工作方面,珠三角城市群做得最为出色,而其他城市群在这方面还有相当大的提升空间。但从发展趋势上看,除环长株潭城市群的就业比例略有下降外(2011 年 9.83%下降到 2012 年 9.39%),其他八个城市群的就业人口比例都在逐步提高,就 2011 年到 2012 年的就业人口比例增长幅度来讲,八大城市群的排序依次是成渝经济区(2011 年 7.42%增加至 2012 年 12.76%)、珠三角城市群(2011 年 29.46%增加至 2012 年的 31.23%)、京津冀城市群(2011 年 18.61%增加至 2012 年的 19.78%)、长三角城市群(2011 年 22.79%增加至 2012 年的 23.81%)、环鄱阳湖城市群(2011 年 8.11%增加至 2012 年的 8.88%)、山东半岛城市群(2011 年 15.57%增加至 2012 年的 16.30%)、中原经济区(2011 年 6.59%增加至 2012 年的 7.15%)、武汉城市圈(2011 年 11.70%增加至 2012 年的 12.15%),其中成渝经济区的增长幅度在八个城市群中是最大的。说明这些城市群对和民生息息相关的就业问题都非常重视,并采取了切实可行的举措。但从绝对人数看,由于各城市群的人口基数不断增加,而就业人口的增长空间有限,所以失业人口数量也呈现出逐年上升的趋势。值得注意的是,在 2007～2011 年的分析中我们发现珠三角城市群在国际贸易摩擦不断、外向型经济不断受挫等要素的作用下,其失业人口的增长速度在六个城市群中最高,但 2012 年珠三角城市群的失业人口数量出现了下降的趋势,从 2011 年的 44.85%下降到 2012 年的 41.74%。2012 年,失业人口数量出现下降趋势的还有山东半岛城市群和武汉城市圈。在未来一段时期内,“保就业”仍将是我国城市群发展的一项重要而艰巨的任务。由此可见,2012 年各个城市群的就业状况日渐好转,不仅就业人口比例在持续增加,一些城市群的失业人口数量也开始下降。这对于“十三五”时期我国保持经济中高速增长和保持社会稳定是非常有利的。

(3) 人口生态指数

人口生态指数主要是考察人口的预期寿命和人口的自然增长率。在 2012 年,总体来讲长三角城市群的人口生态指数表现最好,山东半岛城市群位居次席,成渝经济区位居第三,京津冀城市群、珠三角城市群和武汉城市圈分别位居第四、第五和第六位,中原经济区、环长株潭城市群、环鄱阳湖城市群排在第七、第八和第九位,但长三角城市群和山东半岛城市群仍面临着人口自然增长率不高的现实,可持续发展存在较大隐患。

具体来说,在人口预期寿命上,九大城市群从高到低依次是长三角城市群、珠三角城市群、山东半岛城市群、京津冀城市群、成渝经济区、中原经济区和武汉城市圈(并列)、环长株潭城市群、环鄱阳湖城市群,其中长三角地区最高,平均为 77.61 岁,环鄱阳湖城市群最低,只有 74.33 岁。预期寿命主要取决于当地的医疗条件和人们的生活条件,长三角城市群较高的医疗水平以及人们较好的生活条件发挥了重要作用。2012 年,在自然增长率方面,九大城市群由高到低依次是环鄱阳湖城市群、珠三角城市群、京津冀城市群、环长株潭城市群、中原经济区、武汉城市圈、成渝经济区、山东半岛城市群、长三角城市群,其中环鄱阳湖城市群远高于其他城市群,为 9.70%,而排在第二位的珠三角城市群为 7.32%,而位于末位的长三角城市群仅为 0.93%。但在过去的五年中,环鄱阳湖城市群、珠三角的人口自然增长率出现了不断波动的现象,这说明这些城市群的优势并不稳定,需要引起相关方面的关注和重视。与环鄱阳湖、珠三角相比,长三角城市群的人口自然增长率问题更严重,2012 年为 0.93%,尽管在 2011 年稍有上升,达到 1.31%,但 2012 年又出现下降的趋势,与其他城市群相比仍然偏低。人口负增长在长三角城市群已非常明显,对其建设世界级城市群将产生诸多不利的影响。

3. 专项指数排名之二:城市经济指数

城市经济指数由经济增长指数、第三产业发展指数和可持续增长指数构成。图 14 描绘了 2012 年九大城市群经济指数的综合评价情况及排名情况。

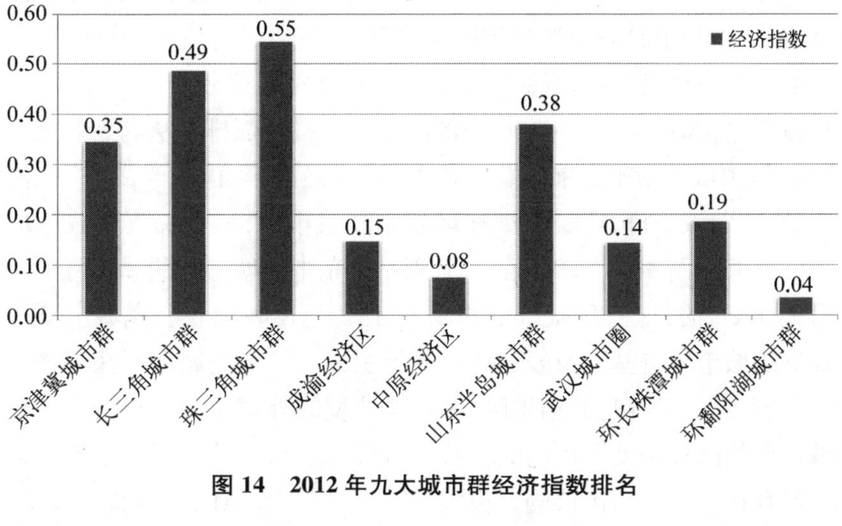

图 14　2012 年九大城市群经济指数排名

由上图可得出一个基本判断:在总体评价上,在 2012 年,珠三角城市群的经济指数最高,长三角城市群居于第二位,山东半岛城市群位居第三位,京津冀城市群位居第四位,环长株潭、成渝经济区、武汉城市圈、中原经济区和环鄱阳湖城市群依次列在第五、第六、第七、第八、第九的位置。

在纵向分析上看，结合 2014 年报告中 2007～2011 年各城市群五年的均值水平，珠三角的经济指数仍处于首位。在 2014 年已有研究的六个城市群中，有些城市群的经济指数在 2012 年出现下降的现象，反映出各大城市群在经济增长的数量和质量方面有所波动。其中，珠三角城市群、长三角城市群和山东半岛城市群经济指数在 2012 年有所增长，并且幅度较大，而京津冀、中原经济区则出现下降的情况，而成渝经济区的经济指数与 2011 年持平。由此可知，2012 年，东部城市群的发展仍普遍快于中西部城市群，未来中西部城市群发展经济的压力依然很大。而新增加的三个长江中游的城市群，在经济指数上处在较为落后的位置，他们之间的经济指数水平也差异较大。从综合比较看，珠三角城市群始终保持了领先地位，这主要是得益于其较强的经济实力和较高的可持续经济增长水平，长三角城市群位于第二位，山东半岛城市群超越经济指数出现下降趋势的京津冀城市群排在第三位。

(1) 经济增长指数

经济增长指数由人均 GDP、人均社会消费品零售总额、固定资产投资额构成。从总体上看，在 2012 年，长三角城市群的经济增长水平最高并且仍然处于绝对优势，山东半岛城市群第二位，珠三角和京津冀城市群并列排在第三位，武汉城市圈和中原城市群分别排在第五位和第六位，成渝经济区和环长株潭城市群并列排在第七位，环鄱阳湖城市群排在第九位。

具体言之，2012 年，九大城市群的固定资产投资额排名从高到低依次是长三角城市群、中原经济区、京津冀城市群、成渝经济区、山东半岛城市群、武汉城市圈、珠三角城市群、环长株潭和环鄱阳湖城市群，其中长三角城市群固定资产投资总额达到 40 338.95 亿元，分别是山东半岛城市群的 2.19 倍，京津冀城市群的 1.26 倍，珠三角城市群的 2.89 倍。这反映出长三角城市群一直保持着良好的城市经济基础及较强的投资吸引力。长三角城市群在经济上对外贸的依存度较高，尤其是苏南地区，一直是典型的外贸拉动型经济。珠三角在三大城市群的比较中处于落后的位置，并且差距较大，其所属城市投资乏力的情况依然存在。中原城市群固定投资总额总量较大，但由于其城市数量较多，平均下来每个城市固定投资总额仅在 1 102 亿左右，意味着其所属城市的投资严重不足。而 2012 年新增加的三个城市群中，各城市群的固定资产投资总额水平普遍不高且较为接近，其中鄱阳湖城市群为 9 216.86 亿，排在九大城市群的最后。2012 年,九大城市群的人均 GDP 水平从高到低依次是长三角城市群、山东半岛城市群、珠三角城市群、京津冀城市群、环长株潭城市群、武汉城市圈、环鄱阳湖城市群、中原经济区和成渝经济区,而九大城市群的人均社会消费品零售总额水平从高到低分别为长三角城市群、山东半岛城市群、珠三角城市群、京津冀城市群、武汉城市圈、环长株潭城市群、成渝经济区、中原经济区和环鄱阳湖城市群。在人均 GDP 和人均社会消费品零售总额方面,珠三角城市群、长三角城市群和山东半岛城市群仍然处于较高的水平,反映出城市居民既为社会创造了巨大的经济价值,同时也获得了较丰厚的经济回报,中原城市群和成渝城市群则较低,新增的武汉城市圈、环长株潭和环鄱阳湖城市群也较低,与前三个城市群存在较大的差距。较高的人均 GDP 提高了人们的收入水平,增加了人均社会消费品零售总额,反过来又会进一步扩大城市内需和经济的持续增长,从而实现了城市发展的良性循环。对于长三角城市群和山东半岛城市群,经济增长的各项指标都比较高,但对于珠三角城市群,虽然目前人均 GDP 和人均社会消费品零售总额较高,但近年来固定投资总额不高,需要警惕经济增长可能面临后继乏力的风险。

(2) 第三产业发展指数

第三产业发展指数由第三产业占 GDP 的比重、第三产业从业人员占从业人员总数的比重、第三产业生产总值构成。2012 年,从总体上看,九大城市群都在大力促进第三产业发展,其中,京津冀的第三产业发展水平最高,且六年来的增幅较大,这是其第三产业指数水平稳居第一的主要原因,长三角和珠三角城市群排在第二和第三位。而中原经济区、环长株潭城市群、山东半岛城市群和成渝经济区分别位于第四至第七位,武汉城市圈和环鄱阳湖城市群位于第八、第九位,且与其他城市群的差距较大。

具体言之,以第三产业占 GDP 比重为例,九大城市群的水平从高到低依次为珠三角城市群、长三角城市群、京津冀城市群、山东半岛城市群、环长株潭城市群、武汉城市圈、环鄱阳湖城市群、中原经济区和成渝经济区。京津冀城市群第三产业占 GDP 的比重和第三产业生产总值方面都处于较高的水平,第三产业从业人员比重在 2012 年达到 57.00%,远超其他八个城市群,奠定了其在第三产业发展水平指标上名列第一的基础。2012 年,成渝经济区的第三产业从业人员比重排在第二位,中原经济区的排在第三位,环长株潭城市群排在第四位。这既从一个层面反映出第三产业发展的潜力大小,也反映出相关政策引导的方向。长三角城市群的第三产业占 GDP 比重以及第三产业从业人员比重在三大城市群中并不算高，但在总量上，其第三产业生产总值最高，在 2012 年达到了 4.07 万亿，远高于排在第二、第三位的京津冀和珠三角城市群。由此还可以得出另一个重要判断：这既充分反映了长三角城市群第三产业在规模上突出优势，同时也表明了其在第三产业发展质量方面存在着比较突出的问题。这与长三角城市群经济体量最大但经济质量问题较多是一致的，应成为长三角建设世界级城市群亟待解决的最大短板。

(3) 可持续增长指数

可持续增长指数由工业废水排放量、工业二氧化硫排放量、工业烟尘排放量、工业固体废物利用率、建成区绿化覆盖率五项环境指标构成。从总体上看，九大城市群的环保意识和促进经济与环境协调发展举措都在提升当中。2012 年，珠三角总体环境污染水平最低，环长株潭城市群位于第二位，环鄱阳湖城市群位于第三位，山东半岛、成渝经济区和武汉城市圈位于第四、第五、第六位，而长三角和京津冀城市群位于第七和第八位，中原经济区名列第九位。

具体来说，可持续增长指数主要反映城市群经济增长的质量情况。在建设生态文明的国家战略框架下，很多城市放弃了以牺牲环境为代价的经济发展方式，在促进经济快速增长的同时，也开始重视做好环境保护工作。从以往的三大城市群排名中可知，珠三角城市群的污染情况较轻，而在同样保持较高增长速度的情况下，京津冀以及长三角城市群的各项污染指标都偏高。2012 年，珠三角城市群仍然保持在第一的位置上，长江中游的环长株潭和环鄱阳湖城市群的污染水平也较低，但是经济增长指数也偏低，但从指数的比较来看，长三角和京津冀城市群是在高污染的代价下获得了较高的经济增长水平。2012 年，在工业废水排放指标上，长三角城市群高居榜首，中原经济区位居第二，珠三角城市群位于第三位，京津冀城市群、成渝经济区、山东半岛城市群、武汉城市圈、环长株潭城市群和环鄱阳湖城市群分别位于第四、第五、第六、第七、第八和第九位；在工业二氧化硫排放指标上，中原经济区仍然位于第一位，长三角城市群位于第二位，京津冀位居第三，成渝经济区、山东半岛城市群、环鄱阳湖城市群、武汉城市圈、环长株潭城市群和珠三角城市群分别排在第四、第五、第六、第七、第八和第九位；在工业烟尘排放指标上，中原经济区仍排在第一位，京津冀城市群排在第二位，长三角城市群位居第三，成渝经济区、环鄱阳湖城市群、山东半岛城市群、武汉城市圈、环长株潭城市群和珠三角城市群分别排在第四、第五、第六、第七、第八和第九位。由此可见，除了经济发达的三大城市群，其他城市群也存在比较严重的环境污染问题，尤其是中原经济区的污染问题较为严重，而新增加的三个长江中游城市群污染水平均不高，其中折射出这些城市群在可持续经济发展理念、技术和政策等方面上仍存在很多问题。从工业废物利用率看，2012 年九大城市群的排名从高到低分别是成渝经济区、长三角城市群、山东半岛城市群、环长株潭城市群、珠三角城市群、武汉城市圈、中原经济区、环鄱阳湖城市群和京津冀城市群，其中 2012 年成渝经济区超过长三角城市群排在第一位，达到 95.64%，而长三角城市群为 95.45%，京津冀城市群在九大城市群中最低，为 48.98%。从建成区绿化率看，2012 年九大城市群从高到低依次是珠三角城市群、环鄱阳湖城市群、山东半岛城市群、长三角城市群、京津冀城市群、成渝经济区、环长株潭城市群、中原经济区和武汉城市圈，其中珠三角排在第一位，在 2012 年达到 53.58%，环鄱阳湖城市群排在第二位，2012 年为 47.03%，山东半岛城市群位居第三，长三角城市群位居第四，分别为 42.56%和 42.13%。综上表明，九大城市群在可持续增长方面各有优势和短板，如何根据各自实际出台更有针对性的政策措施，是决定它们能否实现绿色发展的关键所在。

4. 专项指数排名之三：城市生活指数

城市生活指数主要由生活成本指数、生活便捷指数和教育卫生服务指数构成。图 15 描绘了 2012 年九大城市群生活指数的综合评价情况和排名情况。

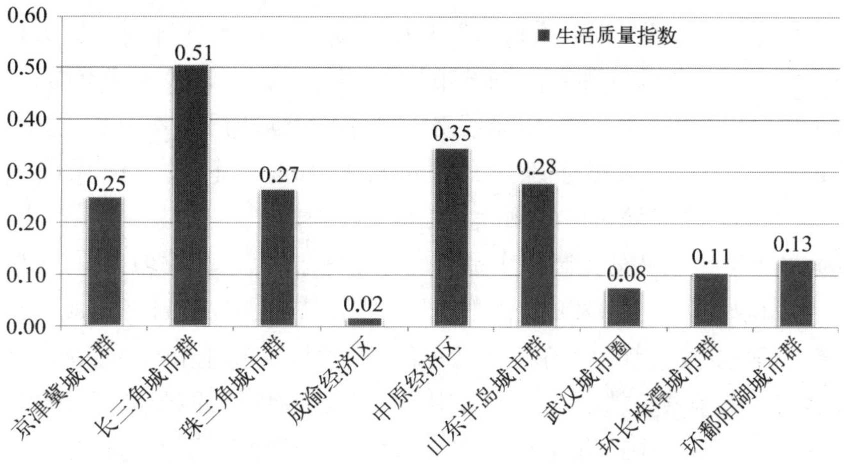

图 15　2012 年九大城市群生活质量指数排名

从上图可得出一个基本判断：在总体评价上，2012 年长三角城市群生活指数排名最高，中原经济区次之，山东半岛城市群位居第三，珠三角城市群和京津冀城市群分别排在第四和第五位，名列第六至第九的分别是环鄱阳湖城市群、环长株潭城市群、武汉城市圈和成渝经济区。

从纵向分析上看，结合 2014 年报告中 2007～2011 年各城市群五年的均值水平，长三角的生活指数仍处于首位。在 2014 年已有研究的六个城市群中，各城市群的生活指数在 2012 年总体上虽有波动但仍处于上升的趋势，城市的生活质量正在不断改善，同时，由于生活成本指数和生活便捷指数受市场、政策等影响较大，也容易出现波动。从综合比较看，2012 年长三角城市群的生活指数最高，为 0.51，尤其是卫生教育等发展水平较高，表明九大城市群中长三角仍然是较为理想的居住之所。其他依次是中原经济区、山东半岛城市群、珠三角城市群、京津冀城市群、环鄱阳湖城市群、环长株潭城市群、武汉城市圈和成渝经济区，生活指数分别为 0.35、0.28、0.27、0.25、0.13、0.11、0.08 和 0.02。中原经济区的生活指数水平较高，排在第二位，成渝经济区的生活指数水平仍然偏低，新增的三个城市群生活指数水平均较低。

(1) 生活成本指数

生活成本指数由 CPI 指数和恩格尔系数两项指标构成。在总体上看，2012 年生活成本指数最高的是中原经济区，其次是长三角城市群和珠三角城市群，山东半岛城市群、环鄱阳湖城市群、武汉城市圈、京津冀城市群、环长株潭城市群、成渝经济区分别排在第四、第五、第六、第七、第八和第九位。

具体言之，从 CPI 指数看，2012 年九大城市群排名从低到高依次是长三角城市群、中原经济区、环鄱阳湖城市群、珠三角城市群、武汉城市圈、山东半岛城市群、环长株潭城市群、成渝经济区和京津冀城市群，其中长三角的 CPI 指数最低，为 102.28，低于珠三角城市群的 102.74 以及京津冀城市群的 105.52，表明长三角城市群的物价上涨水平相对较低。在恩格尔系数上，2012 年九大城市群排名从低到高依次是山东半岛城市群、京津冀城市群、中原经济区、长三角城市群、环长株潭城市群、珠三角城市群、武汉城市圈、成渝经济区和环鄱阳湖城市群，其中山东半岛城市群、京津冀城市群和中原经济区具有明显优势。恩格尔系数越低，表明人们用于食品消费的比重越低，是物价低廉和生活富裕的体现。2012 年山东半岛、京津冀和中原经济区的恩格尔系数分别为 32.01、34.32 和 34.75，恩格尔系数超过 40 的有武汉城市圈、成渝经济区和环鄱阳湖城市群,分别是 40.46、41.04 和 41.92。按照国际惯例,恩格尔系数30%~40%属于相对富裕,40%~50%属于小康,这表明大部分城市群已处于相对富裕阶段,但上述三个城市群还处于小康阶段,经济发展水平与其他城市群存在较大差距。

(2) 生活便捷指数

生活便捷指数由人均道路面积、人均绿地面积和生活垃圾处理率三项指标构成。从总体上看,山东半岛城市群的生活便捷指数最高,长三角城市群排在第二位,珠三角城市群排在第三位,环长株潭城市群、环鄱阳湖城市群、京津冀城市群、武汉城市圈、中原经济区和成渝经济区分别排在第四、第五、第六、第七、第八和第九位。

具体言之,从 2007 年到 2012 年,随着城市规模的扩张及道路的大规模扩建,各城市群的人均道路面积基本都处于不断增加的状态。2012 年,九大城市群人均道路面积排名从高到低依次是山东半岛城市群、环鄱阳湖城市群、武汉城市圈、长三角城市群、珠三角城市群、京津冀城市群、环长株潭城市群、中原经济区和成渝经济区,其中山东半岛城市群的人均道路面积最大,在 2012 年达到 26.28 平方米,环鄱阳湖城市群和武汉城市圈排在第二、第三位,分别为17.28 平方米和 17.01 平方米。排在最后一位的仍是成渝经济区,仅为 6.9 平方米。从人均绿化面积看,2012 年九大城市群从高到低依次为珠三角城市群、长三角城市群、山东半岛城市群、环鄱阳湖城市群、京津冀城市群、环长株潭城市群、中原经济区、武汉城市圈、成渝经济区,其中珠三角城市群仍为最高,在2012 年为 118.08 平方米,分别是长三角城市群的 2.05 倍、京津冀城市群的2.65 倍和山东半岛城市群的 2.06 倍,处于绝对优势地位。从生活垃圾的处理率看,2012 年九大城市群的排名依次是长三角城市群、山东半岛城市群、京津冀城市群、环长株潭城市群、环鄱阳湖城市群、珠三角城市群、中原经济区、武汉城市圈、成渝经济区。三大城市群中长三角最高,为 98.8%,此外山东半岛城市群也较高,为 97.44%,最低的是成渝经济区,为 78.44%。这表明,在城市生活便捷方面,各大城市群各有优劣,对此应出台有差异性和针对性的政策措施,切实提升城市的公共服务能力和水平。

(3) 教育卫生服务指数

教育卫生服务指数由小学专任教师数、执业(助理)医师人员数和城市医疗救助支出三项指标构成。从总体上看,2012 年九大城市群排名依次为中原经济区、成渝经济区、长三角城市群、京津冀城市群、珠三角城市群、山东半岛城市群、武汉城市圈和环鄱阳湖城市圈(并列)、环长株潭城市圈。三大城市群中长三角城市群和京津冀城市群的教育卫生服务水平优势显著,远高于珠三角城市群,但珠三角在城市医疗救助支出等指标上增势明显。而中原经济区和成渝经济区的总量水平虽然较高,但是由于人口基数也较大,因此在平均水平上并不突出。新增的三个城市群在这一指标上的水平均较低。

具体来说,在小学专任教师数方面,2012 年九大城市群排名依次是中原经济区、成渝经济区、京津冀城市群、长三角城市群、珠三角城市群、环鄱阳湖城市圈、武汉城市圈、山东半岛城市群和环长株潭城市圈。京津冀和长三角城市群一直是我国教育最发达的地区,特别是北京、上海、南京等城市,其丰富的教育资源是其他城市无法相比的。虽然中原经济区和成渝经济区的小学专人教师总量较高,但是由于人口基数也较大,因此在平均水平上并不突出。2012 年,京津冀城市群专职教师数达到 30.33 万,与 2011 年相比有所上升,长三角城市群达到 27.00 万,均高于珠三角城市群的 18.54 万。在执业(助理)医师人员数方面,2012 年九大城市群排名依次是长三角城市群、京津冀城市群、珠三角城市群、中原经济区、成渝经济区、山东半岛城市群、武汉城市圈、环长株潭城市群和环鄱阳湖城市群,其中长三角城市群和京津冀城市群分别为 15.19 万和 14.89 万,均高于珠三角城市群的 10.61 万。山东半岛城市群在这一指标上的水平较低,不足 6 万,而新增加的长江中游的三个城市群均不足 5 万。在医疗救助支出方面,2012 年九大城市群的排名依次为中原经济区、成渝经济区、长三角城市群、山东半岛城市群、环鄱阳湖城市群、京津冀城市群、环长株潭城市群、武汉城市圈、珠三角城市群。三大城市群中长三角城市群的支出为最高,2012 年为 5.70 亿元,高于京津冀城市群的 2.72 亿,也高于珠三角城市群的 1.41 亿。山东半岛城市群为 4.32 亿,中原城市群和成渝经济区的支出总量虽高,但由于人口规模的原因,人均水平并不高。新增的武汉城市圈、环长株潭城市群和环鄱阳湖城市群分别为 2.28 亿、2.38 亿和 4.19 亿。从数值来看,九大城市群的医疗救助支出基本都表现出不断增加的趋势,其中长三角城市群的增加幅度虽然较 2012 年有所减少,但在九大城市群中增幅仍是最高。综上表明,教育卫生服务水平既与不同城市群的历史积淀和当下的资源集聚程度,也与当地政府的重视程度和投入规模密切相关。

5. 专项指数排名之四：城市文化指数

城市文化指数由城市文化资本指数、城市文化魅力指数和城市文化创新指数构成。图 16 描绘了 2012 年九大城市群文化指数的综合评价情况及排名情况。

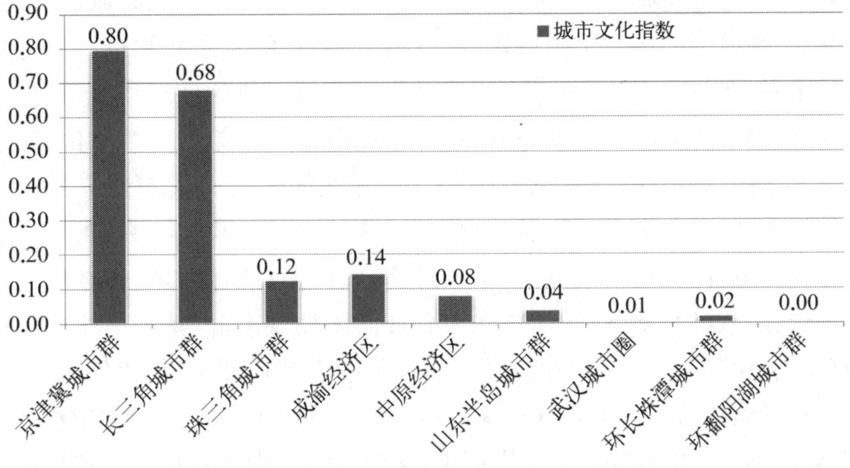

图 16　2012 年九大城市群城市文化指数排名

由上图可得出一个基本判断：在总体评价上，2012 年，九大城市群的文化发展指数差异较大，形成了明显的三大梯队，且梯队的组成情况与往年有所变化。第一梯队包括京津冀城市群和长三角城市群，其文化发展水平最高，文化指数远高于其他城市群，且始终保持着其优势；第二梯队包括珠三角城市群、成渝经济区和中原经济区，文化发展水平虽然低于京津冀和长三角城市群，但却远高于其他四个城市群；第三梯队包括山东半岛、环长株潭、武汉城市圈以及环鄱阳湖城市群，文化发展水平相对落后，与前两个梯队差距明显。

从纵向分析上看，2007 年到 2012 年，京津冀城市群的文化发展水平在曲折中不断提升，文化指数从 2007 年的 0.69 提高至 2012 年的 0.8；长三角城市群稳步推进，文化指数从 2007 年的 0.38 提升至 2012 年 0.68；珠三角城市群文化发展相对缓慢，从 2007 年至 2012 年，指数水平波动较为频繁，2012 年仅为 0.12。成渝经济区在三大城市群之外文化指数水平最高，2012 年超过珠三角城市群排在第三位。新增加长江中游的三个城市群在文化发展指数上水平最低。这表明我国中西部城市群、东部二线城市群和三大城市群的差距不仅在经济发展上，在文化建设上同样要落后很多，需要在转型升级和创新发展中做出更大的努力。

(1) 城市文化资本指数

城市文化资本指数由文化、体育、娱乐业从业人数和公共图书馆总藏量两项指标构成。在总体上看,2012 年九大城市群的排名依次为长三角城市群、京津冀城市群、珠三角城市群、中原经济区、成渝经济区、山东半岛城市群、武汉城市圈、环长株潭和环鄱阳湖城市群。排在前两位的长三角和京津冀基本处在同一水平,在单项上各有优势,均远高于排在第三位的珠三角城市群,中原经济区、成渝经济区和山东半岛城市群则分列在第四、第五和第六位,新增加的武汉城市圈、环长株潭和环鄱阳湖城市群排在第七、第八和第九位。

具体来说,在文化、体育、娱乐业从业人数上,2012 年九大城市群排名依次是京津冀城市群、长三角城市群、中原经济区、成渝经济区、珠三角城市群、武汉城市圈、山东半岛城市群、环长株潭和环鄱阳湖城市群,其中京津冀城市群作为全国文化最为发达繁荣的地区,相关从业人数在 2012 年达到 23.24 万,分别是长三角城市群的 1.56 倍、珠三角城市群的 3.19 倍、中原经济区的 1.81 倍,在新增加长江中游的三个城市群中,文化、体育、娱乐业从业人数最高的是武汉城市圈,为 5.58 万。在公共图书馆总藏量方面,2012 年九大城市群排名依次是长三角城市群、京津冀城市群、珠三角城市群、成渝经济区、山东半岛城市群、中原经济区、武汉城市圈、环长株潭和环鄱阳湖城市群,长三角城市群公共图书馆的建设领先于全国,总藏书量仍为最高,在 2012 年达到 1.63 亿册,分别是京津冀城市群的 1.85 倍、珠三角城市群的 2.51 倍、成渝经济区的 3.63 倍,差距较 2011 年仍在扩大,在新增加长江中游三个城市群中,公共图书馆总藏量最多的是武汉城市圈,为 0.22 亿册。

(2) 城市文化魅力指数

城市文化魅力指数由年接待游客数量、世界付费日报发行量前百名数量和全国电视收视市场市场份额前 20 的频道个数三项指标构成。从总体上看,2012 年,京津冀城市群文化魅力指数仍位于第一位,长三角城市群居第二位,两者在单项上也是各有优势,珠江三角洲城市群排在第三位,但与第二位的长三角差距较大,成渝经济区、中原经济区和山东半岛城市群则分列在第四、第五和第六位,环长株潭、环鄱阳湖城市群和武汉城市圈则位于第七、第八和第九位。

具体来说,在年接待游客数量上,2012 年九大城市群排名依次是长三角城市群、中原经济区、成渝经济区、京津冀城市群、山东半岛城市群、武汉城市圈、珠三角城市群、环长株潭和环鄱阳湖城市群。其中长三角城市群凭借丰富和各具特色的区域旅游资源，每年都吸引了大量的游客，2012 年游客总量达到 9.76 亿，且年接待游客量一直处于较大幅度的增长，在九大城市群中排名第一；中原经济区和成渝经济区在 2012 年有较大增长，分别排在第二和第三位，年接待游客数量分别是 6.63 亿和 6.25 亿；京津冀城市群的年接待游客数量为 4.35 亿，位居第四位；山东半岛、武汉城市圈、珠三角、环长株潭和环鄱阳湖城市群分别排在后面，年接待游客数量分别为 2.91 亿、2.76 亿、2.49 亿、2.08 亿和 2.07 亿。在世界付费日报发行量前百名数量上，因数据缺失原因，沿用 2011 年数据进行分析，九大城市群排名依次是京津冀城市群和珠三角城市群(并列)、长三角城市群、山东半岛城市群、中原经济区和成渝经济区(并列)、武汉城市圈和环长株潭和环鄱阳湖城市群(三者并列)，在 2011 年世界付费日报发行量前百名数量中，京津冀城市群有 5 家，长三角城市群有 4 家，珠三角城市群有 5 家，山东半岛城市群有 2 家，中原经济区和成渝经济区都分别有 1 家，新增加长江中游三个城市群均无。其中需要注意的是，我国三大城市群在占比方面均有所下降，表明在日趋残酷的全球媒介竞争中，中国报纸的国际竞争实力还非常弱小，大部分报纸仍以本地受众为主，国内影响力有限，国际影响力更低，与我国文化走出去战略并不适应。在全国电视收视市场市场份额前 20 个频道数量上，九大城市群排名依次是京津冀城市群、长三角城市群、珠三角城市群，山东半岛城市群、成渝经济区、环长株潭和环鄱阳湖城市群(四者并列)、武汉城市圈和中原经济区(两者并列)，九个城市群差距明显，2012 年京津冀城市群在数量上与 2011 年持平，仍以 10 个电视频道遥遥领先，其次是长三角城市群只有 3 个，再次是珠三角城市群增加为 2 个，山东半岛城市群、成渝经济区、环长株潭、环鄱阳湖城市群只有 1 个，而中原经济区和武汉城市圈为零个。京津冀城市群之所以领先，主要是北京作为国家文化中心集聚了过多的文化传播资源和人才。从总体上看，除了京津冀城市群，我国城市群的文化魅力指数仍普遍偏低，这是今后需要大力扭转和发展的。

(3) 城市文化创新指数

城市文化创新指数由文化产业 30 强个数和国家级奖励项数两项指标构成。从总体上看，京津冀城市群文化创新指数位于第一位，在九大城市群中仍独占鳌头。长三角城市群居第二位，成渝经济区排在第三位，环长株潭、环鄱阳湖和珠三角城市群排在第四、第五和第六位，中原经济区、山东半岛城市群和武汉城市圈分别排在第七、第八和第九位。

具体来说，在文化产业30强数量上，2012年九大城市群排名依次是长三角城市群、京津冀城市群、环长株潭城市群、珠三角城市群和成渝经济区和环鄱阳湖城市群(三者并列)、中原经济区和山东半岛城市群和武汉城市圈(三者并列)，其中长三角城市群增幅显著，从2011年的7个增加到2012年的11个，排在第一位。京津冀城市群在2012年为10个，较2011年略有减少，排在第二位。环长株潭城市群排在第三位，从2011年的1个增加到2012年的2个。珠三角城市群降幅显著，从2011年的4个减少到2012年的1个，成渝经济区和环鄱阳湖城市群同样是1个，而中原经济区、山东半岛城市群和武汉城市圈在该指标上均为零。在国家级奖励项数上，2012年九大城市群排名依次是京津冀城市群、长三角城市群、成渝经济区、中原经济区、山东半岛城市群和环长株潭城市群(并列)、武汉城市圈和环鄱阳湖城市群(并列)、珠三角城市群，其中京津冀城市群获奖项数一路高奏凯歌，从2011年的153项增加至2012年的165项，增幅明显，长三角城市群和珠三角城市群分别为35项和6项，山东半岛城市群、成渝经济区和中原经济区分别为11项、19项和13项，而新增加的武汉城市圈、环长株潭和环鄱阳湖城市群分别是7项、11项和7项。这在某种意义上表明，我国的文化创新能力在很大程度上取决于区域文化资源及政策体制优势，京津冀在数量上与长三角、珠三角的显著差异充分证明了这一点。但同时也受制于文化发展的理念、思路和战略路径，其他城市群在该指标上领先珠三角就具有代表性和示范性。但总体而言，九大城市群文化创新指数差别太大，是不利于我国区域文化协调和可持续发展的。

6. 专项指数排名之五：城市群首位比指数

城市群首位比指数由人口首位比、经济首位比、生活首位比和文化首位比构成。首位比是指一个国家或地区最大城市与第二大城市的人口数值比。学界一般认为，城市首位度小于2%比较正常。在此区间内，比值越高，表明人口分布越均衡，意味着一个国家或地区的城市化更加平稳有序。相反则意味一个国家和地城乡之间、城市与城市之间更加不平衡。城市群首位比指数从城市首位度借鉴而来，用来衡量一个城市群是否在人口、经济、社会、文化上具有合理层级体系，以及在空间边界、资源配置、产业分工、人文交流等方面是否形成了功能互补和良好协调机制。在2%的区间内，城市群的首位比指数越高，就表明该城市群发展越平衡，同时也越接近一个理想的城市群。

图 17 描绘了 2012 年九大城市群首位比指数的综合评价情况及排名情况。

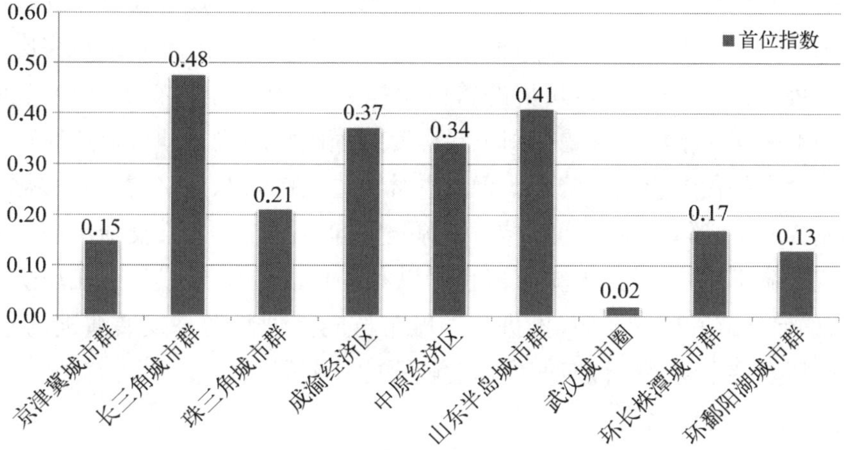

图 17　2012 年九大城市群首位指数排名

由上图可得出一个基本判断：从总体评价上看，2012 年，发展平衡程度最高的是长三角城市群，山东半岛城市群排在第二位，成渝经济区排在第三位，中原经济区、珠三角和环长株潭城市群分别排在第四、第五和第六位，京津冀、环鄱阳湖城市群和武汉城市圈排在第七、第八和第九位。

从横向分析上看，长三角城市群的均衡发展水平上升至第一位，成渝经济区、山东半岛城市群和中原经济区 2012 年的发展均衡程度仍然较高，属于一种“原始的和谐”，即城市群在人口、经济和文化发展方面的缓慢和低水平，也是其自身问题矛盾少、内部差异不明显的主要原因，因而它们在首位比指标水平上都能取得较好的成绩。而从“发展是硬道理”的角度看，我国东部三大城市群处在同一历史水平上，具有更高的可比性。就此而言，三大城市群中均衡发展程度最好的是长三角城市群，而京津冀城市群依然在首位比方面垫底，说明其不均衡和不协调的问题比较严重。新增加长江中游三个城市群的均衡程度也较为落后，最好的是环长株潭城市群，排在第六位。在首位比指数方面，数值最高的并不是发展最好的，既是“中国式城市化”①进程中出现的独特景

① 刘士林：《什么是中国式城市化》，《光明日报》，2013 年 2 月 18 日。

观,也是中国城市科学需要深入研究的真实现实问题。

从综合比较上看,2012 年长三角城市群之所以排在首位,是由于其在各个方面的均衡发展程度都较高,特别是经济和文化首位比上领先程度较大,而北京的主要问题是自身资源过于集中且发展较快,与周边城市人口、经济、生活和文化上的差距明显增大,城市群内部的不协调和不均衡矛盾比较突出。从发展态势上看,我国三大城市群的首位比指数在 2012 年均有所好转,表明其内部的不平衡和不协调问题得到不同程度的遏制和解决,同时,周边城市对中心城市的依赖程度也逐渐降低。但从总体上看,在人口、经济、社会、文化上未能形成合理层级体系,在空间边界、资源配置、产业分工、人文交流上缺乏有效的交流协调机制,既是九大城市群也是以其为代表的中国城市群在现阶段的通病,如何化解问题和矛盾,推进我国城市群向其理想形态发展演进,仍是我国城市群发展在未来一段时间内需要解决的首要问题。

(1) 人口首位比

人口首位比由人口密集首位比和在校大学生人口数量首位比两项指标构成。从总体上看,2012 年九大城市群的排名依次为成渝经济区、京津冀城市群、山东半岛城市群、中原经济区和环长株潭城市群(并列)、长三角城市群、环鄱阳湖城市群、珠三角城市群、武汉城市圈,其中成渝经济区的人口均衡度最高,在三大城市群中,则以京津冀城市群的人口均衡度最高,排在九大城市群中的第二位,而新增加长江中游三个城市群中,环长株潭城市群的人口均衡度最高。

具体言之,在人口密度首位比方面,2012 年九大城市群从低到高依次是成渝经济区、环长株潭城市群、山东半岛城市群、京津冀城市群、中原经济区、环鄱阳湖城市群、珠三角城市群、武汉城市圈、长三角城市群,其中成渝经济区为 0.75,山东半岛城市群和中原经济区分别为 1.37 和 2.00。而长三角城市群、珠三角城市群和京津冀城市群分别为 2.67、2.14 和 1.53,长三角和京津冀较 2011 年的水平有所提升,而珠三角则略有下降,彼此之间仍有较大差距。新增加的长江中游三城市群中,人口密度集聚程度最高的是武汉城市圈,为 2.65,这与其城市群的圈层发展模式有关。人口向三大城市群首位城市北京、上海和广州的迁移和集聚,符合当代都市化进程的规律和特点,是人口都市化的必然结果。但由此带来的大城市在居住、交通、就业和公共服务等方面的城市病,也将日趋严重,需做好应对准备。在校大学生人口数量首位比方面,2012

年九大城市群从低到高依次为长三角城市群、京津冀城市群、中原经济区、成渝经济区、山东半岛城市群、环长株潭城市群、环鄱阳湖城市群、珠三角城市群、武汉城市圈。三大城市群中，珠三角城市群明显高于其他城市群，从2011年的0.68下降到2012年的0.67，京津冀和长三角分别为0.27和0.19，由此可知，相比珠三角城市群的教育资源过于集中，京津冀和长三角的教育资源分布更为合理。成渝经济区、山东半岛城市群和中原经济区分别为0.36、0.46和0.34，基本处于0.3到0.5之间，表明其优质人口集聚程度偏低，数量相对不足，还处在低水平的教育均等化阶段，新增加的长江中游三城市群中，武汉城市圈的聚集程度最高，为0.69，略高于珠三角城市群，环长株潭和环鄱阳湖城市群的分别是0.53和0.67。

(2) 经济首位比

经济首位比由人均GDP首位比、能源消耗量首位比和第三产业份额首位比三项指标构。从总体上看，2012年，山东半岛城市群的经济均衡度排在首位，长三角城市群和珠三角城市群分列第二、第三位，表明这三个城市群内各城市经济发展水平相对均衡。环长株潭、环鄱阳湖城市群和中原经济区分别排在第四、第五和第六位。成渝经济区和京津冀城市群并列第七位，武汉城市圈排在最末位。京津冀之所以落后，主要是北京的“一城独大”拉低了整个城市群经济发展的均衡水平，而这个问题在武汉城市圈表现得更为严重。

具体来说，在人均GDP首位比方面，九大城市群从低到高依次为山东半岛城市群、长三角城市群、京津冀城市群、成渝经济区、珠三角城市群、环鄱阳湖城市群、武汉城市圈、中原经济区、环长株潭城市群，其中2012年京津冀城市群为1.27，长三角城市群为0.98，珠三角城市群为1.39，山东半岛城市群、中原经济区、成渝经济区分别为0.89、2.02和1.33，新增的长江中游三城市群武汉城市圈、环长株潭和环鄱阳湖城市群分别是1.99、2.15和1.61。相比之下，山东半岛城市群各城市经济发展较为均衡，人均收入差距最小。从纵向上看，九大城市群人均GDP首位比在总体上均呈下降趋势，表明各城市群内部的经济发展差距在逐渐缩小。在能源消耗量首位比方面，2012年九大城市群从高到低依次是成渝经济区、武汉城市圈、环鄱阳湖城市群、长三角城市群、京津冀城市群、环长株潭城市群、珠三角城市群、中原经济区和山东半岛城市群，其中成渝经济区首位城市的占比最高，其次是武汉城市圈、环鄱阳湖城市群，山东半岛城市群的占比最低。本报告的能源消耗量指数侧重于各城市群的用电量,2012 年,京津冀城市群能源消耗量首位比为 0.32,长三角城市群为 0.33,珠三角城市群为 0.20,山东半岛城市群为 0.15,而成渝经济区则高达 0.45,而武汉城市圈为 0.44。据此可知,三大城市群首位城市的用电量最低也占到整个城市群用电量的五分之一,成渝经济区和武汉城市圈首位城市的用电量则逼近整个城市群用电量的 50%,这一比例目前还在不断攀升,充分证明了特大城市同时也是能源消耗的巨无霸。在第三产业份额首位比方面,2012 年就大城市群从低到高依次是环长株潭城市群、长三角城市群和环鄱阳湖城市群(并列)、山东半岛城市群、中原经济区、珠三角城市群、成渝经济区、武汉城市圈、京津冀城市群,其中长三角城市群为 1.21,环鄱阳湖城市群为 1.21,环长株潭城市群为 1.17,低于京津冀的 1.83、珠三角的 1.39、山东半岛城市群的 1.37、中原经济区的 1.38、成渝经济区的 1.41、武汉城市圈的 1.46。由此可知,长三角城市群、环鄱阳湖和环长株潭城市群在第三产业发展上更为均衡,而京津冀城市群则由于第三产业主要集聚在首位城市背景,直接拉大了整个城市群的第三产业份额首位比。

(3) 生活首位比

生活首位比由每万人公共汽车拥有量首位比和国际互联网用户首位比两项指标构成。从总体上看,2012 年,山东半岛城市群的生活水平均衡度最高,中原经济区排在第二位,长三角城市群排在第三位,成渝经济区、珠三角和环长株潭城市群分别排在第四、第五和第六位,环鄱阳湖、京津冀城市群和武汉城市圈排在第七、第八、第九位。从横向上看,三大城市群的生活均衡度差异较大,水平最高的是长三角城市群;而新增长江中游三城市群的差异也较大,水平最高的是环长株潭城市群。

具体来说,从每万人公共汽车拥有量首位比看,2012 年九大城市群从高到低依次是环鄱阳湖城市群、武汉城市圈、环长株潭城市群、京津冀城市群、中原经济区、山东半岛城市群、长三角城市群、成渝经济区、珠三角城市群。三大城市群中京津冀城市群远高于长三角城市群和珠三角城市群,在中原、成渝和山东半岛三个城市群中,只有成渝经济区的均衡程度较好,与珠三角城市群差距不大,而新增加的长江中游三个城市群均超出京津冀城市群。2012 年,京津冀城市群每万人公共汽车拥有量首位比为 1.49,与 2010 年相比有所下降,长三角城市群为 1.07,珠三角城市群为 0.83,略有上升,山东半岛城市群为 1.28、中原经济区为 1.44、成渝经济区分别为 0.99,环鄱阳湖城市群为 2.62、武汉城市圈为 2.05、环长株潭城市群为 1.54。由此可见,新增三个城市群的公共服务设施在首位城市的集中度较高,主要原因是受其整体发展水平不均衡的影响。在国际互联网用户首位比方面,2012 年九大城市群从高到低依次是武汉城市圈、京津冀城市群、珠三角城市群、成渝经济区、环长株潭城市群、长三角城市群、环鄱阳湖城市群、山东半岛城市群、中原经济区,其中武汉城市圈为最高,数值为 0.45,京津冀城市群、珠三角城市群分别为 0.43 和 0.38,长三角城市群为 0.25,山东半岛城市群为 0.15,中原经济区分别为 0.14,成渝经济区为 0.32,环长株潭和环鄱阳湖城市群也较高,分别是 0.31 和 0.24。这与九大城市群在信息化基础设施建设及信息交流处理总量不同有着密切的联系。从纵向分析看,九大城市群的生活均衡度水平都在提升,表明城市群内部的城市基础设施建设水平差距越来越小。

(4) 文化首位比

文化首位比由文化、体育、娱乐业从业人数首位比和国家级奖励数首位比两项指标构成。从总体上看,2012 年,长三角城市群的文化发展均衡度最高,成渝经济区和中原经济区排在第二和第三位,珠三角、环鄱阳湖、武汉城市圈、山东半岛、京津冀和环长株潭城市群分列排在第四、第五、第六、第七、第八和第九位。文化首位比不同于文化指数,主要是检测城市群文化发展的均衡水平。长三角城市群处在东部发达地区,自明清以来一直是我国的文化中心,同时,今天的长三角各城市都重视文化建设,在文化和科技发展方面投入了足够的资源。这是以北京为首位城市的京津冀城市群无法比拟的。

具体来说,从文化、体育、娱乐业从业人数首位比看,2012 年九大城市群从高到低分别是京津冀城市群、环长株潭城市群、成渝经济区、珠三角城市群、长三角城市群、山东半岛城市群、武汉城市圈、环鄱阳湖城市群、中原经济区,其中京津冀城市群为最高,为 0.73,环长株潭城市群次之,为 0.58,成渝经济区排在第三位,为 0.54。在国家级奖励数首位比方面,2012 年九大城市群的从低到高依次是长三角城市群、成渝经济区、珠三角城市群、京津冀城市群,山东半岛城市群、中原经济区、武汉城市圈、环长株潭城市群、环鄱阳湖城市群(五者并列)。三大城市群中同样以京津冀城市群为最高,其在 2012 年为 0.86,较 2011 年的 0.95 有所下降,长三角城市群为 0.31,珠三角城市群为 0.83,山东半岛城市群、中原经济区和成渝经济区依次为 1.00、1.00 和 0.42,而新增长江中游三城市群均为 1.00,聚集程度较高的这些城市群主要是区域整体的发展水平所限，将仅有的资源全部集中在中心城市。三大城市群中，京津冀城市群在文化建设上领先，主要是在文化资源和文化发展方面天生具有其他城市无法超越的优势。但相关从业人员和国家级奖励主要集中于北京一城，说明该城市群在文化发展上极端不平衡，距离一个理想的文化城市群还有很大的距离。

7. 2016 中国城市群发展的总体评价与判断

在全球城市化、经济一体化背景下，作为经济和人口集聚的主要空间载体，城市群已成为全球城市发展的主流和趋势。在中国，城市群作为国家新型城镇化规划建设的“主体形态”，其发展水平和质量也直接决定了“中国梦”的内涵和境界。以上海交通大学城市科学研究院 2016 版《中国城市群数据库》及 2014 版《中国城市群发展指数框架》为基础，根据六年(2007～2012 年)综合指数值特别是 2012 年的最新指数特征，对我国城市群的人口、经济、社会、文化和均衡性进行客观考量和公正评价，为中国城市群的健康发展和有序推进提供借鉴和参考。

2012 年的最新数据和指数值显示，中国九大城市群综合指数水平的排名结果依次为：长三角城市群、珠三角城市群、京津冀城市群、山东半岛城市群、中原经济区、成渝经济区、环长株潭城市群、武汉城市圈和环鄱阳湖城市群(并列)。京津冀、长三角和珠三角在优质人口集聚、居民生活质量和文化发展水平上走在前列，位居第一阵营。山东半岛城市群凭借优越的地理位置和良好的经济基础，位居第二阵营。中原经济区、成渝经济区以及环长株潭城市群经济基础薄弱，城市一体化程度较低，与东部城市群仍存在较大差距，位居第三阵营。武汉城市圈和环鄱阳湖城市群资源挖掘和利用程度不够，发展理念和政策水平有限，与其他城市群的发展水平差距较大，位居第四阵营。

(1) 从政策热点上看，长江中游三城市群的发展有很大的提升空间。2015 年，为贯彻长江经济带作为国家重大战略实施，推动中部地区的发展，国务院于 2015 年 3 月 26 日批复《长江中游城市群发展规划》，明确了长江中游城市群所覆盖的范围，是以武汉城市圈、环长株潭城市群和环鄱阳湖城市群为主体形成的特大型城市群。因此，本年度指数报告排名新增了武汉城市圈、环长株潭城市群和环鄱阳湖城市群，长江中游三城市群在空间上东承长三角城市群、西连成渝经济区，在长江经济带上处于重要的位置，但从 2007～2012 年的人口、经济、生活、文化以及均衡度数据指标来看，这三个城市群的发展程度有限,在各项指标排名上都基本处于后段的位置,与成渝经济区的发展水平也有一定差距,其未来发展具有很大的提升空间。

(2) 从基本格局上看,三大城市群稳居前三位,各自优势地位难以动摇。京津冀、长三角、珠三角的综合发展水平处于绝对优势地位,代表了中国城市群发展的最高形态和前进方向。但各大城市群都在快速发展,差距正在逐步减少。同时,九大城市群各有优势和不足。但经过六年数据的调查和分析,我们认为三大城市群的优势和领先地位在短期内不会发生改变,如京津冀城市群的文化发展指数一枝独秀,是中国名副其实的文化中心。而长三角城市群经济总量最大,牢牢占据着中国经济中心的霸主地位,同时生活质量指数领先,是较为理想的宜居城市群。珠三角以绿色发展见长,经济的可持续增长潜力大。其他城市群的基本情况是,山东半岛城市群位居中位,有着巨大的赶超优势。中原经济区、成渝经济区以及新增加的长江中游三个城市群虽然在整体上落后,但在一些指标上也有优势。

(3) 从纵向发展上看,九大城市群的各指数水平总体上均呈现出上升趋势。其中,京津冀城市群的综合指数稳定上升,长三角城市群更是以十分明显的优势位居首位,珠三角城市群的综合指数值持续出现波动,表现出不稳定的特点,而成渝经济区、中原经济区及山东半岛城市群的综合指数增长幅度相对比较小。新增加的长江中游三大城市群从指标水平上看也处于持续上升的趋势,但增长程度不明显。这既反映出六年中九大城市群在城市人口、经济及生活文化水平方面均不断进步,也显示出京津冀和长三角在纵向发展上快于珠三角及其他城市群的最新趋势。

(4) 从横向比较上看,我国城市群发展的层级分化日趋固化。从综合指数排名看,我国区域发展不均衡问题并未好转,各自的劣势和问题在短期内也难以从根本上解决。山东半岛城市群尽管在东部仅居于二线,但总体发展水平仍高于中西部的成渝和中原。中原经济区和成渝经济区不仅经济基础薄弱,一体化程度较低,发展速度和发展质量均滞后,在发展思路与模式上也比较被动,依附并受制于东部而缺乏应有的文化自信和道路自觉。新增加的长江中游三大城市群本身的发展基础较为薄弱,城市群的规划范围和相关政策出台和推进迟缓,也是影响该地区发展的主要问题之一。从具体指标上看,中西部城市群环境污染情况不容乐观,主要是东部城市群落后产业、环境污染产业转移导致的,是这些城市群未来急需研究和规避。中西部城市群有丰富的文化资源可以开发,关键在于如何回应国家"新型城镇化"和"人文城市建设"战略,依托自身优势,走出一条不同于东部地区"经济型城市群"的建设新路。

五、2016 报告: 主要问题与对策建议

1. 我国城市群存在的主要问题和突出矛盾分析

(1) 从东部发展较为成熟的四大城市群看,尚未形成合理的城市层级和分工体系,城市群建设进入了需要深化改革的瓶颈期。

理想的城市群是一个在人口、经济、社会、文化和整体结构上具有合理层级体系,在空间边界、资源配置、产业分工、人文交流等方面具有功能互补和良好协调机制的城市共同体。目前我国东部沿海发育较为成熟的城市群主要有京津冀、长三角、珠三角及山东半岛城市群等,其中,三大城市群在各项发展指标的评估中各有优势和不足,山东半岛城市群在综合发展水平上虽不及三大城市群,但由于优越的地理位置和积淀较为深厚的发展基础,正表现出相当明显的赶超优势。但从总体上看,东部四大城市群尚未形成合理的城市层级和分工体系,一方面,与世界各大城市群相比,缺乏明确的战略定位和重点方向;另一方面,在动力机制上主要是行政手段,市场作用亟待释放。从各项发展指标看,东部四大城市群的水平处于持续提升过程中,但增长的幅度有限,一是经过前些年的快速和高速增长,这些城市群的开发程度普遍较高并抵达某种阈限,人口、资源优势的利用回报率有所下降,同时在空间资源和环境条件约束加大的背景下,很难再像过去一样"大踏步前进";二是东部四大城市群多是从改革开放初期就开始谋划和布局一体化进程,经历了长时间"摸着石头过河"的磨合期,既有重大的斩获,同时也导致了资源低效配置和发展成本较高等"后遗症",这些问题也是东部城市群发展减速的主要原因。总之,和我国经济发展趋势一样,东部城市群也迎来了以"中高速发展"为主要特征的"新常态"。

(2) 从中部城市群的综合发展水平看,在环境保护、层级体系及人口资源方面均不乐观,且可能面临着"隐形塌陷"的困扰。

本年度报告中的中部城市群主要包括中原经济区、环长株潭、武汉城市圈、环鄱阳湖四个。中原经济区城市人口指数倒数第一,城市经济指数倒数第二,前者显示人才与就业已成为制约其发展的主要障碍,后者揭示出当前仍是

以牺牲环境为代价的粗放增长。武汉城市圈高等教育院校密集,优质人口指数和职业人口指数的优势显著,但由于本质上是一个"放大了的武汉",所以在层级体系上还有很长的路要走。环鄱阳湖城市群在九大城市群中垫底,而基于经济不发达基础上的环境生态水平,本身也是极其脆弱和靠不住的。其中,发育比较均衡的是环长株潭城市群,其第三产业和可持续发展仅次于珠三角,在一些指标上还超越了成渝经济区。从发展趋势看,中部城市群面临的最大问题可能是"隐形塌陷"的困扰,不仅其人才和人力资源本身已经不足,同时由于长江经济带的贯通,其人才和人力资源存量也有可能随着更便利的交流通道而流向下游的长三角和上游的成渝经济区,这是需要长江中游城市群特别需要注意和未雨绸缪的。

(3) 从西部的城市群发展看,和中部城市群已有一拼,但与东部还有较大距离,而突破各种现实的客观条件限制是难题。

目前进入本研究报告的西部城市群只有成渝经济区一个,具有重要的代表性和示范性。总体上说,西部城市群和中部城市群相比已具备一定的优势,可以放手一搏,但与东部城市群相比尚有较大差距。就成渝经济区而言,通过对 2007 年至 2012 年人口、经济、生活、文化和均衡程度的研究,成渝经济区的主要表现可以概括为如下几点:在人口指标方面,成渝经济区历年来基本在第五至第七位徘徊;在经济指标方面,成渝经济区基本处于第六位左右;在文化指标方面,成渝经济区基本在第四位左右;在生活方面,成渝经济区基本位于最末位,这也是成渝经济区表现最不尽人意之处;在首位比方面,成渝经济区的均衡程度较高,但由于总体发展水平不高,这样的均衡也仅仅处于"简单均衡"或"原始均衡"阶段,而随着发展的不断深入,这样的均衡必然会被打破。西部地区城市群由于地理位置不占优势,在区域发展中竞争力有限,在人力、资源的抢夺中也往往处于劣势地位,因此,如何突破种种现实条件的限制是西部地区城市群发展面临的主要难题。

(4) 我国城市群精神文化生态建设成效不明显,"重经济,轻文化"的现象依然较为严重,与"城市让生活更美好"的理想还有较大的差距。

城市群代表了当今城市发展的最高水平,拥有巨大的物质财富和良好的公共服务能力,本应是当代中华民族美好生活的核心空间。但以 2010 年以来的"逃离北、上、广"和"大城市伪幸福"为代表,在城市群经济繁荣、城市建设光鲜靓丽等繁华表象的背后,各种怀疑、失望、厌恶、憎恨、甚至敌视等极端心态与行为也与日俱增。这说明我国城市群患上了“文化病”,在硬件、硬实力与软件、软实力之间出现了严重的不协调和不平衡。主要原因在于,首先,目前我国城市群规划多是以产业、交通为中心的经济规划,评价标准也主要是一系列经济指标,这就在顶层设计上决定了其必然走上“经济型城市群”的发展道路。近年来,尽管在一些规划和实施方案中“文化”一词频频出现,但由于规划编制的基本立场和评价标准并未改变,文化充其量只是一个“摆设”,而不可能与经济发展和人口集聚平起平坐。这是我国城市群规划缺乏文化特色及支撑,以及在现实中走向“惊人地相似”的主要原因。其次,尽管我国城市群涵盖了巨量的区域文化资源和生活方式资产,但后者对城市群的建设和发展的实际贡献却极其有限。从城市群的文化指标评估看,中原经济区和山东半岛城市群虽然文化底蕴丰厚,但却排在靠后的位置,说明其文化资源的社会效益、经济效应和影响力还没有挖掘出来。在物质空间上日趋局促的我国城市群,在文化开发和提升上的空间很大,是今后应重点研究、规划和布局的战略方向。

2. 关于推进我国城市群健康发展的对策建议

(1) 东部城市群探索人口、经济、生活、文化四位一体、均衡发展的城市群机制,解决我国城市群层级体系混乱和一体化缺乏内生动力的问题。

城市化主要有“单体式”和“城市群”两种模式。前者的突出特征是“单打独斗”“以邻为壑”,造成区域内资源、资金和人才的巨大浪费和低效配置。后者的目标是通过建立合理的城市分工和层级体系,促进都市、城市、乡镇、农村的协调、均衡和可持续发展。我国城市群的主要问题不是数量,而是质量不高,其中最突出的是层级体系混乱和一体化内生动力缺乏,与真正的城市群“貌合神离”。对此建议以发育较为良好的东部城市群为对象,探讨通过自上而下的机制体制改革,合理划定城市群的层级体系与边界,以理顺城市层级间的资源配置关系、建立合理的利益协调和补偿机制为中心,构建符合我国城市群发展的协调协同发展机制,把“浅表合作”延伸到实质性合作的新阶段。

(2) 中部城市群建立就业、产业和基础设施三者的联动机制,注重提升整体实力。

中部地区自古是中华民族生存发展的主要空间,在全面建成小康社会的“十三五”时期承担着巨大职责,而总体发展水平不高,全面脱贫的任务艰巨,特别是要应对人才与人力资源的“隐形塌陷”困境,必须走就业、产业和基础设施联动发展的新路。面对这些问题和挑战,提升长江中游城市群整体的经济发展水平和城市发展水平是关键，需根据城市群内部各城市的人力禀赋特点，建立就业、产业和基础设施三者的联动机制，朝着人口、经济、环境和文化四者协调统一、相辅相成的方向迈进。通过城市群内部的人力禀赋特点和产业布局的双向互动，逐步调整产业和就业的结构，积极解决就业问题，实现就业、产业和其他基础设施的合理配置。

(3) 西部城市群要积极融入“一带一路”战略，切实做到“把城市群作为主体形态”。

在地理和区位位置上处于劣势是西部城市群在过去30多年发展滞后的主要原因。以丝绸之路沿线6省的22个地级市(州)为例，与我国长三角、珠三角和京津冀三大城市群相比，前者的土地面积为163.33万平方千米，分别是长三角的14.62倍、珠三角的29.80倍和京津冀的8.94倍。但其地区生产总值仅为长三角的22.24%、珠三角的42.46%和京津冀的38.65%。同时，由于缺乏城市群理念和战略的引领，西部地区在城市建设、产业规划、投资等方面缺乏合理层级和系统安排，直到今天，由名分、资源、投资、项目、客源、利益等引发的“同质发展”乃至“恶性竞争”，在“一带一路”沿线尤其是经济欠发达地区已经“山雨欲来”，成为影响“一带一路”沿线省市经济振兴的主要矛盾。从未来发展理念和战略定位看，西部城市群应切实遵循《国家新型城镇化规划》提出的“把城市群作为主体形态”。具体说来，同时拥有长江黄金水道和“渝新欧”国际铁路的成渝经济区应及早规划布局建设突破自然环境约束的“国际化城市群”，而丝绸之路沿线城市应及早谋划布局建设“中国丝绸之路城市群”。

(4) 深研区域文明传统，重建区域文化及价值的认同，切实推进文化城市群战略。

在报告的研究分析中发现，中原经济区、武汉城市圈等文化底蕴丰厚的地区在现实发展中并不占优势，而目前正在实施的城市群规划大多以交通和产业来引导发展，后发城市群通过交通和产业发展难以得到充分的发展，更缺乏的是城市群内部的文化一致性和认同感。发展较为成熟的城市群也存在同样的问题。无论是国际性的城市群建设还是中国古代城市体系构建都与文化息息相关。在国际研究领域，衡量城市群的发展水平较常见的是产业分布和交通设施建设，但很多具有国际影响力的西方学者均表示，城市群或者城市体系的文化共同性是城市群建设的一个深层次因素。特别是长江中游城市群及长江经济带的三大跨区域城市群急需制定城市群以及整个经济带的文化发展战略,以文化的共同性和认同感作为城市群以及整个黄金水道实现可持续发展的深层基础。

城市群主要有两种发展方式,一是传统的主要以经济、交通和人口作为测评指标的“经济型城市群”,二是新出现的主要以生态、文化和生活质量作为评判标准的“文化型城市群”。改革开放以来,我国主要走的是一条经济型城市群发展道路,尽管各城市群的经济总量、交通基建和人口规模增长很快,但它们的“城市病”也日趋严重,不可持续问题日益凸显。城市的本质是文化,文化城市群代表了城市群发展的更高形态。建议依托我国的新型城镇化和文化强国两大国家战略,将“文化城市群”作为落实“完善城镇化健康发展体制机制”的顶层设计和核心框架,转变以工业化、现代交通和城市基础设施建设为主导的经济型城市群发展模式,大力培育环境、经济、社会和文化的协调关系和协同发展机制,以便从根本上解决城镇化中的深层次问题和综合性矛盾,最大限度地减少成本,并在不断探索中走出城市群全面协调发展的新路。

(执笔人:刘士林,上海交通大学城市科学研究院院长、首席专家,上海交通大学斐讯智慧城市研究中心主任,国家“十三五”规划专家委员会委员,光明日报城乡调查研究中心副主任;刘新静,博士,上海交通大学城市科学研究院院长助理、城市科学研究部主任,专职研究员;盛蓉,博士,上海交通大学城市科学研究院城市科学研究部副主任,《中国城市群发展报告》主编助理;张懿玮,上海财经大学博士研究生,上海交通大学城市科学研究院兼职研究员;苏晓静,博士,上海交通大学城市科学研究院院长助理、研究员。课题组数据库建设成员:朱宁嘉、孔铎、张书成、周之澄、王晓静、马应福、谈佳洁、周继洋、周诗思、王日玥)

战略研究

美国巨型区域战略对我国城市群发展的启示

新型城镇化与分形空间建设

人文城市理念下的棚户区改造问题研究

美国巨型区域战略对我国城市群发展的启示

摘要：《国家新型城镇化规划（2014～2020 年）》提出，以城市群为主体形态，推动大中小城市和小城镇协调发展，这为我国城市发展方向提供了指引。美国 2050 战略研究（American 2050）发布的《巨型区域：全球竞争力的规划》等系列报告，通过设定科学的量化指标对巨型区域进行概念界定，初步确立 10 个巨型区域作为实施新一轮国家战略规划实体，分别制订面向未来的发展战略。其规划构想、思路和理念对我国城市群发展具有良好的借鉴意义。

关键词：美国　巨型区域战略　城市群　启示

导　言

从全球来看，城市群已成为当今世界城市发展的主流和大势所趋。目前，美国东北部和五大湖两大城市群集中了全美近 40%的人口。日本太平洋沿岸城市群集聚人口、经济规模占全日本总量均达到了 60%以上。从我国区域经济与城市发展来看，城市群是我国经济发展的增长引擎，特别是改革开放后东部沿海三大城市群所表现出来的发展活力与成就世人瞩目。近来，我国城市群的规划和建设更是急速升温。十八大报告提出要“科学规划城市群规模和布局”。中央城镇化工作会议提出，“要优化布局，根据资源环境承载能力构建科学合理的城镇化宏观布局”。《国家新型城镇化规划（2014～2020 年）》（下文简称《规划》）首次明确提出，“以城市群为主体形态，推动大中小城市和小城镇协调发展”，对城市群发展从指导思想、发展目标到主要任务进行了系统设计。

表 5 《规划》关于城市群政策条文归纳

项　目	内　　容
指导思想与基本原则	“以城市群为主体形态，推动大中小城市和小城镇协调发展；以综合交通网络和信息网络为依托，科学规划建设城市群。”
发展目标	“城市群集聚经济、人口能力明显增强，东部地区城市群一体化水平和国际竞争力明显提高，中西部地区城市群成为推动区域协调发展的新的重要增长极。城市规模结构更加完善，中心城市辐射带动作用更加突出，中小城市数量增加，小城镇服务功能增强。”
主要任务（优化城镇化布局和形态）	“优化提升东部地区城市群”，“培育发展中西部地区城市群”，“建立城市群发展协调机制”，“促进各类城市协调发展”，“强化综合交通运输网络支撑”。
促进各类城市协调发展机制	“增强中心城市辐射带动功能；加快发展中小城市；有重点地发展小城镇。”

政策引导逐渐清晰，但问题不容忽视，“城镇空间分布和规模结构不合理，与资源环境承载能力不匹配。城市群内部分工协作不够、集群效率不高；部分特大城市主城区人口压力偏大，与综合承载能力之间的矛盾加剧；中小城市集聚产业和人口不足，潜力没有得到充分发挥；小城镇数量多、规模小、服务功能弱，这些都增加了经济社会和生态环境成本”。[①] 城市群的发展重在质量，必须要考虑城市群内在的结构和环境容量，建立各个环境体间的相互协调机制。如何优化布局，集约高效，实现“城市群集聚经济、人口能力明显增强”是急需破解的城市发展难题。

一、21 世纪城市群发展态势值得关注

（一）城市群发展面临的新环境

进入 21 世纪，世界城市化与中国城市化都发展到了一个新的阶段。

世界城市化发展的规律表明，城市化水平从 40％提升到 70％这个过程对一个国家经济发展非常重要。国家统计局数据显示，2014 年我国城镇化率达到了 54.77％，未来还将继续呈现快速上升趋势。同时，这个过程也伴随着一些新的态势，特别是三大外部环境需要引起重视。

① 《国家新型城镇化规划（2014～2020 年）》，中华人民共和国中央人民政府网站，2015 年 11 月 6 日。

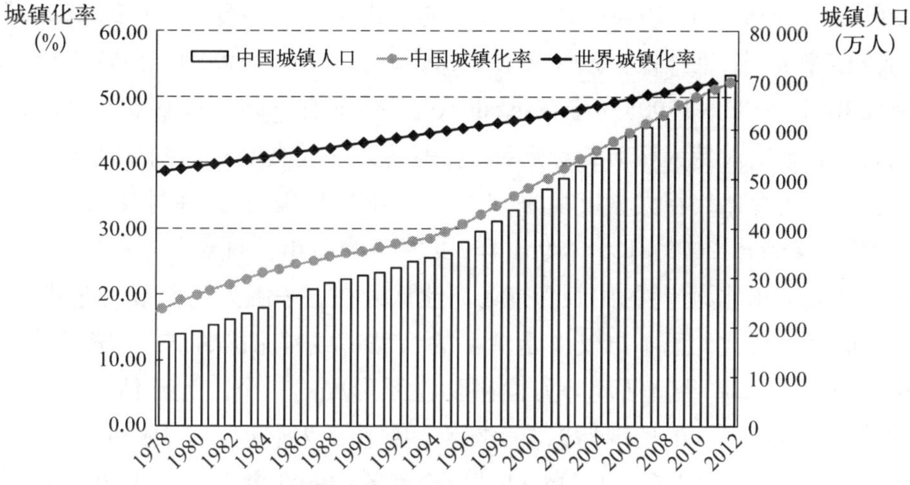

图 18　中国城镇化水平变化

图片来源:《国家新型城镇化规划(2014～2020 年)》

首先是全球化,从未来趋势上看,全球经济一体化、贸易扁平化将使得未来能够吸引高技能劳动力和能够提供高品质生活的区域,以及作为"世界门户"的节点枢纽区域将更具竞争优势,成为代表国家参与全球竞争的新的地理单元。其次是信息化,以互联网为主导的颠覆性创新推动规模经济、知识溢出等集聚机理发生变化,城市群之间及内部大中小城市的空间、职能和规模结构正在发生深刻变革。如浙江省丽水市遂昌县,借助电子商务,打造淘宝县,吸引大量就业人口集聚。再次是同城化,从铁路时代、高速公路时代、桥隧时代,再到高速铁路时代——大运量、快速连通的高铁网络建设推动城市群内部要素、资源配置方式发生本质变化,跨区域地理形态逐步形成。如上海轨道交通 11 号线修通至昆山花桥,从上海将可直达江苏省。

面对城市群发展的这些新态势,对中国城市群未来发展机理与路径的研究需要具备更加宏观的视野,不仅要从纵向角度探究其发展历程,还要从横向视角观摩全球城市群的发展动向。

(二) 世界城市群发展与研究历程

世界城市发展与研究经历了从城市,到大城市(都市),再到都市区、城市群的过程,这不仅仅是空间面积的扩大,更是城市人口、经济、社会综合机能演变的过程。大城市的规模不断向周围延伸,城市功能日渐巨型化,演化为戈特曼(Jean Gottmann, 1915～1994)所说的城市群。戈特曼以“Megalopolis”来为城市群命名,但格迪斯(Patrick Geddes, 1854～1932)、芒福德(Lewis Mumford, 1895～1990)对于“megalopolis”一词有不同的理解和用法。他们两人都表现出对特大城市的深恶痛绝,视其为现代文明和高尚生活方式的劲敌。但戈特曼始终将大城市视为“人类世界中的积极动力,并对其未来持乐观态度”(Harper, 2003: 18)。1961 年,戈特曼的城市群理论随《城市群——城市化的美国东北海岸》的出版而登场。他认为在这一巨大的城市化地域内,支配空间经济形式的已不再仅仅是单一的大城市或都市区,而是集聚了若干都市区,并在人口和经济活动等方面密切联系形成的一个巨大整体。这种城市地域空间组织形式的出现标志着美国空间经济的发展进入了“成熟”阶段。

同时,戈特曼赋予“megalopolis”以全新的内涵和意义,揭示出当今城市从传统的单体城市向城市共同体转型发展的新模式与新形态。进一步说,Megalopolis 既是传统大城市概念的进一步延展,也是人类城市发展的当代模式与最新形态,城市群最突出的特征就在于它是“城市共同体”。

城市化进程在第二次世界大战后以前所未有的规模和速度向前发展,在这种背景下,城市群的发展体现了社会演化给人类居住方式带来的变革以及发生在其中的劳动力结构、用地方式和人类自身生活方式的转变。从这个意义上讲,城市群是人类社会特定历史阶段的各种综合特征在地域空间上的集中体现。在城市群的发展中,城市群核心城市以培育创新与门户功能、占据影响力制高点为主旨,城市群区域往往以共同打造优越的人居环境和投资环境、实现产业能力集聚和民生质量提升为主题。

(三) 我国城市群发展现状与问题

1984 年开启的经济体制改革在创造我国经济高速增长“奇迹”的同时,随着经济发展的重心转向城市也创造了我国城市化快速发展的“奇迹”①。与世界主要国家相比,我国城市化发展和城市体系演变的时代背景、历史禀赋以及

① 从国际比较来看,作为世界人口最多的国家,我国改革开放以来的城市化发展的确创造了类似经济增长的“奇迹”(李善同、许召元,2008)。20 世纪 80 年代我国城市化水平开始呈现快速上升趋势,1985～2006 年城市化率上升了 27%,比发达国家上升同样幅度少用了大约 2/3 时间。对比城市化率从 25%上升到 70%所需时间,英国大致用了 90 年,法国 120 年,美国 90 年,日本 40 年(高佩义,2004)。根据预测,如果我国在 2025 年达到 70%,按此推算从 1990 年的 26.4%,上升到 70%只需要 35 年时间。

现实约束等都有很大不同,在发展模式及路径选择上不能局限于简单仿效,而要深入展开研究和积极探索。

国家发改委的有关数据显示,目前我国初具规模或得到认可的城市群(包括以"经济区"命名的"准城市群")已在30个左右,排名居前的十大城市群(京津冀、长三角、珠三角、山东半岛、辽中南、中原、长江中游、海峡西岸、川渝和关中),以不到1/10的土地面积,承载了全国1/3以上的人口,并创造了全国1/2以上的GDP。预计未来5到10年内,我国城市群将涵盖全国815个城市中的606个,人口和经济规模分别占到城市总量的82%和92%。① 城市群在我国国民经济和社会发展中的龙头地位和核心作用日益凸显。

麦肯锡预测,至2025年中国城市化水平将接近70%。未来10年内我国城市化发展仍将处于高速推进阶段。快速、大规模的城市化不可避免地将加剧人口、土地、资源和生态环境的矛盾。就总体发展状况而言,我国城市群仍存在很多问题。从全球层面看,主要问题是"发育不足"。与20世纪中后期的世界五大城市群、与美国21世纪初期的十大城市群相比,由于起步晚、资源条件不足和发展环境复杂等原因,我国城市群尚未形成良好的城市层级和分工体系,区域协调和一体化水平比较滞后。在城市群自身方面,主要存在着四大瓶颈:一是在发展模式上呈简单化和粗放型,不利于城市群的均衡和精明增长;二是未形成有效的协调和联动机制,层级体系和一体化缺乏内生动力,比如京津冀一体化问题;三是区域合作尚处于"浅表阶段",战略与规划的"同质化"问题十分突出;四是环境污染严重和资源约束加大,发展风险和不可持续性日益凸显,比如雾霾与水污染问题。这些问题都是亟待破解和应对的重大现实挑战。美国2050国家战略中的巨型区域战略规划可以为我国的城市群发展提供一些经验参考。

二、21世纪美国巨型区域规划战略简介

随着经济技术的发展,城市发展也面临新的环境,进而将影响城市扩张的机理与格局。从趋势上看,正如20世纪全球竞争的地理单元从城市增长演变到城市群增长,巨型区域(Mega-region)——"大都市区内就业市场、基础设施

---

① 刘士林、刘新静等:《城市群:未来城镇化的主平台》,《光明日报》,2014年6月3日。

和土地利用一体化的区域”将在 21 世纪迅速占有一席之地。

(一) 美国 2050 战略规划简介

1. 21 世纪塑造美国未来的六大趋势

至 2050 年,六大趋势将影响美国的未来发展和区域格局。这也是制定新一轮美国国家战略的基本出发点:一是新的全球贸易格局,未来能够吸引高技能劳动力集聚和提供高质量生活的地区,以及作为“世界门户”的交通枢纽地区将更具区域竞争优势。二是人口快速增加,未来三十年,美国的人口数量仍将大幅增加。根据估计,2000～2050 年美国人口将净增加 1.58 亿,达到 4.2 亿。三是低效的土地利用模式,20 世纪 70 年代以来,城市群、大都市区是美国经济和人口增长的重点区域,特别是大城市的外围郊区。目前,这些区域的土地开发强度已接近城市的建成区,面临交通拥挤、财产税负和房价高企,以及开发与绿色生态冲突等问题。而当城市和近郊地区需要调整时,大都市经济区的远郊地区仍在呈现快速发展态势。除了占用农田和公共空间之外,无序扩张的土地利用模式导致能源消耗、大气污染以及道路等基础设施投资的不断增加,开始影响到居民的生活质量。四是区域间和区域内的不均衡发展,美国各区域内部、城市之间以及区域之间发展存在严重的不均衡现象。美国西部和南部地区发展较快,吸引了大量的移民,未来这一趋势还将继续。五是能源危机和全球气候变化,粗放的土地利用模式以及运输对汽车、飞机的依赖,对于高度依靠石油的美国经济和国家安全带来严峻挑战。六是大都市区基础设施容量达到极限。美国大都市区基础设施在 21 世纪初将达到其容量的极限。除非公路、铁路、机场、港口和其他系统增加新的能力,否则国家的经济发展潜力将受到限制。

2. 围绕新战略框架,“美国 2050”聚焦五大关键目标

针对当前存在的关键问题及未来面临的挑战,“美国 2050”尝试围绕美国未来发展提出一个新的框架——识别 10 个或者更多的新兴“巨型区域”作为规划和投资实体,使美国的竞争力最大化并面向社会全体成员提供更多的发展机会,促进国家在基础设施、环境、经济发展的投资实现有机整合。巨型区域既可以看作一个网络协同体,又可以视为一个自主创新体,其将城市地区和周边地区集聚在一起,协商形成共同的政策目标,解决共同面临的挑战并实现优势互补。“美国 2050”的首要目标在于围绕巨型区域,探索创新性的政策和

投资战略,提升本国在全球经济中的竞争力和生活宜居水平。其中,重点聚焦以下五个关键指标:

(1) 创造发展能力

"美国 2050"主要围绕着交通基础设施的投资进行组织,以创建发展能力,并通过人员和货物的快捷运输来推进巨型区域的凝聚力。通过这些巨型区域战略协调交通和土地利用并进一步落实到社区,以推进步行、骑自行车和更多地使用公共交通工具。

(2) 重建社会和经济的向上动力

"美国 2050"旨在通过提高效率、提高经济发展能力和巨型区域的竞争力,为社会全体成员提供更多的发展机会,重新确立向上的社会流动性和经济流动性。通过对多式联运交通中心和交通网进行投资,创建就业机会,发展新产业。

(3) 保护自然并建设资源回收体系,推进土地集约型增长

环境景观和沿海河口的保护是"美国 2050"在基础设施和中心城市振兴方面投资战略的重要补充。事实上,由主要的大型景观和资源区域连接起来的都市圈,可以通过合作保护自然遗产来取得更大的成功。因此,应该将环境景观和河口视为提升生活质量、减少温室气体排放、确定城市区的自然界线的绿色基础设施。通过总量控制与交易计划来减少二氧化碳排放的多州协议开始在地方获得支持。

(4) 推进新的财政和决策框架

巨型区域的规划途径并没有提出建立新的巨型区域政府,而是建议要构建形成跨区域和跨州的战略合作伙伴关系以应对在巨型区域尺度上可能会经历的挑战。这些合作关系可以通过单项计划,如减少东北部二氧化碳排放的"七州区域温室气体倡议"等加以检验,然后以此为基础建立合作来应对其他巨型区域可能面临的挑战。

(5) 改变联邦政府在土地利用政策中的角色

地方政府控制着土地利用决策,但在历史上联邦政府一直就像"一只无形的手"一样引导着发展。改革联邦在土地利用中的作用,不是扩大或者消除这种作用,而是应该承认联邦政策对土地利用的作用,并将其转变到支持明显的关系到国家发展、可持续性和经济竞争力的优先领域。如联邦可以利用联邦资金的"制约性"来引导地方政府遵从国家政策目标等。

3. 美国 2050 战略研究致力于形成五大成果

面向未来半个世纪,美国需要做出一系列的关键性决策。美国不得不决定他们希望自己继续扮演世界的引领者还是跟随者。我们目前看到的是一个竞争力正在经受着低效发展模式、滞后基础设施、濒危自然环境以及城市农村社区衰落等威胁的美国。围绕上述构想,"美国 2050"研究尝试构建国家层面的战略决策框架,以支持未来巨型区域的发展,并进一步明确其与发展滞后地区的合作战略。总体来看,"美国 2050"这一持续性、开放性的战略研究将会形成五大成果:

(1) 国家级发展、增长和竞争力规划

现有影响美国土地利用决策的联邦政策将被统一起来并进行改革,成为实现国家繁荣、公平和持续性紧密结合的愿景。从下一个 SAFTEA - LU(《献给用户的安全负责、灵活高效的运输公平法》)到水灾保险、FEMA(联邦紧急事务管理局),联邦政府的首要愿景是通过金融工具和政府投资安排帮助地方社区、州和巨型区域合作,促进国家未来的发展动力。

(2) 世界级的多式联运系统

一个扩展和高效的国家多式联运系统将为美国经济和人口的快速增长提供坚实支撑。"美国 2050"将充分利用新的融资模式,包括利用社会资本等,建设由高速铁路、改善的大都市公共轨道交通、智能高速公路、海港和机场等共同组成的强大、扩展的交通网络体系,并通过多式联运枢纽实现有机连接。拥堵收费和使用收费将用来投资于基础设施新建项目以确保该体系的持续发展和完善。

(3) 环境景观保护机制

国家环境景观的保护可以通过巨型区域中各城市之间的合作实现。这些受保护的区域将提供绿色基础设施,新鲜空气、可饮用的洁净水以及地方农业和娱乐设施,这些都是未来体现宜居和高质量生活的关键要素。

(4) 经济和社会机会的均等化

新兴、可持续和具有竞争力的工业发展能够为那些经受资源枯竭、经济衰退的广大区域提供大量的就业机会。基础设施建设和物流领域的大量投资也可以提供大量的就业机会。总体来看,"美国 2050"的目标是重新将经济发展滞后的城市中的郊区和潜力区域连接起来,通过改进公共轨道交通、建设智能高速公路,打破贫困的集中性并扩大就业市场。

(5) 建设具有全球竞争力的巨型区域

“美国 2050”致力于开拓新的功能性区域。跨州和跨地区界限的合作将在巨型区域范围内带来新的机遇和挑战。新的基础设施体系将更具流动性、承载力和弹性,并且可以逐渐减少拥堵和环境污染。围绕大型景观环境保护和海岸河口保护的规划则可以提供高质量的生活和大都市区自然设施。总之,美国的巨型区域将建设成为在全球范围最具竞争力的宜居宜业之地。

(二) 巨型区域是美国 2050 战略规划的核心实体

“美国 2050”战略强调巨型区域将是美国未来繁荣发展的引擎区,并率先界定了巨型区域的概念和指标体系。巨型区域是指具有共享的资源与生态系统、一体化的基础设施系统、密切的经济联系、相似的居住方式和土地利用模式、共同的文化和历史连接而成的区域网络。巨型区域内城市间的界限区域模糊,是更具全球竞争力的综合区域,新的政府投资和政策制定空间单元。立足五个特征,“美国 2050”设定了一套科学的量化指标对其进行界定,并建议统一编制巨型区域尺度的战略规划,致力于能够通过协调实现城际高速铁路走廊、参与全球巨型区域之间的竞争、促进经济发展欠佳地区的振兴、拓展就业市场等目标。

1. “巨型区域”将成为全球竞争新的地理单元

正如 20 世纪全球竞争的地理单元从城市转化到大都市区一样,巨型区域(Mega-region)——“大都市区内劳动力市场、基础设施和土地利用一体化的区域”将在 21 世纪迅速占有一席之地。预计到本世纪中叶,美国 70%以上的人口与经济增长将发生在网络体系、交通体系、经济文化大都市区扩展相连的地方,新兴的“巨型区域”正在成为新的以促进各大都市区之间商品、劳动力和资本流动为特征的全球经济竞争地理单元。从趋势上看,巨型区域可以在一个单一的地理单元内充分利用业已存在的各种经济职能(从总部经济到最低端的制造业)助力美国提升全球竞争力。推动这一演变的原因有三:

一是全球化与新的贸易格局。世界正经历着一场历史性的变革。随着市场更加开放以及信息技术壁垒不断被打破,美国与全球贸易伙伴的距离变得更短。各国企业正通过国际外包、使用成本较低的劳动力、吸引高技能人才以及利用全球时差等来获取新的竞争优势。伴随着来自中国的廉价商品大量涌入以及远东服务业 GDP 占比继续攀升,美国国内商品不断受到排挤。无论全球化将来是“式微”还是“深化”,新的贸易格局势必将对美国的经济、社会、环境和家庭产生巨大影响。二是人口迁移与区域发展不平衡。美国正在经历其自身发展动力机制的转换。预计到 2050 年,美国人口较 2000 年增长近 50%,这对美国业已面临的经济增长问题既提出了新挑战,又创造了巨大的机遇。美国地区发展不平衡,加剧了部分发达地区的人口压力,而其他地区则处于人口流出、被边缘化的境地。美国西部和南部地区发展较快,吸引了大量的移民,未来这一趋势还将继续。三是跨州经济地理形态的出现。整个 20 世纪下半叶,随着美国大都市地区继续扩大,其界限开始模糊,逐步形成一个超级区域尺度的地理形态:经济系统的连锁、自然资源和生态系统的共享、各人口中心公共交通系统的连接。随着这些地区人口的不断增长,低密度居住模式给各系统造成的压力越来越大,这就需要在扩展区域规模方面出台更有力的协调政策。

2. 巨型区域的界定、特征和目标

巨型区域将是美国未来繁荣发展的引擎区。界定巨型区域的概念内涵和特征,可以更好地识别这一新的“美国 2050”战略及相关政策实施规划实体:

巨型区域概念界定。巨型区域是指具有共享的资源与生态系统、一体化的基础设施系统、密切的经济联系、相似的居住方式和土地利用模式、共同的文化和历史连接而成的网络系统。[①] 巨型区域内各大都市之间的界限模糊,是一个更具全球竞争力的综合区域,是政府投资和政策制定的新的空间单元。

巨型区域的主要特征。巨型都市区主要根据五个特点确定。即:环境系统和地形、基础设施系统、经济联系、居住形式和土地利用、共享的文化和历史。虽然每个巨型都市区不可能具有所有这些特点,但是同时具有几个特点就可以成为一个更加强大和更有凝聚力的巨型都市区。

巨型区域的量化指标。“美国 2050”战略规划设定了一套科学的量化指标进行巨型区域的界定。一是该区域必须是美国的核心统计区域;二是按照 2000 年美国人口普查统计口径,其人口密度大于 200 人/平方英里,2000~2050 年人口密度需增加 50 人/平方英里;三是预计人口增长率>15%,2020

① Yoav H. Defining U.S. Megaregions, America 2050. http://www.america 2050.org/, 2009-11-03.

年总人口增加 1 000 万人；第四，就业率增加 15％，2025 年总就业岗位增长数量超过 2 万个。①

巨型区域规划的目标。制定统一巨型区域尺度的规划，致力于能够通过协调和倡导实现以下目标：一是城际高速铁路走廊的发展。它们将客货流与全球港口、其他跨州或跨区域交通网络联系起来，这些交通网络需要跨地方、州和国际的协同规划、投资和管理；二是大型环境系统与资源的保护、恢复和管理。如流域、耕地、森林和沿海地区；三是参与国际巨型城市区域、全球城市区域之间的竞争。如欧洲的“五边形”区域，中国长江三角洲、珠江三角洲和首都圈巨型城市区域；四是促进经济发展欠佳地区的振兴，例如美国中西部和墨西哥湾沿岸；五是通过实施战略性铁路客运和货运投资，提升巨型区域内部交通联系，在更大的地理范围内提升产业集群、拓展劳动力市场；六是在巨型区域尺度制定关于二氧化碳减排的贸易协定。例如业已发布的东北地区十州温室气体法案。

(三) 21 世纪美国重点发展的十大巨型区域

根据上述量化指标，“美国 2050”战略初步确定了 10 个巨型区域，分别是：东北地区、五大湖地区、南加利福尼亚、南佛罗里达、北加利福尼亚、皮的蒙特地区、亚利桑那阳光走廊、卡斯凯迪亚、落基山脉山前地带、沿海海湾地区和得克萨斯三角地带。十大区域只覆盖美国 31％的县和 26％的国土面积，却拥有 74％的人口。

作为美国国家发展的基本区域单元之一，巨型区域规划的编制各具特色、侧重不一。如在东北地区《2040 年城市增长规划》中，人口预测占据了重要位置，到 2050 年东北地区预计将增加 1 800 万人，人口增长将对该地区基础设施投资和经济增长提出新的要求，在容纳这些新居民的同时还要保证其生活质量；未来五大湖地区(芝加哥)将充分利用该地区的环境资源、湖区设施、强大的科研、文化传统与领先的公立高校等优势资源，探索在制造业衰落情形下的经济发展方式；德州三角区域规划中则强调文化因素至关重要——文化凝聚力将为德州各地区通过建立合作机制解决土地利用、运输以及环境保护等问题创造空间。

① Yoav H. Defining U.S. Megaregions, America 2050. http://www.america 2050.org/, 2009-11-03.

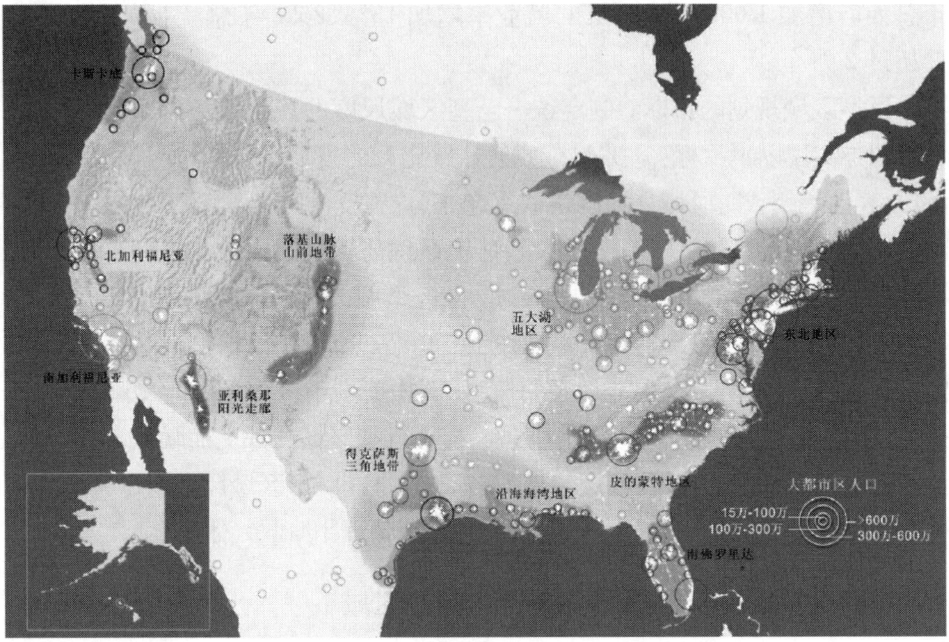

图 19 “美国 2050”初步识别的十大巨型区域

图片来源：www. america2050. org

表 6 “美国 2050”初步识别的十大巨型区域

巨型区域	主　要　城　市	美国人口比重(%)	预计 2025 年人口	预计 2025 年 GDP 比重(%)
亚利桑那阳光带	凤凰城、图森	2	7 362 613	2
卡斯卡迪亚	波特兰、西雅图、温哥华	3	10 209 826	3
佛罗里达	迈阿密、奥兰多、坦帕、杰克逊维尔	5	21 358 829	5
山前地带	阿尔布开克、圣菲、科罗拉多州、丹佛	5	6 817 462	2
五大湖地区	芝加哥、底特律、匹兹堡、克利夫兰、明尼阿波利斯、圣路易斯、印第安纳波利斯	19	62 894 147	17
东北地区	波士顿、纽约、费城、巴尔的摩、华盛顿特区	18	58 124 740	21

续　表

巨型区域	主　要　城　市	美国人口比重(%)	预计 2025 年人口	预计 2025 年 GDP 比重(%)
北加州	奥克兰、里诺、萨克拉门托、圣何塞、旧金山	5	17 290 363	5
大西洋皮埃蒙特	亚特兰大、伯明翰、罗利—达勒姆、夏洛特	5	20 505 381	4
南加州	洛杉矶、圣迭戈、阿纳海姆、长滩、拉斯维加斯	8	28 692 923	7
德州三角	奥斯汀、达拉斯、沃斯堡、休斯敦、圣安东尼奥	6	23 586 856	7

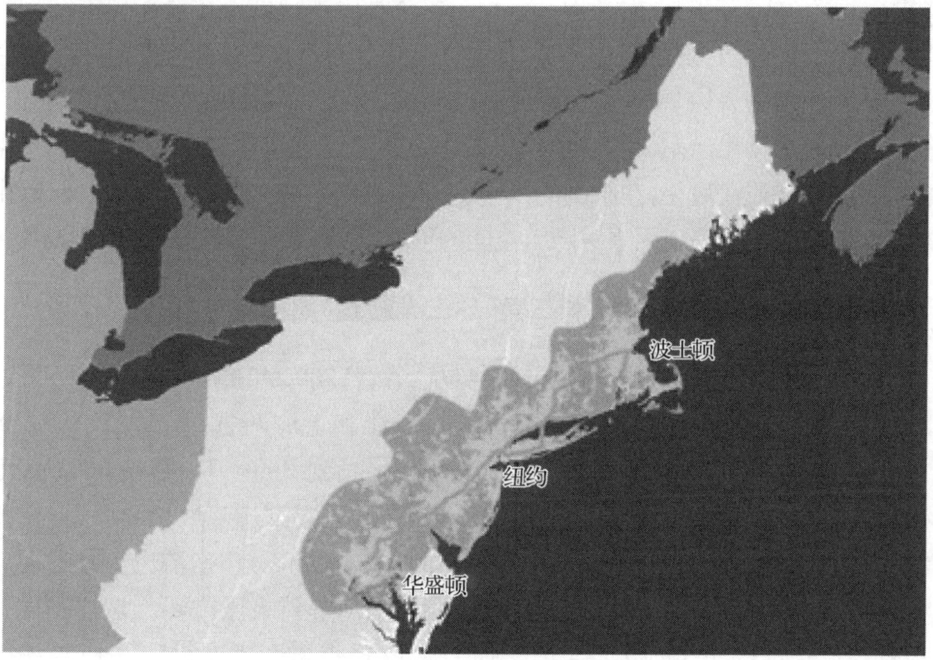

图 20　美国东北地区

图片来源：www. america2050. org

三、美国巨型区域战略对当前我国城市群发展的几点启示

借鉴美国巨型区域战略，结合新近发布的《国家新型城镇化规划(2014～

2020 年)》,就我国未来城市群发展初步建议如下:

(一) 着力推进城市群发展通过"量化"实现"优化"

《规划》指出,为推动规划实施,要"加强城镇化统计工作,顺应城镇化发展态势,建立健全统计监测指标体系和统计综合评价指标体系,规范统计口径、统计标准和统计制度方法"。

在跨行政区域尺度下,通过科学的量化指标体系,引领构建推进城市群优化发展的行动指南。一是人口量化,主要包括人口规模与人口密度。人口规模是城市规模的基础和核心,国内外对城市体系规模结构、最佳城市规模等研究也大都是基于城市人口规模展开。我国的城市体系是由大、中、小不同规模的城市组成的,相应形成一定的规模结构。将我国各个时段表示城市数量和规模结构的数据进行对比分析,便能从中观察大、中、小城市的特点、变化趋势和存在的问题。人口密度为人口规模与土地面积之比,比较直观地反映城市的承载能力。另外还包括劳动生产率、就业密度、工资率。二是土地量化,包括土地面积与距离。三是生态监测量化,在中国的国土空间规划制定中,要充分研究区域、碳排放、气候变化、污染等新因素对国土空间的可能影响。四是交通基础设施量化。

(二) 着力推进京津冀、长三角、珠三角打造"超密城市群"

长三角城市群 16 个核心城市,人口从"五普"2000 年的 8 743 万到"六普"2010 年的 1.076 亿,增长 2 000 万;江苏、浙江和上海两省一市从 1.35 亿到 1.57 亿,增长 2 171 万;其中上海从 1 600 万增长到 2 400 万,增长 800 万,苏州突破 1 000 万,增长 360 万,南京增长 190 万,无锡常州共增长 200 万;杭州宁波共增长 350 万,合计增长 1 900 万。苏中苏北所有城市净流出。针对人口集聚水平偏低的实际情况,核心城市群北京、上海等特大城市要严格控制人口规模,但是核心城市群必须要加速人口导入,重点增强中小城市人口吸纳能力,着力推进京津冀、长三角、珠三角打造"超密城市群"。

所谓"超密城市群"从概念上直观看来,城市群是由若干个密集分布的不同等级的城市及其腹地通过空间相互作用而形成的城市—区域系统。每个城市群一般以一个或两个经济比较发达、具有较强辐射带动功能的中心城市为核心,由若干个空间距离较近、经济联系密切、功能互补、等级有序的周边城市共同组成。从这一角度出发,可以认为城市群、城市带、城市密集区等都是对城市发展空间的一个泛指概念，多描述城市群体空间存在情形的广泛性。都市带、(大)都市圈、都市连绵区、都市密集区是城市密集区或城市群的进一步发展演化形成的成熟形态。尽管城市群普遍具有城市数量多、人口密度大、经济实力强等共性特征，但就城市群的规模结构、发展模式、人口集聚水平和要求并没有一个确切的说法。

在此基础上，本文立足人口规模结构提出的“超密城市群”主要是指：在城市化加速发展阶段，通过对特定区域范围内城市体系大中小不同的城市做出有相当强制性和可实施性的整体设计，依托完善的城市新城区、新市镇、新农村以及城市间结合部、郊区等边缘地区的规划开发有效吸纳大量新增城市人口，通过制度创新与跨区域进一步协调，适应我国行政区划、土地强约束等客观条件，高土地利用强度、高人口密度和完善城市体系内部分工的中国特色城市群发展模式。

与城市群、城市密集区、都市圈等多针对或强调城市体系空间广泛存在性提出的概念而言，“超密城市群”的提法更包含了我国城市体系规模结构重要表征和发展背景——庞大潜在新增城市人口和土地强约束，而不再仅仅停留于缺乏约束力和现实指导意义的“地域结构景观构想”层面。而与稠密型城市强调单个城市高密度、紧凑型开发相比，“超密城市群”并非提倡不顾城市大小的盲目集中发展，针对我国城市行政区划的客观约束以及过高强度和密度对单个大城市发展的不利之处提出了“无拥挤集中”思想。即主要基于公共有轨交通系统，发展紧密联系、通达方便的城市节点，并以这些城市中心节点为核心进行高密度和高强度开发。

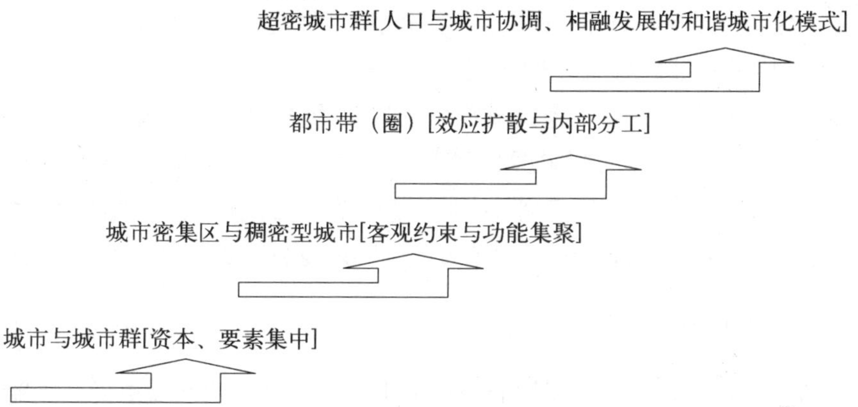

图 21　关于“超密城市群”概念的辨析和理解

(三)着力推进重构中央—地方基础设施投资决策框架

“美国 2050”战略提出将巨型区域作为新的规划实体可谓恰逢其时。到 2050 年美国的总人口会增加 50%,在此背景下全国尺度的大都市区空间规划将越来越依赖地方性的海港、高速铁路以及机场等基础设施建设的布局。随着公平、公正等社会问题重视程度日益提升,如果没有“美国 2050”这样全国尺度的巨型区域规划及空间战略,在全球化深入的趋势下美国区域内部、城市之间以及大区域之间的发展不均衡现象,将有悖于一直以来所提倡的“社会公平”发展理念。因此,“美国 2050”在恰当的时机提出巨型区域战略构想——可识别的巨型区域作为一个新兴的地理单位,提供了重塑联邦基础设施和资金投资体系的机遇,通过这一合理的空间规划手段可以推动实现区域均衡发展,从而有望被美国联邦政府采纳为全国性的区域基础设施发展政策。

加快我国城市群高质量建设步伐,还面临着阻碍城市间合作和区域一体化发展的体制机制障碍,存在着城市间和地区间人居环境和投资环境差距的问题。因此,要以城市群为地理单位,依托科学、量化的数据支持,统筹考虑基础设施投资政策等。针对 21 世纪新的挑战,能源、资源以及基础设施政策成为巨型区域关注的热点议题:

1. 水资源的管理及水电循环利用。我国面临着水质恶化、水资源紧缺以及能源地区分布不平衡等问题,而这些问题需要跳出行政管辖边界在城市群层面达成协调共识。

2. 能源和跨区域的能源调配。在 21 世纪要减少传统能源的使用,推动太阳能、风能和“智能电网”的使用,这也需要城市群内外间制定共同的能源政策和支持跨区域新能源设施的构建。

3. 完善和更新交通设施。虽然经过 20 世纪 90 年代以来持续的基础设施建设推进,我国公路网的密集度和覆盖度已经有了显著的提升,但同时交通设施老化的问题也非常严重,未来计划通过更新这些公路设施和在全国范围内修建高速铁路体系来进一步密切城市群之间以及城市群内部的交通联系。

(四)构建城市群内部分工框架

“美国 2050”战略空间规划的一个突出特点是规划的区域单元范围跨越行政区划界限,特别强调空间战略规划中的跨行政区域合作。无论是巨型都市区域规划还是大型景观保护规划都是跨越多个行政管辖区来制定,以满足规划的科学性和区域间的协调。过去我国的空间规划,如土地利用规划、城市规划等,多以行政区域为单元编制。近年来,国家也实施了一系列跨行政区域的规划,如长三角区域规划、成渝规划、京津冀都市圈规划等。今后,还需要进一步加强国土空间规划中的跨区域合作,更加重视跨行政区域的空间规划,特别是针对需要保护生态环境和提高区域综合竞争力的区域。

城市群的目标是通过建立合理的城市分工和层级体系,促进都市、城市、乡镇、农村的协调、均衡和可持续发展。建议通过自上而下的机制体制改革,合理划定城市群的层级体系与边界,以理顺城市层级间的资源配置关系、建立合理的利益协调和补偿机制为中心,构建符合我国城市群发展的协调协同发展机制,解决城市群层级体系混乱和一体化内生动力缺乏的问题,把"浅表合作"延伸到实质性合作的新阶段。

新型城镇化与分形空间建设

一、从大都市化到新型城镇化

城市化是当代社会发展的一个趋势。城市化水平，即一个国家的城市居住人口数量占全国总人口数量的比重，也是联合国人居署衡量、评价各个国家经济、社会发展水平的一个基础指标。理由很清楚：城市的发展意味着资源合理配置、产业效率增长、生活水平提高、公共服务发展和文化繁荣等多方面的社会进步；城市生活已成为现代文明的主要表征。因此，城市人口越多不仅可能意味着经济越繁荣，而且可能意味着人们有机会享受更完善的公共服务，过上更好的生活，即所谓"城市让生活更美好"。正因为如此，城市的发展成为19世纪以来现代社会发展的基本形态。尤其是在20世纪中后期经济全球化的浪潮中，尽管美国等一些发达国家出现了向郊区分散的"逆城市化"现象，全世界的总趋势却是城市化水平不断上升。

中国当代的大规模城市化进程开始于20世纪80年代末。那是一个因为城市发展多年来近乎瘫痪之后形成的封闭空间压迫症时代，因此城市化变成了整个社会对空间扩张的追求；几乎所有大大小小的城市都是按照大马路、大高楼、大绿地、大广场的模式进行大拆大建。这种城市建设理念基本上延续了19世纪以来工业化城市发展的路子，即美国城市学家索亚所说的"福特式城市"——基于大工业基础上的高度集中规划、大规模建设、高经济增长的大都市建设方式。

然而，城市化虽然成为一种关于当代社会发展趋势的共识，城市化进程中存在和不断恶化的问题也同样需要关注。美国城市学家芒福德所说的"特大城市象皮病"已成为当代"福特式"大都市发展中无法摆脱的顽疾。今天谈论城市化的问题，不再是要不要城市化，而是要什么样的城市化的问题。关于城市发展的目标,近年来联合国人居署在每次双年报告中都会提到两个概念:公平和可持续发展,这两个概念可以说概括了当代城市化进程中面临的主要危机和解决危机的基本方向。

二十多年的城市化建设大大提高了中国城市化水平,同时也迅速传染上“特大城市象皮病”以及其他种种城市病症状。时至今日,中国城市化发展造成的矛盾和问题越来越多、越来越严重,最根本的矛盾就在于城市发展趋势与中国社会发展的长远目标相冲突,即增长极限与可持续发展的要求之间的冲突。在这种形势下,国家的城市化战略从大都市的集中扩张转向了城市群和新型城镇化建设,意义就在于从社会公平和生态文明的可持续发展方向重新定义城市化。

现在国家新型城镇化建设规划已经正式提出,政府、媒体和学者们都没少谈这个概念,特别是对规划中的一些具体指标都在讨论研究和安排实施。但如果注意到近年来城市建设的实际情况和相关研究,就不得不承认实际的建设观念和实践与国家新型城镇化规划期待解决的核心问题和发展的根本方向要求还相差甚远,甚至是南辕北辙。

“以人为本、四化同步、优化布局、生态文明、文化传承”是国家规划的主要目标,但这个目标的实现与到目前为止的城市建设方向之间仍然存在冲突。各种资金、人力和智力资源仍然源源不断地向大都市乃至特大都市集中。在整个国家城市建设的轴心化集中趋势中,大多数中小城市仍然摆脱不了附庸和边缘地位。因此,中小城市的建设多数是在复制较小型和较新潮的“福特式”集中规划城市。这样层层集中的结果使得大多数城市缺少自身相对独立自主的城市认同基础,只能继续处在中国城市的金字塔形食物链下层做下等城市。由于“一线城市”的环境和就业竞争压力过大,几年前就有人提出“逃离北上广”。但随后又有人描绘了回到家乡的中小城市后的困境:就业和创业环境问题、发展空间问题、公共服务问题、文化生活问题、人际关系问题等,与“一线城市”相比差距不仅存在,而且似乎在继续增大;于是又只好重返北上广。如果未来的城市化建设趋势仍然是在继续强化和固化这种金字塔结构,那么这种城市化进程只能与国家新型城镇化战略的目标渐行渐远。

应当说,新型城镇化不是传统意义上的城市建设,而是城市化理念的重构。新型城镇化需要解决城市建设现实中的基因缺陷——生态、公平、和谐、传承与经济发展之间的悖论。新型城镇化不是排斥大都市建设,当然更不是美国曾经搞过的“逆城市化”，而是要解决城市化建设中固着的“福特式”大都市情结。换言之，需要解决的问题是：大都市化与新型城镇化概念能否统一？

福特式大都市从观念上讲就是一个由大规模建筑集群和高密度人口的活动构成的巨大的封闭性的实体空间。事实上，传统的城市无论何种类型，都是封闭的地理区域中的物理实体。如果用列斐弗尔的空间生产理论来讲，城市建设都是封闭性实体空间的生产。所谓福特式的大都市，是通过工业化的力量把传统城市的实体性和集中性空间极度扩张的产物。而新型城镇化与一般意义上的城市建设不同之处在于，所关注的重点不是作为封闭性实体的城市本身，而是城市与城市之外的各种物质、文化空间要素之间的关系。因此新型城镇化建设的观念前提是打破封闭、实体性的空间意识与实践，从人本、生态、文化传承以及统筹城乡、工农业与信息技术融合等多方面关系的视域推进中国社会的可持续发展。这种开放的建设视野需要形成不同于传统城市封闭性的开放、多元空间理念。

二、都市群与城市的逆集中化

自进入21世纪以来，中国的大都市建设上升到了一个更高的层次：从单体都市向大都市群建设的方向发展。继长三角、珠三角这两个已经形成的特大城市群之后，“京津冀一体化”成为第三个大都市群建设的目标。与前两个特大城市带建设的某种自发性不同的是，京津冀一体化是在中国的大都市问题日益凸显的时期开始的。近年来几乎是突然成为人们关注焦点的大都市雾霾可谓“特大城市象皮病”的综合症状，未来的城市发展理念不得不面对这种严酷的现实。在这种形势下提出的京津冀一体化构想需要考虑的核心问题是：大都市群建设能否解决已有的大都市病，从而满足社会发展的基本需要——公平与可持续？

中国当代的都市化以福特式城市的模式开始，进入21世纪时这种城市发展模式越来越受到质疑。而以若干特大城市为中心与其他城市及相邻乡村形成密切联系的都市群发展模式成为新的建设思路。此后关于长三角、珠三角以及首都(京津冀)都市圈建设的讨论越来越多，并且逐渐成为近十几年来都市发展观念转型的一种重要趋势。京津冀一体化就是在这种大城市群建设理念指导下形成的新的城市化建设思路。

大都市群建设模式似乎和今天的新型城镇化有相似之处,看起来不是单纯追求大都市的集中发展,而是从更大范围的区域眼光考虑大中小城市、城市与乡镇之间的联系和合作。但就实际发展的状况来看,这种区域发展其实是福特式城市发展模式在更大规模上的复制:每个大都市圈都是以一个或几个特大城市为中心联系组合起来发展的,但核心资源仍然是集中于中心城市乃至城市的核心区域。格雷厄姆和马文在《分裂中的城市主义》一书中揭示了当代大都市发展中出现的新的不均衡发展问题:

取代了或多或少的均衡运作以"结合"一座城市标准化的基础设施网络的,是一系列所谓的"隧道效应",导致它们的是不均匀的时空障碍的"翘曲",而这些障碍又是由先进的基础设施网络带来的,它们旨在抬高大都会某些部分的价值,并将它们卷入彼此间的密切互动。①

大都市发展的不均衡在城市内部典型地表现为地价和房价的差异,这是很容易看到的现象。其实在更大范围内,这种不均衡表现得更为重要。在城市群的整体发展中,大都市因为不均衡发展而形成了更大规模的集聚效应,把"特大城市象皮病"等问题辐射到更大空间范围;而生态问题、社会公平问题和城乡关系问题等影响社会发展可持续性的关键问题并未得到解决,甚至可能继续恶化。

比如北京解决雾霾——大都市环境污染综合征的一个思路是京津冀一体化,目的是通过北京与周边区域的整合来扩大都市空间,从而分散排放以稀释污染。但京津冀一体化的构想一提出来,河北马上做出的反应是积极打通"断头路"以加强与北京的交通联系。可以想见,这种积极反应的直接效果就是进一步强化整个城市群中处于边缘地位的中小城市面向城市群的轴心即中心大都市交流活动的汇聚,显然将形成更高程度的集中。分散排放的意图,可能产生的后果是更大规模的排放和污染。

大都市集中化和不均衡发展造成的主要问题不仅是环境污染,更复杂而棘手的是社会公平。20 世纪 90 年代,都市社会学家提出所谓的"全球城市":

全球城市并不是指某个具体城市,而是能把许多城市的不同区段(segments)导进一个以电子科技串联的全球功能性的支配(domination)网络里。全球城市是一种空间的形态,而不只是为了和某些城市区分开来所设定的名

① 艾伦·莱瑟姆等:《城市地理学核心概念》,江苏教育出版社 2013 年版,第 61 页。

称,尽管某些城市在这种全球网络上的份额比其他城市更多。就某种意义来说,所有城市的大部分地区,包括纽约与伦敦,都是属于地方的而不是全球的。而许多城市是地区中的一点,不论大或小,都不同程度地被包含在全球网络里面。①

与"全球城市"这个全球功能性的支配网络相联系的是大都市的特殊区段,也就是城市中投资、技术和服务功能最完善的高端社区。这类作为大都市核心的高层次社区所特有的全球化联系以及优质公共服务条件,造成相对于整个城市社区乃至城市群区域文化生态系统的优势文化壁龛(Cultural Niche)地位。这种优势地位通过地价和房价差而制造出城市空间的文化区隔,并且由于马太效应强化了区隔差异乃至矛盾,损害了城市的均衡发展和社会公平。

显然,大都市集中化建设造成的不均衡发展问题不解决,整个社会发展中的生态和公平问题也都难以解决。在这种背景下提出新型城镇化发展战略,需要的是从大都市和大都市圈空间的过度集中趋势中解脱出来。简单地说,新型城镇化必须是一种城市空间逆集中化的过程。

城市空间的逆集中化建设并非片面、极端的逆城市化,比如美国在 20 世纪中期曾经实行的那种使大都市"空心化"的城市发展方式,而是基于对当代都市特征的认识而探索的从"福特式"向后大都市时代转型的全新发展形态。城市学家卡斯特提出当代都市空间的特点是"流动空间和地方空间的张力与接合",都市社会关系同时具有"个体化(individuation)与社区共同化(communalism)"的特征,"空间集聚与分散可以同时进行"。②

这种二元对立关系,意味着当代都市建设将在集中化与逆集中化二元对立的复杂形态中发展。对此,我们需要超越传统城市科学思维的更高智慧和发展理念。

三、"分形"与智能化

城市学家索亚的后大都市理论中关于大都市的解构和重构趋势的看法,对于我们从一个宏观的基本趋势方向审视城市和城市文化发展的前景具有启示性。他这样描述后大都市的特征:

---

①② 曼纽尔·卡斯特:《21 世纪的都市社会学》,《国外城市规划》,2006 年第 5 期。

全球化的后“福特式”扩张型都市交织成的混乱空间，是由相似的流动化、碎片化、离心化和以复杂模式重构形成的社会，对这种社会的认识、理解和有成效的研究才刚刚起步。①

一般人们在谈论后现代文化特征时使用“碎片化”这样的概念时，基本上是一个否定性的描述，即认为是对传统有序性的破坏而形成的无序性。但索亚在描述后大都市特征时主要使用的是“分形”(fractal)概念而非“碎片”(fragmented)。

需要注意的是，“分形”并不是简单的碎片或碎片化。这个词从原始的几何学意义上讲，是指由具有自相似(self-similar)和递归(recursion)特征的碎片构成的复杂几何形状。索亚在使用这个概念时当然首先涉及的就是“碎片”性质。但“分形”不是指无序的混乱，而是在复杂、碎裂中具有或隐或现的自相似性和可递归性的几何图形。“分形”概念可以说是对后大都市文化在复杂性、破碎性基础上的再组织机制的一种解读：后大都市虽然是碎片化的混乱空间形态，但却又是具有内在重构性的复杂模式；“分形”是在无数空间碎片拼贴组合的基础上形成的社会马赛克，其中包含着各种矛盾冲突，瓦解了都市的集中和完整性，但同时也开启了一种在分散状态下重组、重构关系的可能。分形结构正是大都市无限扩张的结果——都市规模扩大的过程是空间结构的复杂化和内在矛盾冲突加剧的过程，也是“空间集聚与分散化同时进行”的过程。从“福特式”集中到后大都市的分形是一种内在的自我否定趋势。对这种“分形”的复杂模式特征的研究才是后大都市理论的目标。

当代大都市和城市群发展的不均衡性意味着已经在轴心化的过程中形成了事实上的分散化，分形化的自组织性则意味着将不均衡的分散化重组为均衡发展的分散化。城市发展的逆集中化不是乌托邦式的反城市化，而是使城市和城市圈的空间发展从集中转向“分形”。分形不同于一般意义上的分散，区别在于分形不是使空间的不同单元相互离散和碎片化，而是使不同单元之间的空间关系从“轴向原则”(芒福德)的统一组织转向可递归的自相似单元分化。

从都市化到新型城镇化的转向就是从大都市轴心到城镇乡分形发展的转向：生活、服务、就业空间从集中、轴心化过程转向分散、自组织与链接共享生

① E. W. Soja, Postmetropolis, Oxford: Wiley-Blackwell, 2000, p. 265.

成的过程。新型城镇化对于农村和小城镇而言意味着合理的人口集聚,而对于中心城市特别是特大城市而言则必然是空间的合理分形,使中心城市在资源高效配置、引领科学发展和提高公共服务水平等方面的优势和作用通过智能化的自相似组织进行分散合理配置。

从集中化到分形化不仅是城市规划的转向,而且事实上是全球社会发展转向趋势的一部分。早在 20 世纪 70 年代,加拿大传播学家麦克卢汉就预见到世界发展的趋势将从“外爆”(explosion)转向“内爆”(implosion)。他所说的“外爆”,是指传统工业化的发展模式,即对物质世界的开拓、占有和扩张式发展;而“内爆”则是指转向信息技术和智能化方向的发展。集中发展的“福特式”大都市建设模式正是外爆式发展,而分形化则必然是以内爆方式即智能化方式发展。

自 20 世纪末以来,科特金等一些城市学家提出了“智慧城市”(Smart city)建设的理念: 建设小型、高效、节约和智能化的城市。这实际上也是一种分形化建设的理念。分形建设的智能化需要大数据支持,换句话说城市规划需要从大规划转向大数据规划——不再是用柯布西耶的方式规划完美城市,而是通过云计算对巨量、混杂数据中的各种关系进行处理和重组,以形成在大都市整体空间中多样化的自组织分形。

如今“智慧城市”建设已成为一个时髦用语,最简单的赶时髦方式就是在城市规划里多塞入一些高科技产业和数字化服务项目。如果没有分形理念,那么这种智慧城市建设可能会变成在“特大城市象皮腿”上套网丝袜,徒有智能产业而没有真正前瞻性的智能城市。

城市的分形化发展意味着大数据背景下的智慧城市建设重心需要从智能资源和研发力量的集聚模式,扩展到智能应用的分散和分形组织模式的开发。智慧城市的整体发展理念是以智能一体化取代轴心化,从而逐步消解城市发展的不均衡性,城市通过智能化分形打破地价阶梯和公共服务等级而重构更加公平的服务、消费和生活环境。

在新型城镇化背景下的智慧城市建设趋势应该是从“智慧城市”到“智慧城镇化”: 以智能化分形的城乡一体空间替代用扩张实体性整合而制造的超级大饼空间,这将引导新型城镇化建设离开“福特式”建设惯性趋势,走向真正的生态友好、公平、可持续发展的方向。

四、城市空间分形化的可能与机会

尽管许多城市学家都意识到了城市集中化发展面临的问题，但事实上大都市的规模扩张仍然有增无减。有专家仍然认为大都市是城市发展的方向："是让大城市进一步发展，还是限制其发展，遍地城市化（或者城镇化）？我认为应该是让大城市进一步发展，因为大城市能最大限度地提高效率——无论是生产效率，生活效率，还是基础设施的效率。"①

这种形势下，城市分形发展有现实的可能吗？其实如果深入研究21世纪以来城市的发展就会发现，在城市大规模扩张的同时，分形化的趋势也悄悄浮现。

以阿里巴巴为代表的电商就是一个值得关注的例子：近年来网购的火爆对传统实体商店是一个沉重打击，而形形色色的实体零售商店和大型百货商场曾经是构造城市繁华的基础力量。而如今在大都市里，除了大型综合性体验式消费广场外，百货零售实体店积聚的传统商业中心的地位和重要性已是江河日下。

电商对传统消费空间具有明显的分形作用——把物理空间的集聚转向云空间的开发和分形扩散。云空间的分形作用造成了商业生态的异化，打破了大都市商业空间的实体性带来的等级化都市空间；以政府投入的基础设施建设为平台而形成的集体消费空间也随之受到影响。

今天的大都市所提供的公共服务远远超出了零售商品领域，交通、通信、教育、医疗、文化娱乐、社区环境等无数现代生活服务设施与功能的汇聚水平造成了城市土地成本和房价的差异，拉大了生活成本差距，因此而加剧了大都市与中小城市、高档社区与其他社区之间的不均衡发展和文化区隔。由于大都市社区发展的基础设施建设不仅依靠政府的投入，更需要商业资本进行开发，商业利益导向造成的社区不平衡发展似乎成了无法解决的顽疾。

然而自20世纪80年代起，由英国开创的PPP模式（公私合伙制）为城市基础建设与公共服务的均衡化开启了一种可能的新途径。近年来，复星集团回应中产阶层的主流消费模式和趋势，规划了以"健康蜂巢"为例的PPP城镇

---

① 周健工：《大数据视角：中国如何有效投资城市化》，《福布斯（中文版）》，2013年7月4日。

化模式试验。所谓"蜂巢"就是一种模块化分形建设的模式。这种蜂巢模式的做法是力图在一个蜂巢产品里将城市功能全部解决掉，去中心化、多中心化是蜂巢模式的核心。与传统的单功能、独立发展的卫星城相比，复星蜂巢城市具备功能多样、模块组合、无缝拼接、区域带动等更优化的发展特质。"城市去中心之后，会形成几个蜂巢，同质无缝连接，共享更完备的功能，蜂巢群落构成一个城市。"①

比 PPP 模式更进一步，美国城市学家萨森提出了"开源的城市化"观念。开源(open sources)，来自计算机技术的"开放源代码"概念，指网络化、公众化的参与共享机制，她认为该城市建设机制可推进城市向开放、多元和共享方向发展：

每个社区的人对城市都有一些与市中心、市政府、与专家不同的理解。每个人都有关于他们所在地的一些知识，尽管他们都不是城市专家。想象把所有这些多样的、有特殊知识的人连接到一个开源的网络中或一种维基式的网络中，使这些信息得以传播。市政府机构可以学到很多无法轻易获得的关于城市的知识。最终，这会从社区上升到一个城市的高度，一个从下往上运行的机制，导致变化和协作，产生一个被完全调动起积极性的社区和一种城市文化。②

从 PPP 到开源，这些探索性的城市建设理念核心是政府、企业和个人的广泛参与合作推进城市建设的多维分形发展。尽管这类建设模式都还处在探索阶段，但这些思维方式有助于破解大都市大规划集中式发展的固化思维模式，促进当代城市建设理念和实践的创新。

以公私合伙和开源方式建设的社区与大规模基础设施建设造就的高档社区相比，在硬件设施和集体消费水准方面很难达到同一档次。这是否意味着公共服务的不均衡性问题难以通过分享化建设解决？其实不尽然。事实是，随着移动互联、物联网和云空间技术的发展，越来越多高科技提供的公共服务、基础设施建设成本在迅速降低。以高资金投入的设施建设为基础的集体消费，正在迅速变成通过云空间运作的分形化服务消费。就拿高水平医疗来说，这是当今中国最昂贵、最稀缺的公共服务项目之一，也是只有极少数特大

① 《PPP 模式：复星蜂巢城市试验》，新华网，2015 年 11 月 6 日。
② 《面向未来 30 年的上海 萨斯基娅·萨森：答"全球城市"八问》，澎湃新闻，2015 年 11 月 6 日。

都市拥有的高度集中化资源。但马云却在首届世界互联网大会上说“30 年后让医生找不到工作”!

今后阿里想干的就是健康、快乐两个产业,如何让人更加健康,如何让人更加快乐?不是建更多的医院找更多的医生,更不是建更多的药厂,而是我们(投资)做对的话,30 年以后应该是医生找不到工作了,医院越来越少了,药厂少了很多……①

马云豪言壮语的底气从何而来?这就是他计划中通过云空间展开分形服务的“未来医院”计划:“未来支付宝将对医疗机构开放其平台能力,包括账户体系、移动平台、支付及金融解决方案、云计算能力、大数据平台等,以帮助医院在移动互联网时代变得更加高效。”随着大数据技术的发展和运用,高度集中的昂贵的公共服务资源将在云空间再度分配,通过移动互联网和物联网形成高度分形化的服务网络,打破目前社会服务资源分配方面的严重不均衡状态。

不仅医疗服务,教育、娱乐、艺术、文化、休闲、餐饮、旅游等各种服务和集体消费,都已经或可能在将来通过网络重新分配,成为分形化的资源。对于分形服务网络的形成和发展,小米科技创始人雷军有更具体而惊人的认识。他把当今互联网发展趋势分作三步:“第一,我认为移动互联网处于一个很重要的阶段,第二个是家庭互联网,第三个就是云服务。”简言之就是移动、家庭和云服务,发展的趋势是将服务网络渗透到家庭成员当中,形成家庭服务网络(Home Internet):

关于 Home Internet,我们有一个很基准的观念:即手机是世界的中心。所有的东西都是手机的外设,所以我们要把所有的设备连起来,包括你家里的摄像头和电视。然后我们用生态系统的思路来思考这个问题。将来你一回家,所有设备都连到手机上了。你离开家,家里所有的事情你都能知道,你家里空气和水的状况。然后摄像头,安全状况你都一清二楚,你一回家,家里人就知道你回来了,因为你的手机,你的手环,都在标示你的身份。② 这个听上去近乎恐怖的家庭空间渗透计划显示出云服务在重新分配服务资源方面几乎是无孔不入的分形化作用。许多人担心这种分形渗透的服务正在越来越深入地

---

① 子叶:《马云:30 年后让医生找不到工作》,传送门,2015 年 11 月 6 日。

② Russell Flannery:《雷军的第二个四年》,福布斯中文网,2014 年 12 月 4 日。

侵蚀着个人的隐私,与此同时这种服务的接受者数量却在迅猛增长。

那么,如何解决分形化空间与个人隐私之间的矛盾呢?雷军的回答是交换:

我拥有你所有的资料,但是你要授权给我,现在我们在全球都遭到隐私的投诉,打算干两件事情。第一件事情,是做一本隐私白皮书,请外国律师来审计我们是不是做到了,我们一定要用全球最高标准来管理隐私;第二件事情,我们会尽量做到数据本地化,同时制定全球最苛刻的关于隐私的白皮书,说明白我们每一件事做了什么,你要销毁你怎么销毁,你要我们不要你什么数据,就不要什么数据,我们一定要按照全球最高标准来做。①

不久前,纽约时报发表了一篇文章《调查显示大家并不真的在乎网络隐私安全》:"美国人说他们非常关注网络和手机上的隐私问题。他们说自己不信任网络公司或者政府能保护这种隐私。但他们仍然使用那些服务,同时交出自己的个人信息。皮尤研究中心(Pew Research Center)的一项新调查捕捉到了这种悖论。它发现,大部分美国人都觉得在分享个人信息时,自己所使用的通讯渠道并不安全,包括电子邮件、移动电话和固定电话……然而,目前美国人似乎满腹抱怨地接受了这个问题,把它当做数码时代生活必须付出的代价,抑或认为对之进行任何改变都为时已晚。"②

在对抗都市社会不均衡发展的同时,人们似乎更容易接受以隐私交换服务的这样一种新的社会空间构成模式。城市社区与社会服务分形化发展的趋势,意味着网络社会空间不仅是流动空间与本地空间的对立和并存,而且正在形成公共空间与个人隐秘空间之间的交错互渗。"隐私交换服务"可能将是未来城市社会发展中社会服务提供者与消费者之间博弈的重要形式。

---

① Russell Flannery:《雷军的第二个四年》,福布斯中文网,2014 年 12 月 4 日。

② 《调查显示大家并不真的在乎网络隐私安全》,纽约时报中文网,2015 年 11 月 6 日。

人文城市理念下的棚户区改造问题研究[①]

摘要：棚户区是城市快速扩展过程中城市功能不完全、发展不充分的重要体现。在新型城镇化建设的诉求下，“棚户区”作为城市的痼疾已受到广泛关注。其中资源枯竭型城市及独立工矿棚户区、三线企业集中地区的棚户区是最近一轮棚户区改造的重点对象。除了物质空间改造的“硬问题”值得关注和研究之外，居民对新生活的适应能力相关的“软问题”也在安置小区浮出水面，成为棚户区改造的新问题与不可忽视的热点。从人文城市建设理念出发，西方的贫民窟改造经历了由大规模、激进式物质空间改造和人口迁移到积极关注人与城市社会空间的平衡关系，强调公共参与，在已有的传统基础上逐渐改造的过程。其实质是将城市贫民窟改造方法由重物质空间的单一维度转变为重视人文历史环境继承与有机改善的人文思维方式。我国的棚户区改造应该从关注和适应新趋势，消除贫困文化入手，通过提高居民的参与度、加强制度建设和配套措施等途径转变棚户区改造重硬轻软、重物轻人的局面。

关键词：棚户区改造　贫民窟　人文城市

棚户区是在现代城市兴起过程中，伴随着城市空间规模的急速扩张，工业对大批量乡村劳动力的吸引出现的，也是城市快速扩展过程中功能不完全、发展不充分的重要体现。在新型城镇化建设的内在诉求下，“棚户区”作为挤占城市发展空间、阻碍市民享受现代城市文明、影响城市综合实力发展的痼疾已经受到了广泛关注，对于“棚户区改造”的理论研究与机制研究也已兵临城下。

---

① 本文系教育部哲学社会科学发展报告建设项目“中国都市化进程年度报告”（项目编号：10JBG011）阶段性成果。

一、我国棚户区的分类、改造重点与改造实践的现状

棚户区自现代城市发展之初就受到了社会科学学者的关注。恩格斯在《论住宅问题》中曾指出:“一个古老的文明国家像这样从工场手工业和小生产向大工业过渡,并且这个过渡还由于情况极其顺利而加速的时期,多半也就是‘住房短缺’的时期。一方面,大批农村工人突然被吸引到发展为工业中心的大城市里来;另一方面,这些老城市的布局已经不适合新的大工业的条件和与此相应的交通……出现了工人以及以工人为主顾的小商人和小手工业者的住房短缺。”①《英国工人阶级状况》也曾生动地揭示出了西方城市在工业化初期劳动人民的窘迫居住条件。从成因上看,我国的棚户区可基本分为四种,第一种是新中国成立前遗留下来的旧城区或城市欠发达地区,比如内蒙古包头市的北梁地区和上海的棚户区。第二种是厂区或矿区、林区、垦区及其周边搭建的简易职工住房,比如辽宁抚顺、阜新的矿山棚户区。第三种是改革开放以来被迅速扩展的城市所包围,却在生产生活方式、基础设施建设等方面还保留有一定农村特色的“城中村”。第四种是改革开放之后,城市流动人员在以上三种地区为主的土地上搭建的新棚户区。2013 年 7 月出台的《国务院发布关于加快棚户区改造工作的意见》明确提出,本轮棚户区改造“重点推进资源枯竭型城市及独立工矿棚户区、三线企业集中地区的棚户区改造”②,可以说建设的重点落在了前两种棚户区上。这两种棚户区的成因基本可归结为,在新中国建立的前三十年中,因集中优势经济资本进行工业建设,无力大规模建设“工人新村”等建筑形态以彻底替代棚户区而遗留下来的社会历史问题。加之“文革”后期国家在无力及时解决第二次生育高峰带来的住房问题情况下,在政策上允许居民在原住房基础上“推出一点、接长一点、扩大一点”③。集中造成了当下棚户区面积进一步膨胀,安全隐患持续上升,房屋产权复杂,拆迁难度加剧的综合性城市社会问题。

从现状来看,本轮棚户区改造的困难主要表现在以下两个方面:除了以

---

① 马克思、恩格斯著,中共中央马克思恩格斯列宁斯大林著作编译局编译:《马克思恩格斯选集 第 3 卷》,北京:人民出版社 1995 年 6 月版,第 131～132 页。

② 《国务院发布关于加快棚户区改造工作的意见(全文)》,中国新闻网,2013 年 7 月 12 日。

③ 印建平:《棚户区改造案例研究》,北京:中国城市出版社 2013 年 8 月版,第 6 页。

棚户区安置房建造问题为主的资金缺口较大、行政审批效率低、土地协调困难等“硬问题”之外,同棚户区居民对新生活的适应能力相关的“软问题”也随着改造实践的推进而逐渐浮出水面,成为棚户区改造不可忽视的热点。具体表现为:一是居民安置不到位,再就业、社会保障等民生问题突出,居民生活负担较重甚至加重。如内蒙古乌海市有的居民搬迁后一段时间之内出现基本生活费用增加,不少人步入了“住得起楼房、买不起馒头”的尴尬境地。① 二是社区管理制度不完善、不科学,社区凝聚力和自我管理能力较差。出现秩序乱,管理难,脏、乱、差现象明显,公共设施损坏率较高等问题。例如在武汉市和哈尔滨市的一些安置社区中,出现了一些住户将住房改装成商铺的现象,某一大型安置区还出现了100余部电梯在一年时间内14扇轿厢损坏,70多块按钮外护板被抠掉的现象。② 三是棚户区居民生活在改造后被打乱,日常生活与人际网络亟待重建,居民对新社区的认同感和归属感较差等问题。这些问题尽管在表现上千差万别,根本原因均在于居民的生存状态、价值观念、生活习惯与谋生方式并未完全摆脱棚户区落后的文化影响所致。这一问题如果不加以重视,很可能造成贫困的代际传递趋势的继续固化,使得“躺下的棚户区变站起来的棚户区”,从而使“人的城镇化”以及城市内部二元结构破除的目标落空。由于这些问题均可被归纳为相对于物质性空间再造的“硬环境”的、属于社会人文环境转变与再造的、文化方面的“软”问题,而要解决这一“软问题”,必须探索新的城市建设观念。

《国家新型城镇化规划》提出“注重人文城市建设”,“发掘城市文化资源,强化文化传承创新,把城市建设成为历史底蕴厚重、时代特色鲜明的人文魅力空间”③。这里所说的“人文城市”,不能片面性地将其定义为强调文化活动、文化传统在城市总体活动中的优先地位,而是“以文化资源为客观生产对象、以审美机能为主体劳动条件、以文化创意、艺术设计、景观创造等为中介与过程、以适合人的审美生存与全面发展的社会空间为目标的城市理念与形态”。④ 其核心在于避免片面强调文化的重要性与工具性功能,而将文化置于整体的社会生产机制中进行考量,并以文化功能与精神活动为城市核心凝聚机制。反

① 吴勇:《要破除城市内部二元结构(微观·不弃微小　方成善政)》,《人民日报》,2014年8月6日。
② 《关注棚改安置区后续管理》,《瞭望新闻周刊》,2014年2月17日第7期。
③ 《国家新型城镇化规划(2014～2020年)》,中华人民共和国中央人民政府网站,2014年3月16日。
④ 刘士林:《新中国的城市化进程及文化城市战略》,《文化艺术研究》,2010年第2期。

观我国当下的棚户区建设实践，硬件设施改造已经取得了阶段性成果，2008 年至 2012 年，全国改造各类棚户区 1 260 万户①，这些住进新房的居民已更多地面临适应新环境和新生活的“软问题”。根据计划 2013 年至 2017 年还将改造 1 000 万户②，单纯从国有工、矿、林区来说，就有 90 万户国有工矿（含煤矿）棚户区、30 万户国有林区棚户区和国有林场危旧房、80 万户国有垦区危房。③而位于资源枯竭型城市和三线企业较集中城市的棚户区更有地理位置较为偏远的问题，改造“硬问题”难度的增加实际上很大程度上昭示，其背后社会人文环境改造难度的更加严峻。因而可以说，以人文城市理念指导棚户区改造活动恰逢其时。

二、棚户区改造困境的文化阐释与我国城市化进程的人文转向

我国的棚户区同国外的贫民窟相比，虽然在表面上都有房屋简陋、居住拥挤、功能设施不完善、居住环境差的特点，但在形成原因和内在特点上，存在着同西方迥然不同的特殊性与复杂性。要在“人文城市”的宏观视角下，具体地考量我国资源枯竭型城市及独立工矿棚户区、三线企业集中地区棚户区中“软问题”的重要性，及其同“硬问题”以及整个棚户区改造之间的关系，就要运用城市棚户区、贫民窟的相关研究，为人文城市理念的介入提供切实的依据，并依国外治理的相关实践经验进行比照和验证。

在西方的社会学中，对于贫困的解释分为结构解释和文化解释两种。结构解释更加强调是社会、国家、政策、就业环境等外在于居民的要素造成了贫困。因而结构解释呼唤国家政策和社会的外援要素来帮助改变贫穷状况。文化解释则认为贫困群体内在的价值规范、行为态度、主观心理感受等作为个人组织和行为模式的源泉，是导致贫困的更加深层次的原因。在其看来，贫困更高意义上不是一种社会地位，而是一种长期存在的文化心理状态和整体性生活方式：“‘贫穷文化’……简而言之，那就是一种生活方式，相当稳固恒久，在家族内部世代传承。对家族成员来说，贫穷文化具有自身的模式，以及明显的社会和心理后果。它是影响其融入更高层次的全国性文化的重要动因，是自

①②③ 《为了 6 000 万棚户居民的安居梦》，《新华每日电讯》，2013 年 9 月 2 日。

成一体的亚文化。”[①]在其看来贫困文化可能诞生于社会转型中，但也可能在较稳定的社会环境中长时间维持，具有很强的内生性和代际传递性。“最常见的，是某种分层的社会经济制度处于崩溃或被另一种社会制度取代的过程，如封建主义制度向资本主义制度转变或者处于工业革命的时候……不过，这也并非绝对如此，因为即便是在非常稳定的社会体制下，贫穷文化也总会形成一种非常持久的状态。”[②]如果将解释聚焦到本轮的棚户区的重点改造对象上可知，两种取向的观点都无法通过非此即彼的选择和简单化的套用达到指导实践的目的。首先要通过对中国棚户区形成的历史原因和贫困代际传递固化趋势的考察，明确这两种解释在中国的现实情况中所能够发挥意义的边界和阐释的范围。

纵观新中国成立以来城市发展分期，“中国20世纪中前期以政体转型与建构为中心的近代化主题、20世纪后期以经济改革开放为中心的现代化主题以及21世纪初开启的以都市化为中心的后工业化主题相对应，新中国城市大体上经历了政治城市(1949～1978)、经济城市(1978～2005)与文化城市(2005年以来，以‘宜居指数’、‘生态指数’、‘幸福指数’等城市发展观为标志)三种城市化模式”。[③] 我国资源枯竭型城市及独立工矿棚户区、三线企业集中地区棚户区多形成于新中国建立之前和“政治型城市化”过程中，但是其作为一个贫困问题而凸显并逐渐扩大升级，则是在“经济型城市化”的阶段。具体而言，在将城市经济发展纳入政治需要的“政治型城市化”框架下，虽然不能创造足够的经济资本将棚户区的物质形态进行彻底改善，但社会管理上以单位制为核心的管理体制，邻里关系和业缘关系的相互叠加，物质上较高的福利待遇、较低的收入差距，在思想意识上的高度群体认同使得我国资源型城市及独立工矿棚户区、三线企业集中地区棚户区仍然能够保持较为健康稳定的城市肌体。但是在由“政治型城市”向“经济型城市”转变的总体背景下，城市功能由“政体转型与建构”转变为了“经济改革开放”[④]。其造成的影响在于：首先在物质生产上市场经济体制的引入、大量国企经济效益的下滑与工人失业、资源型城市

---

① [美]奥斯卡·刘易斯著，李雪顺译：《桑切斯的孩子们——一个墨西哥家庭的自传》，上海：上海译文出版社2014年7月版，导言第14页。

② 同上，第14～15页。

③④ 刘士林：《文化城市与中国城市发展方式转型及创新》，《上海交通大学学报(哲学社会科学版)》，2010年第3期。

可开采资源的枯竭造成了棚户区居民物质上的贫困;社会体制上单位制组织管理体系、福利保障体系的解体、原社区由提供医疗、教育等多方面的社会服务迅速蜕变为仅能勉强提供基本公共服务的尴尬境地,集中造成了居民在社会上的边缘化位置。以本溪矿务局为例,其新中国成立以来为国家生产煤炭1.3亿余吨,但到了1998年却亏损6亿元,1999年7月正式实施破产,破产前有在职和离退休人员高达5万余人,引发一系列养老、医疗保险接续等问题。① 其次原有计划经济时代"单位办社会"的封闭性和"大锅饭"体制所产生的,依赖单位的惰性思维方式、价值观念无法产生出适应现代城市市场经济环境的"独立""理性"意识,反而生发出沉闷消极的"泛政治化"心理和"等、靠、要"依赖意识,很难形成依靠自身劳动禀赋积极创业改变当下贫困状态的精神动力。以东北地区棚户区改造之前的抚顺市为例,在落后时期平均每10户家庭中仅有1.34人在岗,居住在棚户区的居民70%以上属于低保户和低保边缘户。② 因而可以说首先是社会转型造成的结构变迁导致了物质贫困,其后是内在的文化因素完成了贫困固化和代际传递,最后形成了恶性循环。长此以往有经济条件的人开始逐渐搬离棚户区,进入棚户区的又大多为新的贫困群体,导致棚户区发展停滞,活力降低,演变成游离于中国城市体系之外的"孤岛",也给相关部门造成了不好管理、难于管理的不良印象。2000～2002年,抚顺市75%的凶杀案作案人员来自棚户区,2003年抚顺共发生去省进京集体上访205批次,平均每个工作日集体围堵市委、市政府或封桥堵路7批次。③ 若任其自由发展,"贫困的循环"极有可能进一步加剧和固化,向"永久性贫民区"发展。以原抚矿集团棚户区为例,28%的家庭离婚,14%的家庭子女辍学,69%的家庭有病人。④ 而2012年抚顺市棚改新区居民学历的调查显示,学历为初中和小学的占居民总数的78%。⑤

由此可见,结构解释为本轮的棚户区的重点改造对象提供了认识贫困历史原因的语境,否则便无法客观地看待和理解社会转型过程中棚户区的形成。

---

① 王重旭:《大庇天下:辽宁棚户区改造纪实》,沈阳:白山出版社2012年10月版,第21～22页。

② 《解决世界性难题》,《光明日报》第1版,2010年5月20日。

③④ 郑文升等:《城市低收入住区治理与克服城市贫困——基于对深圳"城中村"和老工业基地城市"棚户区"的分析》,《城市规划》,2007年第5期。

⑤ 倪鹏飞等:《城市化进程中低收入居民住区发展模式探索——中国辽宁棚户区改造的经验》,北京:社会科学文献出版社2012年9月版,第191页。

而从治理上来讲,就需要采用文化解释的方法才能够正确认识贫困代际传递固化这一现实的内部作用机制,否则便无法对当下中国棚户区的持续衰落问题形成全面客观的认识。人文城市理念认为,城市的建设不仅仅是物质方面的丰富,更要提升人的生活质量和推动个体全面发展为社会发展目标。以人本主义城市研究学者刘易斯·芒福德的观点,城市之所以为城市,其本质区别并非是物质上的丰盈,而是"文化的归极(Polarization)"①,如果城市的内在文化精神受到损害,无法形成积极的共生关系与合作关系,即使物质再强大也难以为继。因而建设文化城市必须培养适应城市生存环境、符合城市发展规律的"真正的城市人"。在棚户区的物质空间问题逐渐解决、人文社会等深层问题逐渐浮上水面的时候,这一理论特别具有指导性意义。

三、国外棚户区改造的实践经验与启示

我国城市化的人文转向决定了棚户区在积极创造物质条件的基础上关注"软问题"。这也是国外贫民区改造的经验和启示。从西方的贫民区改造经验来看,其经历了由大规模、激进式物质空间改造和人口迁移到积极关注人与城市社会空间的平衡关系,强调公共参与,在已有的传统基础上逐渐改造的过程。其实质是将城市贫民区改造方法由重物质空间的单一维度转变为重视人文历史环境继承与有机改善的人文思维方式。这一转变暗合了城市规划由单纯的物质空间塑造逐步转向对城市社会文化的探索,过程可以从两方面进行理解:一方面城市的确有物质空间上进行改建的必要,此后软环境的提升才会有实际意义。另一方面贫民区改建实践的过程也是逐渐意识到内生人文环境对贫民区可持续性发展,包括城市的可持续发展所起到的至关重要作用的过程。

以美国为例,简·雅各布斯在《美国大都市的死与生》中针对直接分散贫民区居民、消灭贫民区进行整体性改建的治理行为时批评道:"这样的行为并不是真的在解决问题,而只是在纠缠于一些表面征兆。有时候,这些计划的那些执行者们认为某些现象极其重要,但其实它们只是反映了以往的问题,从中

① [美]刘易斯·芒福德著,宋俊岭、倪文彦译:《城市发展史——起源、演变和前景》,北京:中国建筑工业出版社,2005年2月版,第91页。

根本看不出现在或将来要面临的问题。”[①]作者认为，美国的贫民区是否会走出贫困，更高意义上是由内生的社会环境是否活跃、内外部居民是否认对此地有认同决定的。以各种硬件统计指标为标准的城市改造政策往往只会导致物质空间层面的生硬改造，造成市民自组织和谐关系的被动性改变与破坏，结果是消灭了贫民区原本欣欣向荣的人文社会环境，促使其走向真正的衰落。另外通过梳理巴西政府对贫民区的改造实践可知，20 世纪 70 年代主要通过动迁来实施改造，对一些违规建筑采取了拆除措施，并将居民转移到离市区较远的地区居住，但却因这些地区缺乏基本的公共设施而加重了城市负担。80～90 年代主要通过建设基础设施、增加卫生服务等工作进行改善，但因为投入较少，不够全面而收效不好，21 世纪初巴西棚户区猖獗的犯罪活动严重扰乱了社会。如今巴西政府采取了更为全面的改造计划，在物质空间上面对贫民区的基础设施进行完善，在社会建设上通过“第一次就业计划”“帮助青年就业计划”“无贫困”计划等保证年轻人掌握生活经济来源的一技之长，同时促进居住合法化，派驻警察维持治安，积极发展公共服务，促使贫民区演变为新的城市社区。[②] 可谓也经历了一个由单纯注重物质层面的改造到物质改造、社会人文环境改造双管齐下的过程。从根本上说，也印证了人文城市理念中文化作为城市本质的论断，并印证了促成内生良性人文环境形成的必要性。

四、人文城市理念下的棚户区改造的对策和建议

总而言之，无论是理论层面的城市棚户区、贫民区研究，还是实践层面的棚户区改造行为，都经历了重“外在物质因素”到重“内生文化因素”、由“物质空间改造”到“社会人文环境更新”的过程。棚户区“软问题”的解决甚至在某种程度上是决定前期物质空间改造是否能够发挥原有作用的决定性因素。而“人文城市”的理念正是在当下国内棚户区改造重物质空间改造，轻人文社会环境再造倾向的补救之法。改造实践不应仅限于筹措资金建设安置小区，更要打破棚户区正在形成的“贫困循环”，对“软性”的社会结构、生活习惯、价值

① ［加］简·雅各布斯著，金衡山译：《美国大都市的死与生》，南京：译林出版社 2006 年 8 月版，第 247 页。

② 颜欢、王海林、丁刚：《艰难的蜕变（记者观察）——探访巴西贫民窟改造工程》，《人民日报》第 23 版，2013 年 7 月 4 日。

观念等进行整体性的“更新”，培育其创造新生活的“造血”能力，使其有能力回归当代城市的主流社会生活方式，只有斩断棚户区内居民根深蒂固的消极心理，破除贫困的代际传递趋势，恢复棚户区的社区活力，棚户区的改造才能算是真正完成。据此我们建议：

1. 在棚户区的物质空间改造中，搭建开放、便捷、有效的公众参与平台，使棚户区改造工作由“被动型”的管理转为“主动型”的参与。一方面能够节省动迁过程中的行政成本，另一方面为今后安置区的社会治理打下较为坚实的基础。具体而言就是尊重和充分利用棚户区长期以来形成的邻里关系与社会网络，发挥社区调动居民参与治理的自觉性，促进各个搬迁社会群体之间的互动。例如宁夏石嘴山市在棚户区改造过程中尝试成立居民自治改造委员会，一开始就让百姓进入，监督征地拆迁工作，截至 2013 年底石嘴山新建、续建保障性安置住房和棚户区改造安置住房 2 万多套，推进过程顺利。① 包头北梁棚改先后有 56 个部门深入到居民家中开展工作，充分尊重和保护被拆迁群众话语权，认真倾听群众心声，收到了较好的效果，并形成了“北梁经验”。② 此外还有四川成都市曹家巷的“自主改造”③等。资源枯竭型城市、独立工矿区和三线企业集中地区的棚户区普遍拥有“单位制”的历史传统，残留有高组织性，邻里关系和业缘关系相互叠加，归属感较强的文化历史遗产等特点，利用并充分释放其组织性与自觉性，更有可能为日后生活方式的转变打下良好基础。

2. 完善棚户区政策机制及配套措施，推动棚户区改造“后棚改问题”的治理制度化、规范化、法治化。这一问题是大部分棚户区刚改造完成后即将面对的问题，也是安置小区是否会有一个较为稳固的物质基础问题。要求以充分保证棚户区居民生活水平与小区生活秩序，特别是以稳定新搬进安置区居民的物质生活水平为目标，帮助解决在房屋置换之后生活成本上升等新问题，建立全方位的社会保障体系、完整的社区配套设施及促进再就业制度。将“授之以鱼”变为“授之以渔”。其建设经验有武汉市青山区青宜社区组建的自治队伍④，内蒙古自治区乌海市提出的贫困人口的十项公共服务全覆盖、高标准、可

---

① 彭友东：《社会共治需要更多平台(治理者说)》，《人民日报》第 5 版，2014 年 4 月 30 日。

② 吴勇：《包头北梁：群众路线贯穿棚改每个环节》，《人民日报》第 13 版，2014 年 3 月 18 日。

③ 《曹家巷“自主改造”模式探索》，《瞭望新闻周刊》，2014 年 2 月 17 日第 7 期。

④ 《关注棚改安置区后续管理》，《瞭望新闻周刊》，2014 年 2 月 17 日第 7 期。

持续[①]等。

3. 以文化资源保护、文化心态涵养、文化价值建设、文化素质提升为重点,消除棚户区的贫困文化。这是判断棚户区改造是否真正成功的关键环节,同时也是棚户区改造最困难的问题。消除贫困文化需积极促进和关注安置小区居民内部、安置小区居民同外界新社会关系网络的形成,以社区活动激活和强化安置小区的社会活力,通过提供各种公共服务提高居民素质、丰富居民精神文化生活,塑造新型的社区文化,断绝棚户区居民“贫困文化”的再生产。但是对于城市二元结构较为明显、现代化水平相对不足的中国棚户区而言,直接以现代化、标准化的社区治理方式并不一定能够取得较好的成果,这一过程必须同激活社区传统文化,挖掘区域历史文化资源与棚户区居民已经形成的生活方式遗产相结合,以棚户区改造实践先行的辽宁省为例,其立足于典型的东北地区思维方式、价值行为规范,通过挖掘东北工业城市长时间以来的单位制生活方式遗产,制定了建立以党委为核心的社区组织,将原来处于维持状态的社区组织传统重新激活,在提供各种公共服务之外,还会提供如疏通居民诉求渠道等具有一定地方文化特色的民生服务,将其作为居民自主治理、联系居民与政府的社会治理主体,为改造棚户区的贫困文化提供了地方经验。[②]

① 吴勇:《要破除城市内部二元结构(微观 · 不弃微小　方成善政)》,《人民日报》第 14 版,2014 年 8 月 6 日。

② 倪鹏飞等:《城市化进程中低收入居民住区发展模式探索——中国辽宁棚户区改造的经验》,北京:社会科学文献出版社 2012 年 9 月版,第 194～196 页。

理论参考

城市群的全球化进程及中国经验

美国东北部海岸城市群的发展理念和思路

改革开放以来上海空间文化变迁研究

城市群的全球化进程及中国经验

内容提要：城市群不仅是一个内涵空前复杂的"宏大叙事"，也是一场直接涉及亿万人利益和命运的现实进程，理所当然要成为当今城市研究的核心与焦点问题。世界城市群最突出的变化与趋势，从城市人口上看，世界各城市群都有较大的增长和扩展；从区域和经济发展上看，一些城市群出现了跨越州、市及跨国化的趋势，同时也是当今世界最有影响的经济区；在城市群模式上，则是日益呈现出特色化的发展趋势。城市群研究的重要意义在于，不仅敏锐把握了人类城市化的最新形态与模式，也为当代人深入认识城市世界提供了新的理论、方法和框架。与西方城市群最重视的是自然空间演化、城市形态蔓延、空间距离改变等不同，中国城市群在理论研究和现实实践中更多受制于"时间"要素，充分照顾城市群自然成长和演化的内在规律，是我国城市群研究特别需要注意的问题，也是决定我国城市群建设质量和发展水平的关键所在。

关键词：城市群　戈特曼　经济区　大都市　都市化

当今世界是城市世界，城市群具有核心与支配地位。关于这一点，从城市群[①]的相关界定就可知晓。《牛津地理学词典》对城市群的界定义是："任何超过1 000万居民的众多中心、多城市、城市区域，通常由低密度的定居和复杂的经济专门化网络所支配。"城市群理论的始作俑者戈特曼认为城市群有五项标准：一是区域内有比较密集的城市；二是有相当多的大城市各自形成都市区，核心城市与都市区外围社会经济联系密切；三是有联系方便的交通走廊把核心城市联系起来，都市区之间有密切的社会经济联系；四是人口须达到 2 500

① 英文为Megalopolis，这个概念在中国有都市群、都市圈、大都市带等多种译法，本文据《中共中央关于制定国民经济和社会发展第十一个五年规划的建议》统称为城市群。

万左右；五是国家核心区域，同时也是国际交通枢纽。① 《2010 中国城市群发展报告》则初步提出了城市群的中国标准：一是"城市群内都市圈或大城市数量不少于 3 个，至少有 1 个特大或超大城市为核心"；二是"人口规模不低于2 000万人"；三是"城市化水平大于 50%，非农产业产值比率超过 70%"；四是"人均 GDP 超过 3 000 美元，经济密度大于 500 万元人民币/平方公里"等。② 综上可知，与传统城市相比，城市群最突出的特征是空间规模广阔、人口数量巨大、经济高度发达及区域内密切的交通与社会联系。进一步说，城市群不仅是一个内涵空前复杂的"宏大叙事"，也是一场直接涉及亿万人利益和命运的现实进程，理所当然要成为当今城市研究的核心与焦点问题。在全球化背景下，对城市群的概念和现实进程展开全面梳理和深入讨论，既有助于把握我们生活于其中的当代现实世界的特征、主流和趋势，也有助于重建被这一历史进程冲击和扰乱了的生活方式和精神世界。

一、城市群概念的发生及其在中国的传播

与人口和资源在空间流动和分布上相对均衡的城市化(Urbanization)相比，我们把当代以"大都市"和"城市群"为中心的人口与资源集聚模式称为都市化(Metropolitanization)，其突出特点是作为人类城市顶级形态的"国际化大都市"与"世界级城市群"，成为推动当今世界发展和社会变迁的核心机制与主要力量③。与此同时，在城市理论研究及社会舆情上，"大都市"和"城市群"也迅速成为广泛流行的"高频词"。但另一方面，这又使人很容易想到海德格尔当年面对"存在"这个概念时的巨大困惑，他说："当你们用'存在着'这个词的时候，显然你们早就熟悉这究竟是什么意思。不过，虽然我们也曾相信领会了它，现在却茫然失措了。"④仿此也可追问，我们是对当下随处可见的"大都市""城市群"也未必真正懂得和理解了。尽管大都市与城市群的关系比较复杂，但实际上大都市就是城市群，或者说理想的当代大都市一定是以城市群的

① 程相占：《西方大都市带思想要略》，载于刘士林主编：《2007 中国都市化进程报告》，上海人民出版社 2008 年版，第 118 页。

② 《中国城市群发展迅速增至 23 个功能定位日益清晰》，《人民日报(海外版)》，2012 年 4 月 4 日。

③ 刘士林：《都市化进程论》，《学术月刊》，2006 年第 12 期。

④ ［德］海德格尔著，陈嘉映译：《存在与时间》，三联书店 1987 年版，第 1 页。

形态出现的。对城市群这个概念的来源和流变加以梳理和阐释，可以为刚步入城市时代的人类提供一种清晰的“内在观念”。

从概念的起源看，城市群是从大城市演化而来的。城市群的英文拼写为“Megalopolis”，来自希腊词汇，本义是指“巨大城市”。据西方学者的考证，这个术语在1820年代就已是一个常用词，意为“大城市”，以区别于通常使用的“City”(城市)。但另一方面，在当时它主要是一个带有道德价值与情感色彩的轻蔑语，用以表达城市社会学者对过度城市化及其引发的“城市病”的不满与批评。① 这种态度一直延续下来，如芒福德曾把城市分为“生态城市”(Ecopolif)、“城市”(Polis)、“大城市”(Metropolis)、“特大城市”(Megalopolis)与“暴君城”(Tyrannopolis)五个阶段②。在他看来，“特大城市”与“暴君城”均是城市停止发展、走向衰竭的产物，也可以说城市发展到这一阶段已不可救药。在否定语境中，尽管Megalopolis的使用十分普遍，但由于未能真正揭示出这个概念特有的当代内涵与意义，所以只能看做是城市群概念和理论发展中的一个插曲。就此而言，只有到了20世纪60年代初，在戈特曼发表了著名的《城市群：美国城市化的东北部海岸》之后，城市群这个概念才真正成为一个当代性范畴。

对此过程加以简单回顾，有助于把握城市群的确切内涵。戈特曼于1915年出生在一个富裕的犹太家庭，早年曾在巴黎大学学习地理和历史。1937年，戈特曼进入梭尔邦大学任人类地理学的研究助理。1940年，纳粹占领巴黎，身为犹太人的戈特曼被迫离开，并于1941年底辗转来到美国。尽管这是很大的打击和不幸，但却为戈特曼研究美国东北海岸的城市化提供了契机。1961年，戈特曼发表《城市群：美国城市化的东北部海岸》，第一次使用了“城市群”(Megalopolis)概念来命名其研究对象。这个对象的基本情况是：沿美国高速公路U. S. I轴(axis)绵延大约500英里，主要由波士顿、纽约、费城、巴尔的摩和华盛顿5个较大的大都市区组成。按照1950年的统计，其中每个大都市区的人口都超过了100万，同时，在这5个大都市区之间和西邻还有其他大都市区，其中任何一个的人口都在20万至80万之间。③ 巨大的空间与人口

① 程相占：《西方大都市带思想要略》，载于刘士林主编：《2007中国都市化进程报告》，上海人民出版社2008年版，第118页。

② 参看康少邦等编译：《城市社会学》，浙江人民出版社1986年版，第217～219页。

③ 盛蓉：《大都市带理论的发生背景、生活方式变革与价值理念》，《艺术百家》，2011年第6期。

及区域内密集的经济、交通和通信联系，使他很难再用传统意义的“城市”来描述它。在正式启用这个概念之前，戈特曼本人还用过“连绵的大城市链条”(continuous chain of impressive cities)“城市链”(the urban chain)等。但他最终选择了希腊词汇 megalopolis(巨大城市)，同时为了与传统意义上的“大城市”相区别，他还特意将其第一个字母大写。“城市群”(在中国，也被不同学者译为都市带、大都市连绵区等)的概念由此诞生。

之所以把戈特曼称为城市群理论之父，不仅是他首次以 Megalopolis 来为城市群命名，更重要的在于：一是他超越了 19 世纪以来城市社会学对 Megalopolis 的道德批判语境和价值态度，使一种针对城市群的客观和理性研究成为可能；二是他为这个概念赋予了全新的质的内涵和意义，揭示出当今城市从传统的单体城市向城市共同体转型发展的新模式与新形态。Megalopolis 不仅在规模和体量上远远超过了传统大城市，在功能与形态上与后者也有了本质的差异。具体说来，这一新型大都市不是几个或较多城市在数量上的相加，而是以现代交通和通信技术为基础和手段，使区域内的单体城市打破了彼此间在行政区划与城市功能上的对立，并在经济、社会、文化上演化为具有明显层级分工体系的城市群。这一概念和理论刷新了我们传统的观念和认识，如传统城市发展主要依赖于国家、民族和行政区划，但城市群第一次打破了这个框架。如北美五大湖一带的多伦多、蒙特利尔、芝加哥、底特律等，如长三角区域内的苏州、无锡、常熟与上海，这些城市之间在经济社会上的密切联系程度，实际上都超越了与其所属国家或行政省的联系。进一步说，Megalopolis 既是传统大城市概念的进一步延展，也是人类城市发展的当代模式与最新形态，其最突出的特征在于：这种新型大都市不再是单体城市而是一个城市共同体。就此而言，也可以说“大都市就是城市群”。如西方学者曾评价说：“现代城市不是被孤立地仅仅作为有限区域的中心而被评论的，而是作为一个‘城市系统’(city-systems)、作为在持续扩展的轨道中旋转的城市网络之参与者而被评论的。”①

20 世纪 80 年代，城市群的概念和理论传播到中国，并随着推进长三角经济一体化的国家战略而备受重视。“Megalopolis”在中国有“都市圈”(史育

① Lang, Robert E. Beyond Megalopolis: Exploring American's New "Megapolitan" Geography, 2005, http://www.mi.vt.edu/uploads/MegaCensusReport.pdf, 2006.04.01.

龙)、“大都市圈”(张颢瀚、张超)、“大都市带”(周一星)、“大都市连绵区”(王旭)等译名。可能是因为中国城市化及城市一体化的水平比较低,国内学者在90年代提出了不同于Megalopolis的“城市群”(urban agglomerations)概念,即“在特定的地域范围内具有相当数量的不同性质、类型和等级规模的城市,依托一定的自然环境条件,以一个或两个特大或大城市作为地区经济的核心,借助于现代化的交通工具和综合运输网的通达性以及高度发达的信息网络,发生与发展着城市个体之间的内在联系,共同构成一个相对完整的城市‘集合体’”。同时,也有学者细分为以国家级大都市为中心的国家城市群(national urban agglomerations)、以区域性大都市为中心的地区城市群(regional urban agglomerations)、以地方中心组织起来的日常城市群(daily urban agglomerations)[①]尽管这是在中国本土最早看到的“城市群”用法,但其在基本内涵上与“Megalopolis”十分接近,同时在实际影响上也未能超过前者。直到2005年底,《中共中央关于制定国民经济和社会发展第十一个五年规划的建议》发布,城市群(Megalopolis)首次进入国家战略框架体系,成为涵盖“都市群”“都市圈”“大都市圈”“大都市带”“大都市连绵区”及“城市群”(urban agglomerations)的合法概念。但正所谓“树欲静而风不止”,由于习惯和缺乏必要的自觉意识,这些称谓在学术研究、政策规划及媒体上一直混合使用,在理解、表述与沟通上制造了不少麻烦和错乱。所谓“名不正则言不顺”(《论语・子路》,在概念和用法上规范和统一应成为城市群研究的一个基础性工作。

此外,还有一点需要说明的是,西方学术界和研究机构对我国城市群的反应和态度。尽管戈特曼在1976年发表《全球大都市带体系》时就提到“以上海为中心的城市密集区”——这很可能与上海曾作为“远东第一大都市”的世界地位和影响有关。但长期以来,西方学者对中国其他区域和城市群关注有限。近年来这一状况与态度发生了重要改变,如一家国际调研公司在2010年研究报告中就预测,中国在5～10年内至少将形成22个大型城市群落,涵盖中国815个城市中的606个,占城市人口的82%,预计到2015年将占据城市GDP的92%。[②] 这表明我国城市群开始进入世界研究的视野,在全球化进程中的地位和影响与日俱增。

---

① 朱明英:《城市群经济空间分析》,科学出版社2004年版,第4、64～65页。

② 陆培法:《中国城市群融合水到渠成　经济版图正在重新绘制》,新华网,2010年10月9日。

二、全球城市群的发展历程及现状描述

受西方“逆城市化”思潮影响，一些西方学者提出了“大都市衰亡论”。这在某种意义上仍是 19 世纪对大城市道德评价的延续。从客观看，“这在西方国家只是过渡性的临时现象，而非城市发展的主导和必然的趋势。……大量数据说明，在美国城市化过程中，大城市一直呈优先发展局面，尤其是在 20 世纪，大城市在完成竖向发展后，进入横向发展阶段，形成了大都市区和大城市连绵区或大城市带。这种大都市区化，是人口在一个更广范围内或是更高层次上的集中”。① 受其影响，“逆城市化”及“反对大都市”的质疑和批评在我国一直不绝于耳，有时还很激烈和突出。在此背景下，对全球城市群发展的真实历程和现状展开客观和理性的分析，很有必要和现实意义。

和城市发展一样，城市群同样是西方发展在前，世界其他区域发展相对迟缓，并主要是在美国、欧洲影响下“迫而后动”的结果。根据我们掌握的资料，可将城市群进程划分为发生、拓展和主流化三个历史阶段。前两个阶段都可以戈特曼为中心来说明。首先，以 1941 年戈特曼开始对美国东北部城市化展开研究为起点，到 1961 年《城市群：美国城市化的东北部海岸》发表，是城市群的孕育、准备和诞生阶段。以纽约为首位城市的“波士沃施”(Bos-Wash)城市群，就作为人类历史上第一个城市群诞生于此际。同时，这也标志着以大都市和城市群为中心的都市化进程正式拉开序幕。其次，以戈特曼 1976 年在《城市和区域规划学》杂志发表《全球大都市带体系》为标志，城市群进程在全球开始进入传播和拓展阶段。在该文中，戈特曼明确提出世界六大都市带理论，即：(1) 从波士顿经纽约、费城、巴尔的摩到华盛顿的美国东北部大都市带；(2) 从芝加哥向东经底特律、克利夫兰到匹兹堡的大湖都市带；(3) 从东京、横滨经名古屋、大阪到神户的日本太平洋沿岸大都市带；(4) 从伦敦经伯明翰到曼彻斯特、利物浦的英格兰大都市带；(5) 从阿姆斯特丹到鲁尔和法国西北部工业聚集体的西北欧大都市带；(6) 以上海为中心的城市密集区。这个城市群谱系至今仍有很大的影响，如上海一直在讨论“离世界第六大城市群有多远”，如珠三角城市群等对到底谁是第六大城市群并不认同戈特曼的说法。

① 王旭：《美国城市化的历史解读》，岳麓书社 2003 年版，序言第 3～4 页。

经历了半个世纪的积累和准备之后，都市化进程在21世纪成为全球城市发展主流。一方面，城市群在其发源地美国仍在高速地增长。据2005年7月发布的《超越大都市带：美国新"大都市带"地理扫描》调查报告，美国已形成10个大都市带区域(Megapolitan area)，其中大都市还出现了"成对"分布的新趋势。具体说来，美国"第一对大都市带"是东北部和中西部，其成对的大都市为纽约与芝加哥。其他几个分别是，皮拉蒙特高原大都市带区域和佛罗里达半岛大都市带区域组成"新南方"对子，其成对大都市为亚特兰大和迈阿密；"大得克萨斯"对子由墨西哥湾沿岸大都市带和I—35走廊组成，其成对大都市为休斯敦和达拉斯；西部的两对大都市带分别是"大峡谷"和埃科透匹亚(Ecotopia)，前者由南部陆地大都市带和阳光峡谷都市带组成，成对大都市为洛杉矶和菲尼克斯；后者由北加州大都市带和卡斯卡特大都市带组成，成对大都市为旧金山和西雅图。① 这种成对状分布的新趋势表明城市群在内在机制上更加完善，同时也意味着衰落的可能性愈加渺茫。另一方面，城市天生是最活跃的经济体，在半个世纪之后，城市群在世界经济中已成中流砥柱。这方面的研究很多，在此仅以西方学者Florida(弗罗里达)的研究为中心作一简要扫描，Florida的研究对象主要是在全球经济产出排名中超过1 000亿美元的前40个城市群，从总体上说，这40大城市群的经济产出之和占到世界总量的66%，而在全球创新中所占的比例则高达85%。② 同时，最重要的是，这40个城市群分别位于北美、欧洲、亚洲、新兴经济体和其他地区，这至少表明在区域经济发展上，最发达的城市群已成为决定当今世界的核心空间与主导机制。

在Florida的研究中，涉及当今世界城市群进程的最新状况。目前，南北美洲有城市群13个，欧洲有12个，亚洲有13个。根据他的研究，世界城市群最突出的变化与趋势，可从以下三方面来了解：首先，从城市人口上看，世界各城市群都有较大的增长和扩展。在美洲，世界第二大城市群波士顿-纽约-华盛顿廊道(Bos-Wash corridor)目前人口为5 430万，比1961年戈特曼最初命名时增长了18%；芝加哥-匹兹堡城市群(被戈特曼称为Chi-Pitts)目前的面积和人口分别为10万平方英里和4 600万。其他如环旧金山市湾区的北加州

① Lang, Robert E. Beyond Megalopolis: Exploring American's New "Megapolitan" Geography, 2005, http://www.mi.vt.edu/uploads/MegaCensusReport.pdf, 2006.04.01.

② Richard Florida et al. The Rise of the Megaregions. Cambridge journal of regions, economy and society, 2008, 1(3): 459～476.

城市群(Nor-Cal)人口为 1 280 万;夏洛特-亚特兰大城市群(Char-lanta)人口为 2 200 万;得克萨斯州的经济三角——达拉斯-圣安东尼奥-奥斯汀城市群(Dal-Austin)人口为 1 000 万;同样在得克萨斯州的休斯敦-新奥尔良城市群(Hou-Orleans)人口为 1 000 万。在拉丁美洲,大墨西哥城区域人口目前为 4 550 万,从圣保罗延伸至里约热内卢的巴西城市群人口为 4 300 万。在欧洲,跨越萨姆斯特丹-鹿特丹、鲁尔-科隆、布鲁塞尔-安特卫普、里尔的欧洲最大城市群阿姆斯特丹-布鲁塞尔一带人口为 5 920 万;排在第二的是英格兰城市群(Lon-Leed-Chester)——从伦敦延伸至利兹、曼彻斯特、利物浦和伯明翰人口为 5 000 万;跨越米兰、罗马和都灵的意大利城市群(Rome-Milan-Turin)人口为 4 800 万;包括斯图加特、法兰克福和曼海姆的德国城市群(Frank-Gart)人口为 2 300 万;大巴黎(Paris)人口为 1 470 万;欧洲阳光地带城市群(Euro-Sunbelt: Barcelona-Lyon)人口为 2 500 万。此外,欧洲城市群还包括维也纳-布达佩斯城市群(Vienna-Budapest)、布拉格(Prague)、里斯本(Lisbon)、苏格兰的格拉斯哥-爱丁堡城市群(Glas-burgh)、马德里(Madrid)、柏林(Berlin)等。在亚洲,日本的大东京城市群(Greater Tokyo)人口为 5 500 万,是目前世界上最大的城市群之一;从大阪延伸至长崎的大阪-名古屋城市群(Osaka-Nagoya)人口为 3 600 万;Fuku-kyushu 城市群人口为 1 850 万;大札幌城市群人口为 430 万。韩国的首尔-釜山城市群人口为 4 600 万。泰国的曼谷(Bangkok)城市群人口为 1 900 万。大新加坡地区(Greater Singapore)人口为 600 万。中国有三大城市群列入其中,香港-深圳城市群(Hong-zhen)人口为 4 490万;上海城市群(Shanghai)人口为 6 600 万;北京城市群(Beijing)人口为 4 300 万。印度据称已形成德里-拉合尔(Delhi-Lahore)、班加罗尔-金奈(Bangalore-Madras)、孟买-浦那(Mumbai-Poona)三个城市群,但相关数据不详。其次,从区域和经济发展上看,一些城市群出现了跨越州、市及跨国化的趋势,同时也是当今世界最有影响的经济区。如南加州城市群(So-Cal)跨越的区域包括洛杉矶、圣地亚哥和墨西哥蒂华纳;卡斯卡迪亚(Cascadia)城市群由美国的波特兰、俄勒冈、西雅图延伸到加拿大的温哥华;欧洲阳光地带(Euro-Sunbelt: Barcelona-Lyon)城市群从西班牙的巴塞罗那延伸至德国的马赛、法国的里昂;大新加坡地区(Greater Singapore)有约 200 万人口已蔓延至马来西亚。同时,一些城市群在世界经济中的地位越来越重要,如目前欧洲最大的城市群 Am-Brus-Twerp 在产出上超过了加拿大、中国和意大利;意大利城市群(Rome-Milan-Turin)是欧洲第三大经济聚集区。再次,在城市群模式上,则是日益呈现出特色化的发展趋势。如大东京城市群(Greater Tokyo)的全球竞争优势包括金融、设计和高科技发展;如北加州城市群(Nor-Cal)是技术产业和风险投资的领先中心,有很多世界级大学;Cascadia 城市群的优势是技术性产业,特别是软件出版和航空制造;意大利城市群(Rome-Milan-Turin)是潮流和产业设计的领先中心。由于可以有效避免同质化,形成发展优势,所以这种特色发展模式是很值得注意的。此外,还有一些特殊的经验与问题,如在人口上的减少和空间的扩展,前者如一些新城市群的人口低于《牛津地理学词典》提出的 1 000 万标准,如凤凰-图森城市群人口为 470 万,而丹佛-博尔德城市群只有 370 万。后者如有研究表明,日本四大城市群之间的界限正在变模糊,有可能发展为一个超级城市群。①

由上可以得出,从全球范围看,以"城市群"为中心的都市化进程,代表着当今世界发展的主流和趋势,成为不以人们意志为转移的客观规律和事实。而城市群研究的重要意义在于,不仅敏锐把握了人类城市化的最新形态与模式,也为当代人深入认识城市世界提供了新的理论、方法和框架。这是它从一出现就有强大的生命力并迅速传播到全球的主要原因。

三、中国城市群发展现状及中西城市群差异分析

城市群是都市化进程这一更高发展阶段的产物,中国尽管比西方晚了将近三分之一个世纪,但相对于我国城市的承受力还是显得太急和太快。与此前已有 200 多年城市化积累的西方国家相比,新中国的城市化进程可分为三个阶段:一是自 1949 年至 1978 年缓慢而曲折的徘徊期;二是自 1978 年至 2000 年快速启动和高速发展期;三是新世纪以来逐渐融入全球性的都市化进程。对于我国城市群的发展,2000 年是最重要的时间节点。在此之前,受计划经济模式与户籍管理制度影响,我国城市化进程长期徘徊不前,在一些局部还出现了比较严重的倒退。直到 1989 年,国务院还曾制定"严格控制大城市规模,合理发展中等城市,积极发展小城市"的"三句话方针",当时在理论界也主

① Richard Florida et al. The Rise of the Megaregions. Cambridge journal of regions, economy and society, 2008,1(3): 459～476.

要以复书章的超微型城市论和费孝通的微小城市论为代表，大都市与城市群在这样的背景下只能蛰伏潜行。但以新千年之交为界标——这一年中国城市化水平达到 36.09%，人均国民生产总值超过 800 美元，两项指标均表明中国城市化已驶上快车道，作为城市群基础的大城市在我国城市中异军突起、势不可挡。据建设部发布的数据，从 1978 年至 2003 年，中国 100 万人以上的特大城市从 13 个增加到 49 个，50 万至 100 万人的大城市从 27 个增加到 78 个。与此同时，在 2002 年一份关于“大上海国际都市圈”研究报告中，首次提出中国要走“以大城市为主的城市化发展道路”①。以大城市的快速发展和战略规划为象征，我国开始逐渐融入全球性的都市化进程。

但在城市人口仅占全国总人口 1/3 略高的新世纪初，中国的都市化依然面临着很大压力和重重困难，在某些时候和局部也会出现摇摆和反复。在当时，城市群还是一个比较陌生的概念，主要用来指长三角、珠三角和环渤海(即京津冀)这三大城市群，与我国绝大多数的区域和城市没有太大的关系。城市群从一个西方概念走进中国大地，应以 2005 年底《中共中央关于制定国民经济和社会发展第十一个五年规划的建议》发布为标志。该建议不仅在国家规划中首次提出和使用了“城市群”概念，明确要求“以特大城市和大城市为龙头，通过统筹规划，形成若干用地少、就业多、要素集聚能力强、人口合理分布的新城市群”，还对已具有一定规模和实力的珠江三角洲、长江三角洲、环渤海地区布置了“继续发挥对内地经济发展的带动和辐射作用，加强区内城市的分工协作和优势互补，增强城市群的整体竞争力”②的战略任务。在此国家战略框架下，城市群在我国城市化战略中逐渐占据了核心与枢纽地位，其中有两大标志性事件值得关注：一是 2008 年发布的《国务院关于进一步推进长江三角洲地区改革开放和经济社会发展的指导意见》，提出把长三角地区建成“具有较强国际竞争力的世界级城市群”③；二是国务院 2009 年发布的《珠江三角洲地区改革发展规划纲要(2008～2020 年)》，提出把珠三角建成“全球最具核心

---

① 上海证大研究所：《长江边上的中国——大上海国际都市圈建设与国家发展战略》，学林出版社 2003 年版，第 11 页。

② 《中共中央关于制定“十一五”规划的建议》，新华网，2005 年 10 月 18 日。

③ 周丹丹、江国成：《国务院提出 42 条促进经济、社会、文化等方面发展的重要意见》，新华社，2008 年 9 月 17 日。

竞争力的大都市圈之一”[①]。在某种意义上，城市群正式进入国家战略，主要原因有二：一是以小城镇或中小城市为主体的城镇化或城市化模式，不仅因其体量过小而难以适应中国城市快速发展的需要，同时也因其过于分散而容易造成巨大的环境和资源浪费；二是要解决大城市功能过度集中、城市经济同质竞争等严峻现实挑战，只能寄托于以合理的层级分工体系为主要内容的城市群模式。流波所及，城市群在全国各地如雨后春笋，层出不穷。

关于我国城市群的发展现状，目前学界主要有四个版本，其中又可划分为学术版和政府版两类。学术版主要有两种，分别由社会科学和自然科学两方面提出，一是中国社会科学院《2006 年城市竞争力蓝皮书》提出的 15 城市群，主要包括长三角城市群、珠三角城市群、京津冀城市群、半岛城市群、辽中南城市群、海峡西岸城市群、中原城市群、徐州城市群、武汉城市群、成渝城市群、长株潭城市群、哈尔滨城市群、关中城市群、长春城市群、合肥城市群。二是中国科学院地理科学与资源研究《2010 中国城市群发展报告》提出的 23 大城市群，这一报告还将我国城市群分为达标和不达标两类，其中 15 个达标城市群为长三角、珠三角、京津冀、山东半岛、辽东半岛、海峡西岸、长株潭、武汉、成渝、环鄱阳湖、中原、哈大长、江淮、关中、天山北坡城市群。8 个为不达标的城市群则是南北钦防、晋中、银川平原、呼包鄂、酒嘉玉、兰白西、黔中和滇中城市群。[②]政府版也主要有两种，可分为非正式和正式两种：一是 2007 年国家发改委课题组提出的 10 大城市群[③]，主要包括京津冀城市群、长三角城市群、珠三角城市群、山东半岛城市群、辽中南城市群、中原城市群、长江中游城市群、海峡西岸城市群、川渝城市群和关中城市群等，主要依据是它们以不到 1/10 的土地面积，承载了 1/3 以上的人口，创造了 1/2 以上的 GDP。[④] 二是住建部《全国城镇体系规划纲要(2005～2020 年)》提出的以“一带、七轴、多中心”为骨架，大中小城市协调发展的城镇空间结构。具体说来是要在全国形成三大都市连绵区和 13 个城镇群，3 大都市连绵区即京津冀、长江三角洲、珠江三角洲。13 个城镇群包括山东半岛、闽东南(海峡两岸)、北部湾(南宁)、江汉平原(武汉)、中

① 朱宝琛：《〈珠江三角洲地区改革发展规划纲要〉正式发布》，《证券日报》，2009 年 1 月 9 日。

② 《中国城市群发展迅速增至 23 个功能定位日益清晰》，《人民日报(海外版)》，2012 年 4 月 4 日。

③ 肖金成：《我国城市群的发展阶段与十大城市群的功能定位》，《改革》，2009 年第 9 期。

④ 肖金成、袁朱：《中国将形成十大城市群　五城市群可能进全球十强》，《中国经济时报》，2008 年 10 月 23 日。

原地区(郑州)、湘中地区(长株潭)、四川盆地(成渝)、兰州—西宁、关中(西安)、滇中(昆明)、乌鲁木齐、辽中南、哈长。以上研究尽管不同程度地存在着这样那样的问题,但大体上勾勒出中国城市群的发展现状与总体趋势。

此外,在中国城市群研究和现实中,有一个具有"准城市群"内涵的概念必须给予重视,这就是在当下几乎和城市群一样随处可见的"经济区"。这两个概念既有很深的历史关联,也与现阶段我国城市发展的重点目标相关。前者如目前大家公认发展较好的长三角城市群,在改革开放之初就叫长三角经济区。后者则是因为我国绝大多数城市群的主要兴奋点仍在发展经济,距离一个理想的城市群架构还相差甚远。目前国家批准的经济区在数量上已相当可观,它们基本上是以数量不等的城市为主体框架,而且很多经济区在开始规划时都叫城市群,如北部湾经济区最初叫南北钦防城市群,中原经济区则叫中原城市群等,只是在国务院或国家发改委正式发文时被改为经济区。推其主要原因,应是国家和相关部委认为这些地区的城市化水平较低,当前的重点仍应在发展经济生产力上,以此与有更高发展目标的长三角、珠三角等相区别。但从长远看,由于城市群的框架内容和发展目标更加丰富和科学,特别是在我国转变经济发展方式的宏观背景下,这些经济区必定要选择城市群的发展模式。因而,近年来由国家相关部委批准建立的经济区,也包括以进入国家战略为目的的部分省部级城市群或经济区,均应纳入我国城市群研究的范围内。其中,国家部委批复的经济区如广西北部湾经济区、长吉图开发开放先导区(长春市、吉林市部分区域和延边州,国家唯一批准实施的沿边开发开放区域)、环鄱阳湖城市群、太原城市圈(2010 发改委《促进中部地区崛起规划实施意见》提出,包括武汉城市圈、中原城市群、长株潭城市群、皖江城市带、环鄱阳湖城市群和太原城市圈)等。此外,还有部分省部级城市群或经济区,其中又可分为两种形态,一种是不满意现有的国家规划而别有所求,如北京不满意京津冀规划中提出的"双核城市",已开始谋求和研制"首都都市圈规划",另一种则是为争取及早进入国家规划做准备,如广西西江经济带(2011 年 8 月广西壮族自治区《西江经济带发展总体规划》提出)、济南城市群(2010 山东省《关于推进建设事业发展方式转变的意见》提出)、成都平原城市群(以 2009 年出台的《成都平原城市群发展规划》为标志,包括成都、德阳、绵州、眉山、乐山等城市)等。

在对中西城市群的发展现状及趋势进行了简要梳理之后,我们还想对中西城市群的主要差异略加说明。在我们看来,两者的差异可以"空间因素"和

“时间因素”的对立来概括。西方城市群缘于戈特曼的地理学及其对自然空间如何演化为城市空间、城市空间又如何演化为城市群空间的调查与跟踪，受其影响，西方城市群最重视的是自然空间演化、城市形态蔓延、空间距离改变等，包括戈特曼特别重视的交通和信息，包括城市群理论的内部分歧，如大都市区强调的是空间中有农村和低城市化地区，如超级都市群概念强调的则是几个城市群由于边界消失而结成一个，由此可以得出，西方城市群理论起源于对“空间”变化的观察和研究，其在实践中遭遇的很多问题也可归结为“空间”问题，并倾向于从空间角度寻求解决问题的方案和路径。与西方城市群不同，中国城市群在理论研究和现实实践中更多受制于“时间”要素。首先，与戈特曼的调查研究和理论总结不同，我国城市群研究主要是西方理论传播和影响的产物；其次，与西方城市群主要是城市地理与经济自然演化的结果不同，我国城市群规划与建设的主要动力是人工的规划、设计和推动。因而，在我国的城市群理论和实践中，必然要更多地加入历史趋势、时代特征和当下诉求等“时间性因素”，或者说，很多紧迫性、当下性的需要和愿望很容易混入并主宰我国的都市化进程。在快速发展中，如何才能充分尊重城市群自然成长和演化的内在规律，顺应全球都市化进程的主流趋势和本质需要，既是我国城市群研究特别需要注意的问题，同时也是决定我国城市群建设质量和发展水平的关键所在。

美国东北部海岸城市群的发展理念和思路

美国东北部海岸城市群是目前世界发展水平最高的五大城市群之一，本文拟从空间及政策规划、人口状况及特点、社会文化和生活三个方面阐述其发展理念和思路。

一、空间及政策规划

（一）历史演变

截至2000年，美国东北部海岸城市群区域覆盖了14个州、5个主要大都市。人口为5 200万，总面积为18.838万平方英里，城市核心区域占6.244万平方英里。[①] 以全美2%的土地和18%的人口创造了占全美20%的GDP，以及世界6%的GDP。[②] 下图22为美国东北部海岸城市群的基本空间布局。

美国东北部海岸城市群是美国发展最为成熟的城市群区域，该区域土地面积辽阔，自然资源体系丰富完善，阿巴拉契亚山是天然的西部屏障，东边延伸至大西洋沿岸，区域内有五条主要的水系，如康涅狄格河（Connecticut River）、哈得孙河（Hudson River）、特拉华河（Delaware River）、萨斯奎哈纳河（Susquehanna River）、波托马克河（Potomac River），孕育了该地区早期的文明与繁荣，同时也是影响人口分布和集聚的重要因素之一。这些人口聚集区就是该城市群的核心地带，91%的人口居住在城市里，城市面积约为总面积的三分之一，主要的中心城市包括波士顿、纽约、费城、巴尔的摩和华盛顿，以上

① University of Pennsylvania, Uniting people, places and systems: megalopolis unbound, University of Pennsylvania, 2006.

② Reinventing megalopolis: The Northeast megaregion, Studio project, School of Design, University of Pennsylvania, 2005.

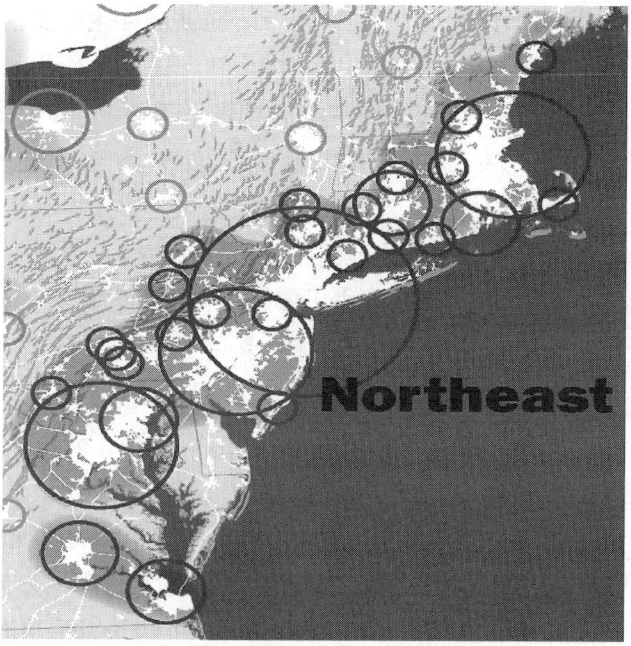

图 22　美国东北部海岸城市群的基本空间布局[①]

共同构成了其独特的自然环境和城市风貌。

总体来说，历史上主导该城市群空间和规划政策的是精明增长和新城市主义。

在城市发展空间方面，美国与大多数西欧国家有根本的区别，控制大城市的快速蔓延和无序增长是大多数欧洲国家的城市空间政策重点，但美国的情况与之大不相同，美国城市的蔓延呈现出畸形的特点。在北美，长期以来人们都认为城市用地面积的增长是正面的，虽然美国广袤的自然条件为此提供了空间基础，高速公路、汽车工业的发展提供了技术支撑，但由此带来的生态和社会负效应却日益凸显。

1990 年后，美国东北部海岸城市群开始对土地开发活动进行管制，目的是提高空间增长的综合效益，即增长管理。受生态主义和新城市主义等思想的影响，马里兰州州长于 1997 年首先提出精明增长的概念，精明增长是目标，增长管理是手段。精明增长特别强调对城市外围有所限制，更注重深度开发现

① 《美国东北部海岸城市群的基本空间布局》(Basic Spatial Layout of Northeast)，美国 2050 战略规划官方网站，2015 年 3 月 15 日。

有城区。基本做法包括保持良好环境，为市民提供多样化的交通出行方式，鼓励市民乘坐公共交通工具或者步行，采取措施将市民纳入到规划过程中，促进社区意识，提高土地利用效率，在城市空间扩张上采取“紧凑模式”，在现有建成区内进行纵向垂直开发，提倡土地混合使用，住房类型、价格多样化。通过划分城市增长的不同类型区域，对那些需要促进增长的地区(优先资助区)予以鼓励和支持，而对不应该增长的地区(非优先资助区)则要求坚决予以控制。

新城市主义强调重新改造那些由于郊区化发展而被废弃的传统旧城市中心区，使之重新成为居民集中的地点，建立新的密切邻里关系和城市生活内容，后来又进一步发展到对郊区城镇采取紧凑开发模式的探索。第二次世界大战后，西方特别是美国的郊区化发展疯狂蔓延，出现了开发成本高、土地和设施利用效率低、内城衰败、生态环境恶化、社会生活矛盾频发等严重问题。1980 年后，开始对郊区化增长模式进行反思，新城市主义的出现就是标志性的一步，成为 1990 年代后西方国家城市规划中最重要的探索方向之一。1996 年，第四届新城市主义会议[Congress for the New Urbanism(CNU)]签署《新城市主义宪章》，这标志着新城市主义的宣言和行动纲领正式得以确立。其思想强调的是在美国现代化和城市化推进的过程中，不仅要提高利用效率，同时还要保存旧城市核心的样貌和记忆。

(二) 当前的发展趋势

目前，美国东北部海岸城市群的空间及政策规划主要有以下三个重要趋势：

第一，关注区域平衡和均衡发展。宾夕法尼亚大学对该城市群的规划倾向于将该区域分为两个部分，一是城市核心区域，主要是指五个大都市区，从北到南依次是波士顿、纽约、费城、巴尔的摩和华盛顿。在空间界定上，参照美国统计局 2000 年对于“大都市统计区域(MSAs)”的标准，将波士顿和华盛顿之间的连续的大都市统计区域都界定为该城市群的城市核心区域。① 二是支持区域，包括河流以及生态保护区等。通过这一界定，该区域范围有所扩展，向西北方向延伸至阿迪朗达克州立公园(Adirondack State Park)，向东北方向

① Reinventing megalopolis: The Northeast megaregion, Studio project, School of Design, University of Pennsylvania, 2005.

延伸至阿卡迪亚国家公园(Acadia National Park),向西边延伸至阿勒格尼国家森林(Allegheny National Forest),莫农加希拉和乔治·华盛顿国家森林(Monongahela and George Washington National Forests)。① 城市群的发展不仅仅限于城市的范围,自然环境和乡村生态是城市群发展的必要组成部分。从空间规划和格局来讲,整个城市群区域正趋向于城市与乡村、经济与生态的均衡化发展。

第二,城市协同发展。构成该城市群核心的主要是五个大都市,即波士顿、纽约、费城、巴尔的摩、华盛顿。其他较为主要的城市有普罗维登斯、罗德岛、纽黑文、康涅狄格、纽瓦克、新泽西、威尔明顿、特拉华。宾夕法尼亚大学通过城市房租价格、贫困人口比例、就业率增长、25岁及以上人口持有高等学历比例等指标,将五个核心城市划分为两类,一是热点城市,包括波士顿、纽约市和华盛顿,二是冰点城市,包括费城和巴尔的摩,热点城市通常交通拥堵,居住和商业成本都很高,而冰点城市则居民减少,就业机会减少,但是其城市的承载力有可以提升的空间。② 该报告提出通过在热点城市与冰点城市之间完善交通设施联系进行疏导,冰点城市的土地利用率能够提升,就业机会增加,并且可以提供可负担的住房,另一方面热点城市可以缓解城市拥堵的各种压力。

第三,目前空间政策的主体是完善区域内的交通设施,特别是高铁建设。目前美国计划分四个阶段建设全国的高速铁路服务系统,总投资达80亿美元,第一个阶段将集中更新和建设三个区域的高铁设施,其中就包括美国东北部海岸城市群地区,从波士顿经纽约、费城到达巴尔的摩再到华盛顿的高铁系统,并将这一服务体系作为空间发展和提升社会经济发展质量的重要途径之一。

(三) 评价

第一,美国东北部海岸城市群仍然处于廊道式的发展阶段。美国学者罗伯特·朗在研究城市群发展的演变和特点时曾指出,城市群发展会历经多个阶段,从大都市圈逐渐发展为超级城市区域,而后步入廊道式的阶段,时机成

①② Reinventing megalopolis: The Northeast megaregion, Studio project, School of Design, University of Pennsylvania, 2005.

熟后，多个城市群区域会逐渐融合形成一个超级城市群区域。① 基于这个观点，无论从历史、形态、发展程度和发展模式上看，该城市群仍然处于廊道式的发展阶段。

第二，这一城市群的形成有赖于其中的五个大都市区，五个大都市区连接成一个城市群区域，但是独特之处在于周边的乡村和荒芜之地也被纳入规划的范围内，成为整个城市群的支持区域，这说明城市与自然之间互补和平衡的发展趋势，同时也反映出，随着人口总量和密集度不断增加，周边的自然环境和乡村生态也面临逐渐被侵蚀的威胁。

第三，高速铁路服务体系建设的重大作用和趋势日益凸显。以交通基础设施建设特别是高铁建设为主要发展战略已经成为一个大趋势。在社会和经济发展的总体历程中，人类社会先后经历了工业革命、城市革命、大都市区革命，1990 后进入真正的区域革命时代。在全球竞争的背景下，区域的角色与作用发生了巨大变化。面对经济全球化，发达国家普遍实行政府服务型功能的角色转换，并将部分管治权力向区域范围转移，包括国家管治的范围扩展至区域以及城市间通过联盟方式将权力上交至区域，从而形成新的竞争优势。这个时期也是高铁建设大批开始的时候，除了日本之外，法国、德国和比利时等国均是在这个时期开始提供高速铁路服务，2000 年后有更多的国家如英国、韩国、瑞典、中国和美国等投入大量资金进行高铁建设，可以说高速铁路服务不仅是区域发展的必然结果，也是世界上很多国家实施区域发展战略的重要途径之一。

二、人口状况及特点

（一）历史演变

15 世纪地理大发现后欧洲人开始在此定居并且发展，第一批定居者到达的 250 年后，东北海岸的城市发展成为繁荣的商业中心。

2005 年，宾夕法尼亚大学发布《美国东北部海岸城市群创新规划》报告，首先将美国东北部海岸城市群地区分为城市核心地区（urban core）和城市支持

① Lang, R. , Knox, K. , the New Metropolis; Rethinking Megaloplis, Regional Studies, 2009, 43: 6, 789～802.

地区(supporting area)。其中,城市核心地区(urbancore)界定为从波士顿(Boston)经纽约(New York)、费城(Pheladelphia)、巴尔的摩(Baltimore),到华盛顿特区(Washington DC.)之间的连续大都市统计区(continuous MSAs)。在这个基础上,本研究将这一城市群地区的节点城市设定为五个主要城市,即波士顿、纽约、费城、巴尔的摩、华盛顿特区的大都市统计区。其他几个连续大都市统计区(continuous MSA)还包括 Providence, Rhode Island; New Haven, Connecticut; Newark, New Jersey; and Wilmington, Delaware。一共涉及九个连续大都市统计区。

本研究先对五个节点大都市区的人口情况作一分析。参照美国官方地理统计标准,城市群内部主要节点城市的选择基于大都市统计区(Metropolitan Statistical Area)(MSA)进行,具体是波士顿-剑桥-昆西(Boston-Cambridge-Quincy, MA - NH Metro Area)、纽约-新泽西北部-长岛(New York-Northern New Jersey-Long Island, NY-NJ-PA Metro Area)、费城-卡姆登-威明顿(Philadelphia-Camden-Wilmington,PA-NJ-DE-MD Metro Area)、巴尔迪莫-陶森(Baltimore-Towson, MD Metro Area)、华盛顿-压力山德里亚(Washington-Arlington-Alexandria, DC-VA-MD-WV Metro Area)。分析数据来自美国官方统计数据。

从 2009 年到 2013 年,美国东北部海岸城市群的人口总数处于持续上升的趋势,在 2010 年时稍有回落,在 2013 年时上升的幅度较大(如图 23,2009～2013 美国东北部海岸城市群人口数量变化)。城市群内部,在各个主要节点大

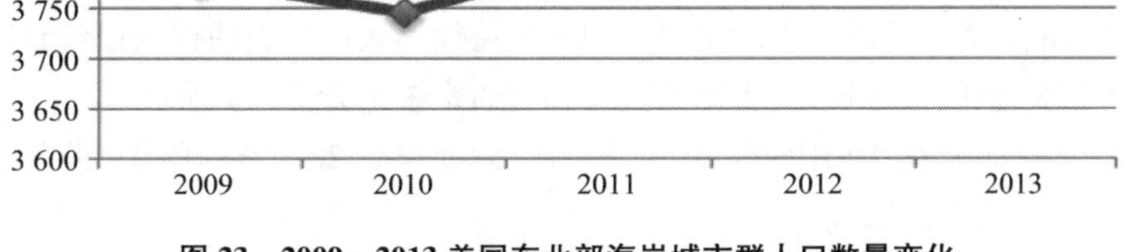

图 23　2009～2013 美国东北部海岸城市群人口数量变化

数据来源：整理自美国国家统计局(*U. S. Census*)数据

都市统计区之间的人口结构方面，仍然是纽约大都市统计区居于榜首，即将冲破 2 000 万人口大关，几乎是人口排在最后的巴尔的摩统计区的 7 倍，与人口排在第二位的费城之间也几乎相差 2 倍(如图 24，2013 年美国东北部海岸城市群主要大都市统计区的人口数量情况)。

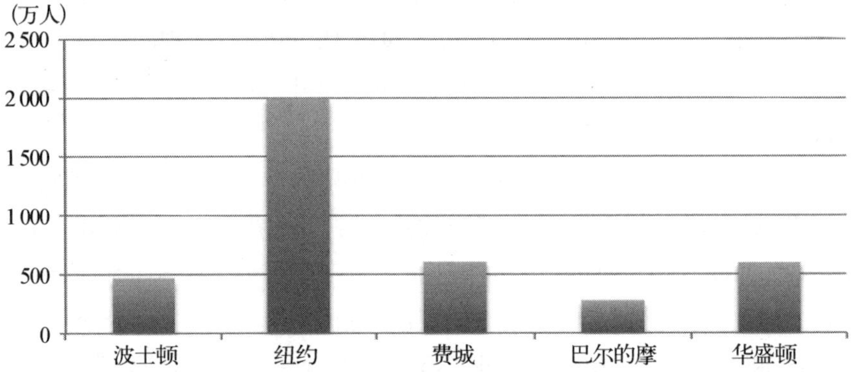

图 24　2013 年美国东北部海岸城市群主要大都市统计区的人口数量情况

数据来源：整理自美国国家统计局(*U. S. Census*)数据

(二) 当前的发展趋势

第一，美国东北部海岸城市群的人口总量将持续上升。尽管预计欧洲未来 50 年内人口将减少，但是美国的人口将有大量增长。十年内，美国的人口增加了 13%，从 1990 年的 2.48 亿增长到 2000 年的 2.81 亿，美国人口普查局估计国家人口将增长 49%，从 2000 年的水平增长到 2050 年的 4.2 亿。[①] 据研究，婴儿潮和经济潮时期出生的居民(24～34 岁)、移民以及非白种人，是推动美国人口增长和发展的主要动力，这些群体也表现出对于城市生活环境的偏好，因其具备临近的文化设施、工作机会和便利的交通设施。[②] 在这样的背景下，美国东北部海岸城市群因其相对成熟的城市基础设施和社会文化的包容性将成为人口不断迁入的主要目的地。持续的人口增长使得人口统计特征发生重大变化，规划城市、大都市区域和交通系统也会受到影响。

第二，老龄化人口比例持续上升。从 2009 年到 2010 年，美国东北部海岸

①② 《美国城市群发展概况》(Outline of U. S. Megaregions)，美国 2050 战略规划官方网站，2014 年 12 月 17 日。

城市群的老龄化人口比例稍有下降，而在 2010 年之后，老龄化人口比例持续上升(如图 25，2009～2013 美国东北部海岸城市群 65 岁及以上人口比例)。城市群内部，在各主要节点大都市统计区之间，2013 年的数据显示，波士顿、纽约、费城、巴尔的摩的老龄化人口比例水平基本保持在 14%左右，华盛顿的老龄化人口比例稍低，为 11%(如图 26，2013 年美国东北部海岸城市群主要大都市统计区 65 岁及以上人口比例)。

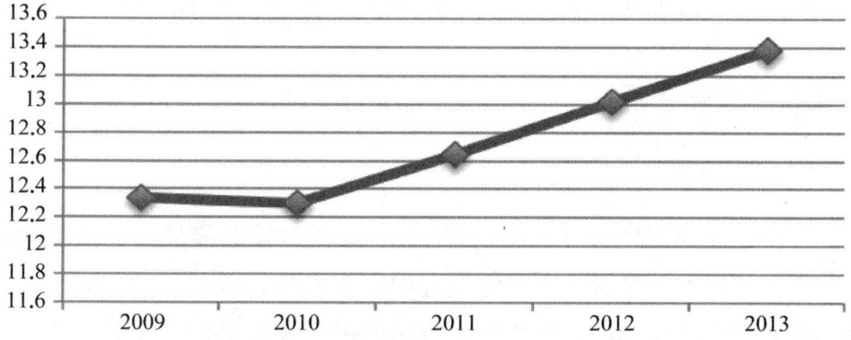

图 25　2009～2013 美国东北部海岸城市群 65 岁及以上人口比例

数据来源：整理自美国国家统计局(*U. S. Census*)数据

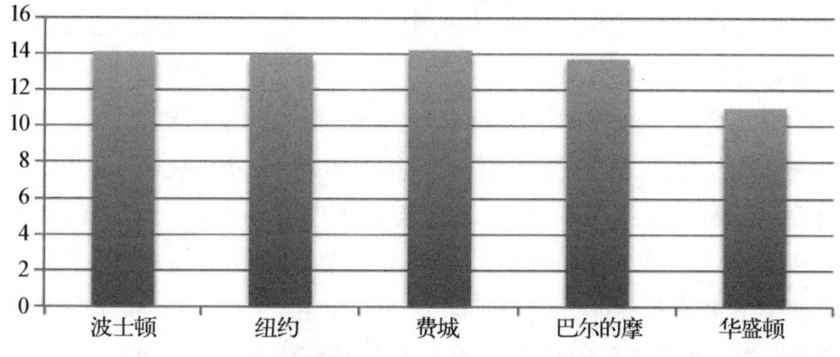

图 26　2013 年美国东北部海岸城市群主要大都市统计区 65 岁及以上人口比例

数据来源：整理自美国国家统计局(*U. S. Census*)数据

(三) 评价

第一，美国东北部海岸是世界范围内城市发展和城市群建设的主要示范区之一。截至 2013 年，来自美国国家统计局的官方数据显示，由这五个主要大都市统计区组成的城市群人口总数已近美国人口总数的 20%，也是美国人口最为密集的地区。其中,纽约大都市统计区 2013 年的人口超过 1 994 万,即将超过 2 000 万。在人口总量大且人口密度大的同时,这一城市群区域的城市异质性和多元性特征最为显著,是世界范围内城市及城市群建设的主要示范区之一。

第二,在美国东北海岸城市群区域的特大城市中,尤其是纽约,出现了城市常住人口严重流失的现象,城市最初的居住功能部分正在不断削弱,而商业和经济等功能日益加强,这反映出城市功能的极端单一化的趋势。

三、社会和文化生活

(一) 历史演变

在美国东北海岸城市群,社会文化生活演变过程的最显著特点就是巨大的流动性。流动性这个说法在戈特曼书中出现多次,基本可以归为两类,一是经济和社会地位的流动性。从整体上说该区域快速发展的经济为大都市带提供了巨大的经济和社会流动性,这种流动性吸引了美国其他地区和海外的各类移民。很多人能够快速并大量获取财富;但更多人需要常年的辛苦劳作才能渐渐积累财富。对很多人来讲,获得财富比获取教育更快速,这两方面存在一个滞后。这反映了经济增长的规模和加速态势,另一方面说明所涉及的社会阶层范围非常广。当地的居民越来越富裕,整体的生活和教育水平稳步提高。每一代的父母都奋力在社会中获得财富和地位,希望孩子能得到比自己更好的教育。因此大都市带为国家培养了具有领导力的人才。在这个新世界,这个以贸易和生产为主的社会,经济和社会流动性比欧洲更大,原因在于从过去承袭下来的条条框框更少。即使在农业主导的东南部也不可能如此轻易地获得财富,也不存在如此大的流动性和经济发展速度。西部的流动性虽然更大,但通常限于当地的规模并且时间较短。在大都市带已经持续了三个世纪的发展很大程度上得益于该区域的城市活动。如果东北部与东南部一样以农业为主导,那这种发展绝无可能。大都市带以贸易和制造业为基础的特点早在一开始就存在。[①] 戈特曼引用了卡尔·布莱登鲍尔(Carl Bridenbaugh)

① Jean Gottmann, Megalopolis: the urbanized northeastern seaboard of the United States, New York, the twentieth century fund,1961, 67～68.

的论述来说明这种社会特征,“即使在殖民地时代,东北部的主要城市就已经组织起活跃的智力性活动以及各种各样的文化活动,同时城市中也出现大量富有的绅士”。另一方面,城市生活带来的经济机会更多,社会结构的弹性增加。这些趋势都增加了城市中的社会流动性,也增加了对内陆农民和移民的吸引力。城市生活可以提供更安全的生存环境,每个人所承担的风险和责任更小,成人更易使用娱乐设施,年轻人更易获得教育机会,贪婪的人也会获得更多财富。无论人们是保守或喜欢冒险,城市都能提供比乡村更好的机会。

流动性的第二种提法是指居住环境。房屋陈旧和更新过程的基本因素是美国人口的流动性,他们的社会流动性不断地影响着邻里的特点,他们对变化、改善和新试验的渴望也在起作用。如果房屋的使用者抵制变化,那么这些陈旧和更新过程中的所有其他因素就都不堪一击,也就不会有这种按照其他国家的标准几乎是不可能的更新数量和速度。如果美国人真的在意居所,他们会想尽办法好好维护,增添装饰和设备,维持他们在社区所处的社会地位。但对大多数人来讲,搬家非常容易。这也导致中心城市出现许多贫民区,郊区出现许多新建的房屋,古老的城市中心不断被更新。这促进了建筑产业、房地产投机的扩张,旧城外的空间中出现很多城市化的设施。虽然这表面上是居住空间和位置上的一种流动,但这个现象中所反映的实际上是社会价值观和经济活动的差异。戈特曼认为,这种流动性极大促进了居住场所的陈旧更新,但这从来不是房屋本身的损害引起的。事实上,如果该区域内流动性由各种不同的因素影响,那么可以发现许多除此之外的因素在发挥作用。首先,当邻里居民认为一些不同种族、信条或社会地位的外来者侵入他们的领土时,保持某种同质化社区的愿望会使得邻里群体迁往另外一个社区。恐慌蔓延整个街道,许多房屋被迅速以较低价格卖掉。其次,居民会被就业机会吸引,工厂的迁移会导致某个地区的人口和房屋突然增加,不久整个城镇就建立起来。第三,居住的扩张受到交通设施、高速公路、桥梁或地铁的影响。因此,即使居住维护和翻新会增加社区的稳定性,大都市带传统中的流动性仍会不断受到交通、产业和商业就业地点以及社会和种族偏见的影响。

(二)当前的发展趋势

第一,该城市群在完善提升交通基础设施水平的同时为全体社会成员提供更多的就业机会,提升社会发展质量和社会流动性,促进社会均衡和公平发展。发展与之相关的新兴产业，如快速发展的航空相关产业、物流产业等。

第二，在城市群社会的多样性和开放度方面，美国东北部海岸城市群的水平在总体上处于不断提升的状态（如图 27，2009～2013 美国东北部海岸城市群本地人口数量比例）。从 2009 年到 2012 年，本地人口所占的比例处于持续下降的趋势，而 2013 年稍有回升，外来人口比例的不断提高说明该城市群区域的开放性和异质性在提升，整个社会的包容性也不断增加。

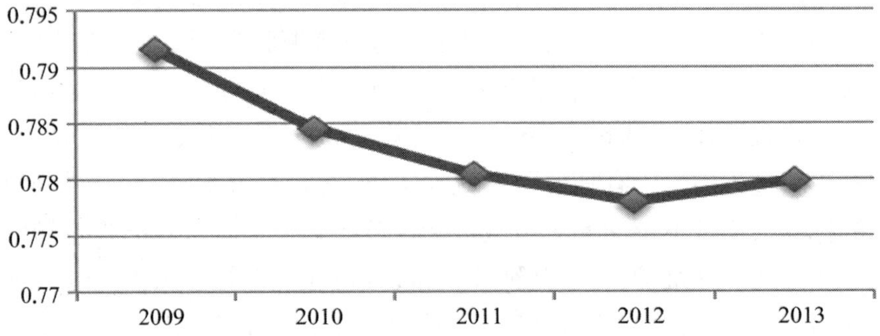

图 27　2009～2013 美国东北部海岸城市群本地人口数量比例

数据来源：整理自美国国家统计局(*U. S. Census*)数据

第三，居民教育水平也是城市社会和文化发展的重要方面。从 2009 年到 2013 年，美国东北部海岸城市群的大学及以上学历人口比例持续上升，特别是在 2010 年以后进入快速增长阶段，在 2013 年已经超过 40%（如图 28，2009～2013 美国东北部海岸城市群大学以上人口比例）。在城市群内部，最高的是华盛顿，大学及以上学历人口比例达到 48.7%，最低是费城，大学及以上学历人

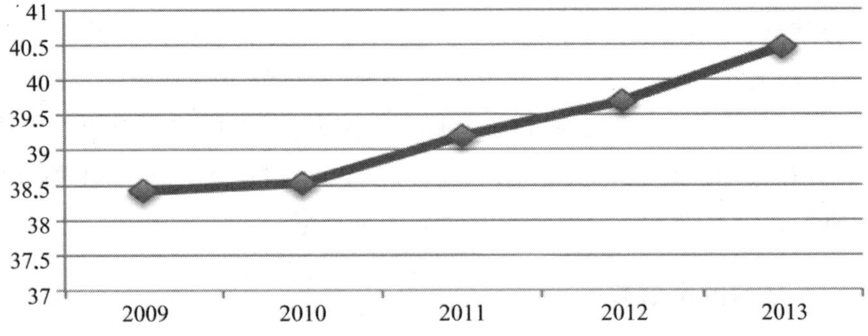

图 28　2009～2013 美国东北部海岸城市群大学及以上人口比例

数据来源：整理自美国国家统计局(*U. S. Census*)数据

口比例为 34.6%(如图 29,2013 年美国东北部海岸城市群主要大都市区大学及以上人口比例)。

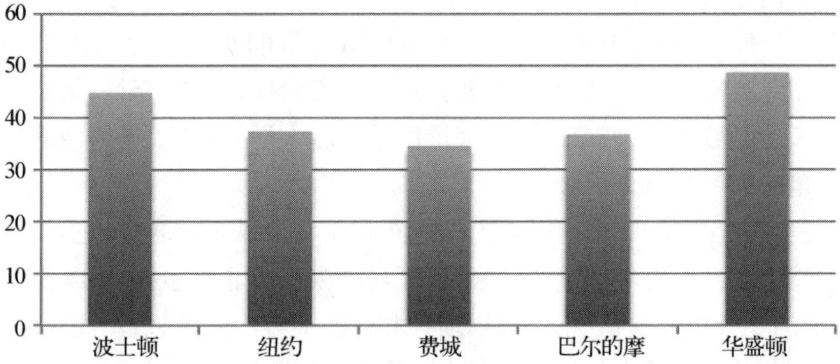

图 29　2013 年美国东北部海岸城市群主要大都市区大学及以上人口比例(%)

数据来源:整理自美国国家统计局(*U. S. Census*)数据

第四,围绕区域中的世界一流科研机构建设城市创新中心,营造社会创新环境和氛围,机遇与挑战并存。比如费城地区的大学城就是一个典型的例子,在其发展过程中存在诸多的矛盾。比如说,虽然大学城是一个非常重要的研究机构,但是科研成果的商业化程度不足,最显著的一个表现就是创业公司数量相对较少。从学术和研发投入金额方面看,大学城资金总额达到 9.57 亿美元,其中宾夕法尼亚大学的资金总额达到 8.36 亿美元,但是与其他成功的研究区域相比,其商业化水平并不高,大学城内主要机构的技术转化数量相对较低。2010 年,与大学城主要科研机构相关的创业公司只有 12 家,授予专利 103 项,而大波士顿地区的剑桥区,仅麻省理工学院一家相关的创业公司就有 16 家,授予专利达 166 项。

(三) 评价

第一,该城市群的社会发展和增长的不均衡问题凸显。美国社会的发展和增长是不均衡的,这种情况随处可见,出现在区域内部、中心城市和郊区之间,以及主要的区域之间。快速增长的南部和西部吸引全国其他地区的移民,同时国家的许多地方人口在流失,这些趋势还将持续。对于衰退的地区,每一个都需要针对性的策略来解决其特殊的需求。比如大型农业区域,其资源型或者地下水储藏在持续下降;再如一些大的城市中心,包括费城、纽瓦克、巴尔的摩等，自 1960 年经济基础开始瓦解后到 2000 年已经流失了三分之一或更多人口；还有一种是内城和内环郊区之间，居民、税基、经济活力和集中贫困也存在不平衡分布的现象。①

第二，在居民教育方面，美国东北海岸城市群的水平在全国来讲相对较高。以纽约大都市统计区为例，其教育系统的资金投入非常充足，是全美教育投入最多的区域之一，城市群内有大量世界一流大学和学院，也为当地居民提供了大量的实习和培训机会。

第三，在社会生活和文化方面，美国东北部海岸城市群表现出多样性和异质性的特点。以纽约大都市统计区为例，其种族构成非常多样，一半是天主教徒，其他的主要种族包括犹太教、穆斯林和佛教徒等。此外，值得注意的是，纽约大都市统计区对于少数特质人群的接受程度也比较高，比如同性恋、波西米亚人群等。城市的多样性和异质性也促进了这一地区的开放性和包容力。

① 《美国城市群发展概况》(Outline of U. S. Megaregions)，美国 2050 战略规划官方网站，2014 年 12 月 17 日。

改革开放以来上海空间文化变迁研究

摘要： 空间是现代都市重要的生产要素，空间文化研究是都市文化研究的重要领域，空间文化的变迁往往是都市文化变迁的表征和缩影。改革开放以来上海都市空间的重构出现了郊区化、垂直化和审美化三个明显的趋势，也带来了居住空间分异、居住与就业空间错位和公共空间私有化等负面影响，而产业结构调整、城市更新和消费主义盛行是都市空间重构的内在驱动力。回顾 30 年来上海都市文化空间的变迁，探讨如何建设人性化的都市空间文化，可以为上海的都市文化建设提供有益的借鉴和参考。

关键词： 改革开放　上海　空间文化　变迁

空间的生产与再生产是现代都市的重要内容，而现代都市社会借助空间来影响人们的工作、生活和娱乐，因为都市空间不再是一个地理概念，也不仅仅具有实用功能，作为一种符号它也具有了更为丰富的内涵，空间文化的变迁往往是都市文化变迁的表征和缩影。改革开放以来尤其是开发浦东以后，上海的都市空间通过城市更新和旧城改造发生了根本性的变化，在实践发达国家有关"先进城市"的观念、理论和经验的同时，上海也出现了后城市时代西方城市批判者笔下的各种问题。

一、上海都市空间重构的三种趋势

(一) 郊区化

郊区化是指城市中心城区的各项功能转移到郊区的过程。郊区化的理念最先出现于 18 世纪的伦敦，此后大体经历了四个阶段：第一阶段是人口的郊区化、第二阶段是制造业的郊区化、第三阶段是零售业的郊区化、第四阶段是写字楼的郊区化。在美国，这个过程可以用数字证实：1950 年至 1980 年间大都市区人口增长的 80%以上都发生在郊区；到 1970 年，全国郊区人口超过居住在市区内的人口，形成继 1920 年美国城市人口超过农村人口以来的又一次历史性转折；1990 年，郊区人口占大都市区人口的比率更增至 60%。郊区化是欧美国家城市空间在 20 世纪上半叶最引人注目的变化。

向心力与离心力是城市发展过程中最主要的推动力，这两种力量此消彼长，造成了城市空间的阶段性发展。研究表明，在城市化率达到 30%的时候，城市化进程驶入快车道，当城市化率达到 70%的时候，郊区化会达到较高水平。上海作为中国最大的都市之一，其城市化率在 2006 年已达到 88.7%，郊区化趋势也非常明显。首先是人口与居住的郊区化。从表 7 可以看出，自 2000 年到 2008 年，上海中心城区的人口出现了负增长，而郊区的人口却增长了 78%左右。同样，从 2000 年到 2008 年，近郊区的房屋居住面积从 6 988 万平方米增长到 21 024 万平方米，增长了两倍多。其次是工业的郊区化。在转变经济增长方式和产业结构调整的过程中，上海的工业也开始了郊区化进程，到 2006 年，工业企业大部分都转移到了郊区，浦东新区、闵行、宝山、嘉定、金山、南汇、奉贤、松江、青浦 9 个区工业总产值占全市工业的 85.67%。近郊和远郊工业开发区的规划面积比重分别是 49.68%和 47.94%①。产业基地主要

表 7　部分年份上海人口分布变动情况表(万人)②

	1990 年人口数	2000 年人口数	2008 年人口数
中心城核心区	272.51	217.93	185.23
中心城边缘区	412.25	410.31	467.74
近郊区	299.82	360.13	730.22
远郊区	349.6	333.26	505.27
合　计	1 334.18	1 321.63	1 888.46

① 上海市经济委员会：《2007 上海工业发展报告》，上海市经济和信息化委员会官方网站，2015 年 11 月 9 日。

② 数据来源：《上海统计年鉴 1991》、《上海统计年鉴 2001》、《上海统计年鉴 2009》。其中中心城核心区包括黄浦、静安、卢湾、虹口 4 个区，中心城区边缘区，包括徐汇、长宁、普陀、闸北、杨浦个区，近郊区包括浦东、闵行、宝山、嘉定 4 个区，远郊区主要包括松江、金山、青浦、南汇、奉贤、崇明 6 个区县。

分布在嘉定、浦东新区外围、金山、崇明等远郊地区。再次是商业和零售业的郊区化。随着人口、居住和产业的郊区化,作为配套生活设施的商业和零售业也实现了郊区化布局,中心城区商业零售业的增长速度远远落后于郊区商业零售业的增长速度(见表8)。

表8　2000年以来上海商业店铺空间布局情况表(万平方米)①

	2000年	2008年
中心城核心区	371	559
中心城边缘区	355	856
近郊区	339	2 052
远郊区	126	888
合　计	1 191	4 355

自20世纪90年代以来,上海的郊区化进程日益加快,从近郊到远郊,逐步扩展,是近20年来上海都市空间重构的重要趋势之一。国外学者对郊区化现象褒贬不一。芒福德认为郊区化是一种破坏因素,起到反城市的作用:"那股自动促使在乡村旷野中建起公路、小汽车和房屋住宅等的力量,并没有创造出一个区域城市,却产生了一个无定形的城市分泌物。那些用魔术咒语想把这个混合体变成一个统一的有机体的人们只是在欺骗他们自己而已。……现在许多社会学家认为,城市与城市连成一片是城市发展的最后阶段,但是,城市的连成一片实际上产生的不是一种新的城市形态,像其他反什么的概念一样,当反城市冲击城市时就把城市毁灭掉。"②而库哈斯在《奔向现代城市》一书中写道:"在过去的10年里,我所参与的工程位于这样一些地方,它们不能再被称作郊区但又必须被当作是边缘区的边界或界线,而我们就是应该在这些边缘区的边界上观察事物的发展。当代城市包括了所有这些边缘地区,它应该发表一种宣言,作为一种对现代形式不太成熟的崇拜,和过去的城市

① 根据《上海统计年鉴2000》和《上海统计年鉴2008》整理。
② 芒福德:《城市发展史》,北京:中国建筑工业出版社2005年版,第518、524页。

相比，这个宣言也许显得幼稚，但将来我们会从中发现我们得失各半。”①他明确指出，现代西方国家的郊区与芒福德笔下 20 世纪初的郊区化有了很大区别，郊区化是“一些对不同的城市，如巴黎、亚特兰大活动中都起作用的明显而独立的过程，这些过程似乎不仅促成了当今城市必然的分裂，使城市活力的中心从城市中心转移到城市边缘，还为避免城市化规则而产生出非凡的创造力”。②无疑，郊区化是大都市空间横向拓展的必然结果，改革开放以来上海的郊区化进程非常迅速，尤其是浦东，20 年来从乡村变成了现代化的大都市区，人口、资本等各种资源纷纷涌向这里，创造了神话般的奇迹。郊区化是上海大都市空间生产的必由之路，然而，郊区化所带来的问题也如影随形，摊大饼的扩容模式所带来的交通、居住、就业等问题也一直困扰着上海居民。

（二）垂直化

城市空间有横向和纵向两个维度，横向维度的拓展表现为郊区化，而纵向维度的拓展则表现为垂直化。随着高科技的发展，纵向空间仿佛成为取之不尽的资源，尤其是在寸土寸金的中心城区，垂直发展成为拓展空间、实现空间开发利润最大化的法宝。垂直发展牵涉到向空中和向地下两个方面。

向空中发展表现为高层建筑的普及，尤其是超高层建筑的增多。早在 20 世纪二三十年代，上海就出现了多座 10 层以上建筑，尤其是 1934 年建成的上海国际饭店，高 83.8 米，共 24 层，被誉为远东第一高楼。改革开放以来，上海的高层建筑建设出现了新的高潮，1978 年上海 8 层以上的建筑只有 135 座，但是 2000 年就达到 3 529 座，2008 年达到了 16 109 座。相关报道显示，从 1993 年开始，上海中心城区每天建成一座 8 层以上的高层建筑，到 2005 年，上海 16 层以上的建筑数量位居全球第一，歌曲《上海天天在长高》正是这种情况的真实写照。

超高层建筑是世界各大都市的宠儿，自从 19 世纪末芝加哥出现了超高层建筑后，超高层建筑风靡全球，成为财富与权力的象征。亚洲的摩天大楼热起始于 20 世纪 90 年代，吉隆坡、香港、台北等地都竞相争夺“世界高楼”的美誉。

①② 根特城市研究小组：《城市状态：当代大都市的空间、社区和本质》，北京：中国水利水电出版社 2005 年版，第 29 页。

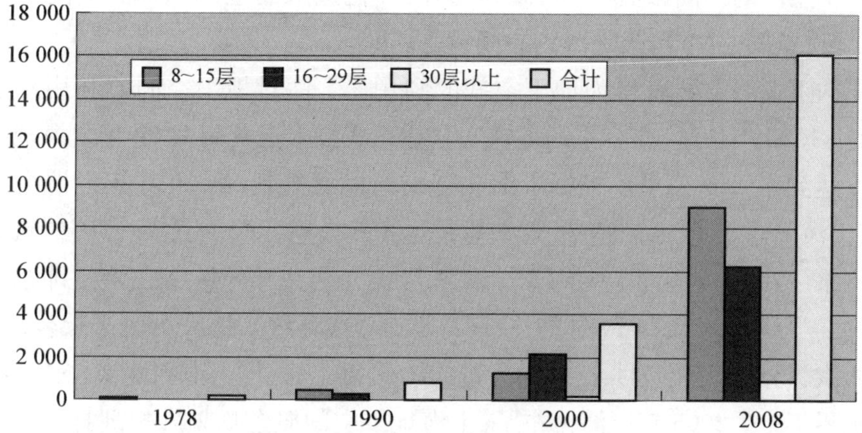

图 30　部分年份上海八层以上建筑数量(幢)①

值得关注的是,1993 年以后,多座高层建筑在陆家嘴金融区竞相矗立,除了使该区域面貌焕然一新外,从宏观层面上看,还反映了整个上海发展的风向:浦东开发以后,"东移"的不仅有摩天大楼流,还有资金流、人流和物流,各种生产要素纷纷涌入浦东新区。

鳞次栉比的超高层建筑确实为上海带来了预期效果,提升了城市的形象、显示了城市的经济实力、丰富了城市旅游资源。从文化的角度而言,陆家嘴地区摩天大楼群建造的原动力并不是节省空间,而是打造城市形象工程,深层隐藏的是攀比和炫耀心理,用高耸的、造价不菲的高楼来显示国家、民族和城市的雄起,而炫耀心理主要体现在其审美价值而不是实用价值,最终带来的是空间的异化。"本是功能性的建筑却以新奇的外观造型追求,令人炫目的标志化、纪念碑化。至于能让五千人同时欣赏歌剧的场所,至少是在接受的样式上试图消除歌剧、电影以及群众集会之间的差别。然而,这些均无关紧要,重要的是它是超大型建筑。过分高大的建筑是财富与权力的集中体现,艺术与财产及权力在这里仿佛有了同谋式的同构性。即使是亲身参与建设的民工,也很难摆脱与这类超大建筑体之间的疏远感,……即使站在这类建筑物的旁边,也难以融入它的空间之中,在空间感(不是空间)上,它意味着不可亲近。政治与经济成了小尺度的生活无法丈量、触及并介入的密实而坚硬的空间。人们

① 根据《上海统计年鉴 2000》和《上海统计年鉴 2008》整理。

用双手生产的空间，却被空间抛到场外，异化进入到空间领域。空间中的生产，经过空间的生产，最终成为空间异化。”①

向下发展主要表现为地下空间的利用。上海对地下空间的利用始于地铁，从 1995 年长达 16 公里的地铁一号线正式投入运营到 2009 年上海地铁总长度达到了 250 公里。根据上海轨道交通发展规划，到 2010 年世博会举办前，上海已建成 11 条轨道线，通车里程达 430 公里，“四纵三横一环”的轨道交通网络(四纵：即南北走向的 3 号线、7 号线、1 号线和 8 号线；三横：即东西走向的 2 号线、9 号线和 10 号线；一环：即 4 号线环线)，每天可运送乘客近 550 万人次，将承担全市公共交通出行量的 35%以上，这样上海的地铁总长度将位居世界第一。2005 年上海公布了《上海地下空间概念规划》，规划打造一个以人民广场为核心，涵盖轨道交通、越江交通、地下泊车库、地下贸易等多种地下构筑物的“地下城”。根据《世博会地下空间总体规划》，到 2010 年，上海已建 40 万平方米的地下世博城。与超高层建筑一样，地下空间开发也是城市实力的展示，需要高端的技术和巨额的资金来支撑，但是在发展主义、城市主义等理念的支撑下，越来越多的城市加入了这场花费不菲的地下空间开发战役。

(三) 审美化

倡导日常生活审美化也是列斐伏尔的观点之一，“人归根到底不是经济人、理性人、技术人、劳动人、政治人，而是日常生活中的凡夫俗子”②。人的最终解放不是体现在经济领域与政治领域，而是归根到底要落实到、体现到日常生活中来，由此大众文化受到了广泛关注。在现代大都市中，大众文化在高科技和现代传媒的支持下取代了精英文化成为主流，其主要特征之一就是都市空间的审美化趋势，以地铁为代表的公共空间的艺术化、户外大屏幕泛滥导致都市空间的娱乐化以及传统工业建筑的审美化，都是典型代表。

地铁、车站、飞机场等地不仅仅具有交通运输的使用功能，它还是城市重要的公共空间，世界各大城市的地铁都是展示城市文化的重要窗口，例如斯德哥尔摩的 100 多座地铁站，分别由一百多位艺术家采用各种艺术表现手法设

① 童强：《论空间语义》，《厦门大学学报》，2005(04)。

② HENRI LEFEBVRE, Critique of every day life, volume I, Introduction; translated by John Moore; Verso, London, New York, 1991, pp. 127, 3, 193.

计而成，地铁站内布满了壁画、绘画和雕塑，成为美不胜收的地下艺术长廊。而香港在1998年启动了“地铁车站艺术计划”。包括机场快线艺术计划、车站艺术计划、地铁画廊、社区画廊、车站表演艺术、流动艺术、地铁隧道艺术计划七部分，当中容纳了中外名家作品和巩固社区凝聚力的社区艺术作品。上海的地铁艺术化趋势也初露端倪，除了在设计建造时就考虑其艺术氛围的营造，例如地铁二号线从浦西的中山公园到浦东的张江，7幅主题鲜明的壁画分布其中的7个站点，还定期举行一些艺术活动。

户外大屏幕的泛滥也是近年来上海公共空间发生的重要变化之一。在大屏幕普及之前，它往往是一个城市的坐标，例如南京路世纪广场的大屏幕，位于人流最为集中的南京路步行街中间，曾经见证了申奥和申博成功的激情时刻，它与世纪广场上异彩纷呈的演出一起成为重要的都市景观。但是随着LED技术的成熟，大屏幕不再稀罕，街头、商场、公园、车站、机场、地铁等空间内都出现了大屏幕，使得都市空间充满了娱乐化氛围。

在都市产业结构调整的过程中，传统工业或破产或迁出，留下了大量的废旧厂房，受到纽约苏荷、巴黎贝西和伦敦霍克斯顿(Hoxton)等案例的启发，人们意识到传统工业建筑通过文化的包装，可以化腐朽为神奇。一个值得一提的人物是台湾人登琨艳，他在20世纪90年代初来到上海，并最早意识到苏州河岸那些老厂房的价值，他先在苏州河边上租下了一个老货仓改造成设计公司，接着又将上棉九厂改造为滨江创意园区。由于他的贡献，2004年10月28日，联合国教科文组织把亚太文化遗产保护奖颁给了他。[①] 之后传统工业建筑与文化产业联姻，焕发了新的生机与活力，传统工业空间的审美再造已成为上海都市空间重构的成功模式之一。“在都市化进程中，现代工业呈现出两种不同的现实命运：一是边缘化，现代工业作为人类生活支柱的朝阳时代正在成为历史；二是景观化，是指工业生产空间同自己固有的‘生产内容’与有限的‘实用目的’剥离，在都市化进程中通过文化创意等审美生产程序使自身再生产为新的都市景观。正是在大都市的财富、人口与剩余时间的基础上，占据着庞大都市空间的废弃厂房才能现实地完成新生的历程，化腐朽为神奇，成为商业流通、文化创意与艺术生产的重要空间。如果说，前者可以用‘暮色中的工厂在远处闪着光’作隐喻，那么后者则是‘暮色中的工厂成了都市最美的

① 《苏州河畔点石成金的登琨艳》，《外滩画报》，2005年12月31日。

风景'。"①

二、上海都市空间重构的三个问题

在迈向现代化国际大都市的过程中,上海都市空间出现了郊区化、垂直化、审美化的趋势,尽管这些现象的是与非还暂时不能妄加评判,但是都市空间的生产与再生产也带来了许多问题,主要体现在三个方面。

(一) 居住空间分异

居住空间分异通常是指具有特定特征和文化的人群在城市中居住在一起从而形成特色邻里的倾向,即同质群体相对聚居,异质群体相对隔离。② 居住空间分异会造成社会隔离,尤其是贫富阶层之间的隔离,会减少城市中各个阶层之间对话的机会,从而进一步扩大贫富差距,造成社会不稳定因素以及贫困阶层的仇富心理、富裕阶层极度的优越感,有损社会公平和城市正义,最终导致阶层矛盾激化。

老上海的空间分异现象非常严重,随着上海市区土地的深度开发及动迁改造,区位优劣界限曾经在一段时间里模糊了,但是 1998 年实行住房货币化制度以来,居住空间分异现象再次浮出水面。由于上海市民的贫富差距拉大,对于房产价格的承受能力出现了较大差异,在级差地租的作用下,开发商围绕"市中心的黄浦、静安、卢湾、徐家汇、长宁等地区以及浦东新区陆家嘴与世纪公园地区开发高价位住宅,形成上海住宅租赁价格空间分布图中东西向的两个高价扇形区域(图 31),而新建的职工住宅与政府动迁安置房则分布在外环线附近。"③房产价格由于一张过滤网,将低收入群体过滤出来迁往郊区,收入越高,居住地段离市中心越近,这也是上海的居住郊区化与西方城市的居住郊区化不同之处。历史有着惊人的相似,近代上海在闸北、杨浦等区曾经出现了大量的棚户区,后来在大规模的城市改造中消失殆尽,而近十几年来在郊区又

---

① 刘士林:《暮色中的工厂:都市化进程中的审美景观生产》,《人文杂志》,2007(02)。

② 孙彬栋、吴雅菲:《上海居住空间分异的实证分析与城市规划应对策略》,《上海经济研究》,2008(12)。

③ 孙彬栋、吴雅菲:《上海居住空间分异的实证分析与城市规划应对策略》,《上海经济研究》,2008(12)。

滋生了大规模的棚户区，居住其间的人们与近代史上棚户区里的人们如出一辙：同样来自农村、从事最底层的工作、过着最底层的生活。

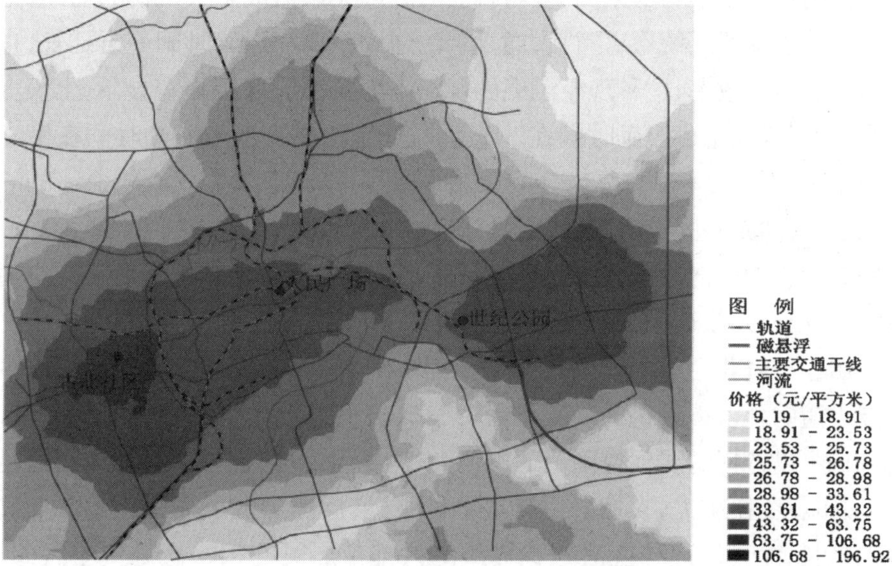

图 31　上海房地产价格水平示意图①

(二) 居住与就业空间错位

居住与就业空间的平衡问题一直是西方城市研究者关注的热点，早在1968年哈佛大学学者凯恩(Kain)就提出了“空间不匹配”(spatialmis-match)理论，他认为大都市中居住空间与就业空间存在着不匹配现象，主要表现在求职者居住地与就业机会在数量和质量上的不匹配，这给弱势群体就业造成了极大障碍，因为这个群体往往对就业地和居住地缺乏选择权。其后的研究也表明，居住与就业分离可以促进产业的集聚，其发生的内在机理是“企业和居民选址及其相互作用的结果”，“企业选择区位时在集聚经济收益、土地成本和劳动力工资成本之间权衡，追求利润最大化；居民家庭选择区位时在工资收入、土地成本和通勤成本之间权衡，追求效用最大化。企业和居民家庭由此形成竞租函数，在城市中每块土地上，竞租最大者获得该块土地，最终形成城市

① 孙彬栋、吴雅菲：《上海居住空间分异的实证分析与城市规划应对策略》，《上海经济研究》，2008(12)。

中‘居住—就业’的空间格局。”①

虽然居住与就业的空间分离可以实现产业的集聚经济效应，但是两者的过度分离也带了不利因素，居住与就业的分离关系造成了大规模的通勤行为，从而导致了交通系统不堪重负，通勤者的通勤距离和通勤时间一再延长，也降低城市的运行效率，这种现象已经出现在上海。2015 年的调查显示，上海上班族中，约五成人上班通勤时间在 30 分钟之内；四成人上班通勤时间在半小时到一小时；另有近一成人每天上班通勤花费 1～2 小时。② 随着轨道线的陆续投入运行，通勤时间有所减少，但是通勤成本又成为通勤族的巨大压力。而且远距离的通勤还造成了效率低下、不稳定因素等问题，近年来上海轨道交通事故频发，给通勤族造成了极大困扰。

居住与就业空间的错位其实是大都市的现代化特征之一，都市沿着主要交通干道向外以摊大饼的模式扩容，汽车、轨道等现代化交通工具的普及，使得人们可以选择的居住空间范围更加大，但是这其中隐含的悖论是，交通越便捷，城市就变得越大，人们会住得离单位更远，反而导致了通勤距离和通勤时间的延长，尤其是这种生活方式导致的大都市居民的精神恶果更不容忽视。正如芒福德所说：“在大城市广阔郊区的边缘，住宅布局更为稀疏，甚至连基本的居住区的住宅组群都不存在了。这种在空间上分隔的代价，与它当初想像中利益，实在太得不偿失了，其结果是使人们的生活好似包在胶囊之中，有更多的时间坐在汽车里或是坐在黑洞洞小屋子里的电视机前；很快，只要交通再自动化一些——主要是在汽车方面，上下班距离会更远，那时行车遥控化，开汽车的人连掌握方向盘的自由都没有了，可以在车内专门看电视了。这种生活的每一方面都将通过官方渠道，并受其监督。这一端不用人的手去碰，那一端也不用人的心灵去碰。那些接受这种现实生活方式的人们，好像被装入火箭筒里，在天空中疾驰，一切都被精确地安排停当，他们选择的余地是很少的，他们被允许做出的反应也是限制的、不足的。说实在的，这里我们看到了‘孤独的人群’”。③

---

① 郑思齐、曹洋：《居住与就业空间关系的决定机理和影响因素——对北京市通勤时间和通勤流量的实证研究》，《城市发展研究》，2006(16)。

② 鲁哲：《上海社科院发布申城上班族居住地与通勤时间调查报告》，东方网，2015 年 3 月 19 日。

③ 芒福德：《城市发展史》，北京：中国建筑工业出版社 2005 年版，第 518、524 页。

(三) 公共空间私有化

公共空间私有化现象也一直饱受西方城市研究者的诟病,例如迈克·戴维斯在《洛杉矶要塞》中一再指出,洛杉矶的暴君式的居住区、商业化的保安措施以及严格的门禁邻里制度导致了公共空间的消失,"这场保护城市安全的征讨带来了一个无可规避的普遍后果,就是毁掉了让人能走进去的公共空间。'街民'一词在当代是个丢人的头衔,这本身就令人痛心地指明了公共空间的江河日下。为了减少遇见'不可碰触者'的几率,城市改造计划就把一度生机勃勃的步行街道变成了交通走道,把公园变成了无家可归者和穷人的临时栖身之所,许多批评家意识到,美国的城市已经被成体系地翻了个兜底朝天,或者不如说,是翻了个外面冲里。核心处集中着新建的巨型楼厦和超级购物城的稳定空间,临街的前立面被剥得光光的,公共活动被归入了各类严格限定功能的局部,而交通则向内转,挪到了由私人警卫凝神注视着的走廊里。"①传统的公共空间和娱乐项目由此转变为私人空间和付费项目。

西风东渐,效仿美国模式的上海房地产开发商有了极大的收获,公园地产、亲水楼盘都成为赚取巨额利润的不二法门,这背后隐藏的是公共空间的私有化问题。以上海的母亲河苏州河为例,本是全体市民共享的景观资源,但是近年来苏州河沿线地块成为住宅开发热点,以普陀区为例,该区苏州河沿岸有中远两湾城、半岛花园、大上海城市花园、上海知音、大华清水湾、建德花园、圣骊澳门苑、新湖明珠城、苏堤春晓、燕宁花苑、天安阳光半岛、国棉二厂改建地块、万方大厦等项目。这些项目中大多建设亲水景观岸线。这种情况下,房地产商把亲水岸线变成了社区内的私家花园。一般市民从此路过,只能绕道而行,而无法享受到本该共有的风景。

公园地产也是如此。上海中心城区的公园周围大都围绕着林立的高层建筑,而公园、河流、湖泊、森林、海水这些自然资源已经成为大都市中最贵的商品,例如号称沪上第一楼盘的上海某物业,其广告语为"只献给巅峰世界的杰出人物",就霸占了东滨江公园的一角,把本属于市民共享的黄浦江景观纳入自己私人领地。还有浦东世纪公园周围,数十栋高层建筑一字排开,正面环绕世纪公园绵延 700 多米,犹如一道屏障将世纪公园圈了起来。"面对世纪公

① 薛毅:《西方都市文化研究读本第四卷》,桂林:广西师范大学出版社 2009 年版,第 6 页。

园,怎能坐第二排",因为只有第一排,才能享受世纪公园的景观,景观成为有价值的附加品。鲍曼曾经说,免费观看的权利,过去是闲游者,未来是消费者的报酬。所以,公园、河流、湖泊、森林、海水都成了富人的私人物品,"会当凌绝顶,一览众山小"或者"沧浪之水清兮,可以濯吾缨;沧浪之水浊兮,可以濯吾足"这些人与自然亲近的权利已经不再属于城市底层人民。

三、上海都市空间重构的驱动因素

都市空间的生产与再生产是 30 年来上海都市发展的重要内容,在这个过程中都市空间得以重构,出现了三大趋势,也存在着很多问题,究其根本原因,上海都市空间重构的驱动因素无外乎产业结构调整、城市更新、消费主义三个方面。

(一) 产业结构调整

产业结构调整与城市空间重构息息相关。20 世纪 90 年代开始,上海进行了转变经济增长方式和产业结构调整,"退二进三",大力发展第三产业,实现"三、二、一"的产业布局,到 2000 年前后,第三产业的生产总值和从业人员均超过了第二产业,上海从劳动密集型城市转变为知识和技术密集型城市。经济转型给上海带来了深远影响,空间作为一种重要的资源,也开始流向第三产业。创意产业的崛起就是典型的例子,国外城市的经验表明,创意产业不仅能够推动城市产业结构升级、增强城市竞争力,还能对城市文化建设、人才教育和培训、老建筑的改造方面起到促进作用。因此,上海在进行产业结构调整的时候自觉地选择了发展创意产业。

创意产业发展需要一定的空间来作为其生产的场所,传统的制造业为主的工业遗留下来的老建筑以其租价低廉、集聚文化内涵等原因与创意产业一拍即合,上海市公布的第一批 18 家创意产业基地大都脱胎于工业历史建筑。在政府、资本、社会、艺术家的耦合下,工业历史建筑成为新兴的创意产业孵化基地,其自身的场所精神也再一次得到挖掘和创新,第一批创意产业中的 M50,拥有 19 世纪 30 年代到 90 年代各个历史时期的工业建筑 41 000 平方米,是苏州河畔保留最为完整的民族纺织工业建筑群。M50 最早为信和纱厂,后为信和棉纺厂、上海第十二毛纺织厂、上海春明粗纺厂,见证了上海近代史上民族工业的发展历程。其古朴典雅的建筑糅合了明快时尚的现代元素,对艺术家们具有无穷的吸引力。以 M50 为代表的工业历史建筑转化而成的创意产业基地,不仅为新兴产业提供了舞台和空间,也保留了上海的历史文脉,成为独特的文化空间和都市视觉景观。

(二) 城市更新

城市更新流行于第二次世界大战后的欧美国家,它不仅是一种内城改造运动,同时也形成了一种思想和学说。最初城市更新曾经遭到了城市研究者的批判,例如芒福德认为城市更新只是表面上换了一种形式,实际上继续进行着同样的无目的的集中并破坏有机机能,并强调城市更新应该符合人的尺度。经历了几十年的实践和探讨,西方国家的城市更新的概念和内涵不断创新和提高,例如人本思想的回归导致了城市更新强调公众的参与,可持续发展理论使得城市更新更加注重统筹兼顾各代的利益,由此,"城市更新也正向着更加理性化、人性化和生态化的方向发展,由单一的清理开发变为清理开发与修缮保护相结合,从有形的物质改造发展为物质改造、经济复苏、社会发展、文化回归并重"。①

上海大规模的城市更新始于 20 世纪 80 年代,经历了 90 年代的高潮期,到 2006 年,拆迁总面积达 4 300 多万平方米,动迁居民 92 万多户,居民住宅拆迁面积所占比例超过了 70%。在政府和开发商的推力与郊区良好居住条件的拉力作用下,大量居民从市中心旧区迁到了郊区安置基地,这是居住郊区化的最大驱动力之一。毋庸置疑,动迁改善了旧城居民的生活条件,同时也给动迁居民的身份认同、家庭结构、亲属关系、生活方式带来了质的变化。以身份认同为例,上海人具有很强的地段意识,这些动迁居民本来自认为是"上海人",但是动迁到郊区后不能融入当地的居民中,又脱离了原来赖以标示身份的居住空间,只能身在曹营心在汉,对于原来的居住区域念念不忘,这在不解其中味的外人看来未免滑稽。凯文·林奇说:"……孤独的战士相互交流时,最初也最容易谈到的就是对'家乡'的回忆。一处好的环境意象能够使拥有者在感情上产生十分重要的安全感,能由此在自己和外部世界之间建立协调的关系,它是一种与迷失方向之后的恐惧相反的感觉。这意味着,最甜美的感觉是家,

① 陈映芳:《都市大开发:空间生产的政治经济学》,上海古籍出版社 2009 年版,第 540 页。

不仅熟悉，而且与众不同。”①这些动迁居民最初所经历的就是一种失去家园、迷失方向的感觉，只有在长期地与新居住地互动后，才能建构起新的认同感和归属感。

同时城市更新也是居住空间分异、居住与就业空间错位等问题出现的根源之一。城市更新过程中并不是所有的动迁户都迁往郊区，只有经济收入较低、没有其他替代房产的居民才会到动迁安置基地，动迁把弱势群体迁到了郊区，而富裕阶层仍然留在中心城区，这就造成了居住空间的分异。迁往郊区的居民只是居住空间的转换，工作空间没有改变，因此居住与就业空间错位问题也随之出现。

（三）消费主义兴起

后现代城市的功能发生很大的变化，市中心区由原来的生产、生活中心变为消费中心和娱乐中心，消费主义的盛行也是原来单一的为了满足基本物质生活需求的“购买行为”，变成了如今多元的为了满足精神和物质需求的“消费行为”，人就是他所消费的，消费观念、消费行为、消费水平、消费品位成为建构个体身份的不可或缺的元素，消费文化以锐不可当的气势渗透到生活的方方面面，尤其是上海这样的大都市，日益成为巨大的消费机器。

消费主义盛行，消费者流成为国家、城市、企业、产品追求的目标，从城市的角度而言，就是要塑造良好的形象、增强吸引力、提升知名度和美誉度，这主要通过两个方面来实现，一方面提升硬实力，在城市景观、基础设施、娱乐设施等方面加大投入，为消费者提供满意的服务，另一方面就是提升城市的软实力，营造文化氛围，注重城市符号和象征意义的生产、包装、宣传和销售，这促使城市本身也成为可供消费的商品。这些直接导致了城市空间的垂直化、审美化趋势，也导致了公共空间私有化的问题。

消费具有了象征和区分功能，一方面，消费个体通过某种消费方式将个人融入某个阶层和群体，取得身份认同感，另外一方面，消费个体又通过区别于其他阶层的消费方式来强调自己不属于该阶层来区分身份。消费空间从中起到了推波助澜的作用，20 世纪 90 年代中期上海出现的高星级酒店就是这样的消费空间。大都市在成长过程中必须不断生产出更多的空间来满足自身不断

① 凯文·林奇：《城市形态》，北京：华夏出版社 2001 年版，第 99、93、3 页。

膨胀的需要，然而作为符号的空间已经超越了物质存在的层面，成为与大都市居民的生活和精神息息相关的文化意象。人们来到城市是为了寻求“更有意义、更美好的生活”，如果大都市的空间文化不能满足这一目的的话，大都市的魅力势必会大打折扣。改革开放以来上海的都市化进程日进千里，都市空间的生产与再生产也气象万千，然而随之而来的问题也成为上海都市发展的不和谐音符。回顾 30 年来上海都市文化空间的变迁，探讨如何建设人性化的都市空间文化，正是本文的意义之所在。

专题报告

长三角“中国传统村落”调查研究报告

长三角十大“中国传统村落”个案研究报告

长三角“中国传统村落”调查研究报告

在 2013 年中央城镇化工作会议上，习近平总书记指出：“在促进城乡一体化发展中，要注意保留村庄原始风貌，慎砍树、不填湖、少拆房，尽可能在原有村庄形态上改善居民生活条件”。中共中央国务院印发的《国家新型城镇化规划（2014～2020 年）》提出“建设各具特色的美丽乡村，保护有历史、艺术、科学价值的传统村落、少数民族特色村寨和民居”，为我国传统村落保护确立了基本原则和发展目标。为做好中国传统村落保护项目实施后的评价工作，上海交通大学城市科学研究院、住房和城乡建设部《传统村落文化特征分析与评价研究》课题组联合研制了中国传统村落评价指标体系，并在苏浙沪 26 个中国传统村落开展大型调研，为建构符合我国传统村落环境资源和人文社会条件的传承保护模式提供了有益探索。

一、长三角“中国传统村落”保护的背景与现状

中国自古以农立国，至今仍是农业大国，现有乡镇级建制单位 41 636 个，设村委会的农村 58.9 万个，既是大多数新城市人的“乡愁”所系，也是约 1 亿人实现就近城镇化的“空间”所在，已成为我国新型城镇化的问题结合部和矛盾焦点，而富有中国历史文化特色的传统村落更是到了“再不保护就悔之莫及”的紧要关头。

1. 我国传统村落保护的背景与现状

据住建部发布的《中国传统村落名录》，截止到 2014 年 11 月，已入选的传统村落达 2 555 个。从总体情况看，以省区直辖市为单位，涵盖了除台湾、香港、澳门以外的各省、自治区和直辖市，它们主要集中在云南、贵州、广东、浙江、江西、福建、安徽、山西 8 省，计为 1 720 个，约占总数的 67.3%。云南、贵州两省计有 928 个，占总数的 36.3%，堪称中国传统村落的核心区。江苏、北

京、新疆、宁夏、上海、天津、西藏、内蒙古、辽宁、吉林、黑龙江、海南、甘肃等 13 个省区直辖市，传统村落仅为 155 个，占比不足 6.1%。总体现状是，分布极不均衡，保护情况差别很大。

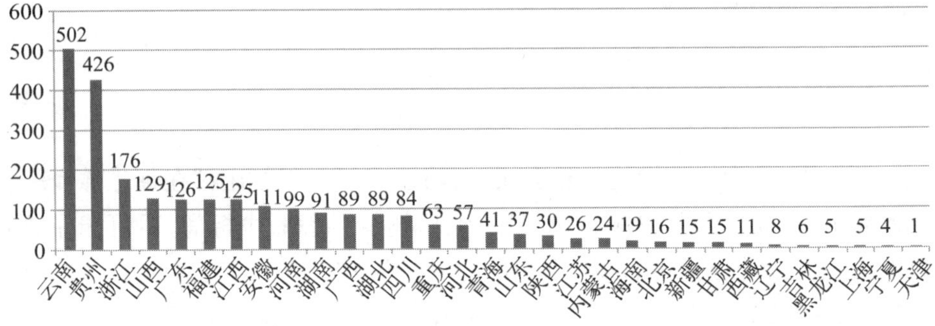

图 32　中国传统村落空间分布情况(上海交大城研院制图)

注：此图不含香港、澳门特别行政区和台湾省

2. 江南传统村落保护的背景与现状

江南传统村落是我国重要的物质文化遗产和农业文化遗产，由于地处长三角城市群的“夹缝”地带，在快速的城镇化进程中，传承保护形势十分严峻。同时，由于其他区域都在模仿长三角，其农村也多模仿长三角的乡镇企业模式，开展江南传统村落传承保护研究与试点建设，对传统村落保护发展具有重要意义。

第一个需要解决的是主体界定问题。在长三角，中国传统村落的申报主体并不一致，有的是行政村，有的是自然村，还有少数是城镇中的传统街区，加上一般的“自然村”消失和变化很快，通常是统计过程还没完成，一些自然村就已消失不见。在快速城镇化进程中，这种情况在全国相当普遍。对此，课题组选择了相对稳定和可准确统计的“行政村”作为“分母”，由此获得苏浙沪三省市行政村与江南传统村落的数量对比情况。

在总体上看，经济越发达和城市化水平越高，传统村落的传承保护就更加困难。与中国其他地区相比，苏浙沪的传统村落与各自的行政村相比，所占比例都偏低，其中，上海为 3.01‰，浙江为 7.14‰，江苏则低至 1.54‰。这表明江南传统村落保护与经济发展是一种“负相关”关系，不断加速的城市化进程更是传统村落大规模和快速消失的主因之一。

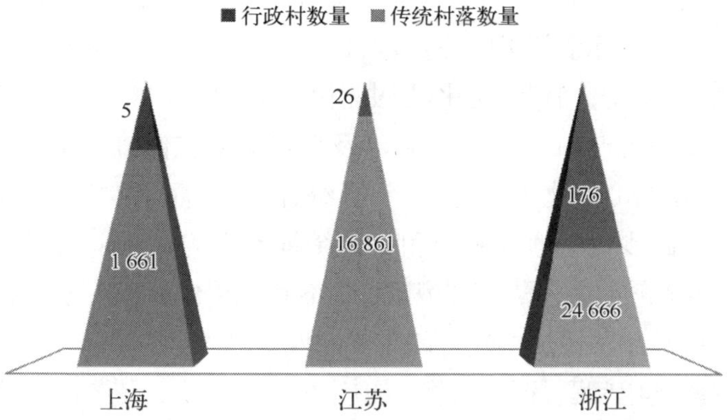

图 33　苏浙沪行政村与中国传统村落的数量对比(上海交大城研院制图)

从横向比对上看,发展模式至关重要。以江苏和浙江为例,2012 年两省的城市化率均在 63%上下,在 GDP 增速上,浙江为 8%,江苏为 10.10%,相差也不大,但浙江、江苏的传统村落数量有明显差别,达到 88：13。这主要是受发展模式影响。在江苏,所谓“成也萧何,败也萧何”,“苏南模式”在促使乡镇企业迅速发展的同时,也使原本数量众多的江南传统村落迅速消失。而乡镇企业发展适度,侧重发展旅游的浙江,传统村落的保护和发展要好得多。与《国家新型城镇化规划》提出“注重人文城市建设”相一致,传统村落保护与开发,也要重点探索以非工业化、非城市化为特征的文化保护新路。

二、江南传统村落评估认定框架的建构与阐释

保护传统村落,最重要的是确立标准,明确保护什么和怎样保护?标准对制定政策和资源配置有重要导向作用。解决不好不仅会直接影响保护工作的实施,还有可能引发新一轮的“建设性破坏”或“保护式破坏”。

1. 目前传统村落评价认定的主要问题

造成传统村落保护不力的原因,既有外部客观条件的影响,也有资金、政策等因素的限制,还有指导方法和技术上的问题,但归根结底是缺乏基础理论研究,无法全面和深刻认识传统村落的本质和发展规律,并在此基础上确立科学的评价与认定标准体系。

目前使用的《传统村落评价认定指标体系(试行)》,主要问题是“‘物的指

标偏多'而'人的指标很少'"。在其三大指标中,两个属于建筑和规划领域。如传统建筑评价指标全部集中在建筑、建筑群上。在选址和格局评价中,5 个指标仅有"科学文化价值"和文化、历史相关,分值仅占 35%。非物质文化遗产评价也主要围绕规模和级别,尽管也涉及乡村文化和价值,但往往简单等同于"文物保护单位"和"非物质文化遗产"等统计数据,而与其是否存活于日常生活世界无关。缺少科学理论指导和文化精神贯穿的体系框架,是导致传统村落保护"只有躯壳而缺乏灵魂"的根源,既不利于传统村落保护的持续性,也不会真正成为慰藉中华民族"乡愁"的现实空间。

针对这些突出问题,课题组将"传统村落"界定为:民国以前建村、保留了较长的历史沿革、至今仍为人们提供服务的,以农业文明特有的环境与资源条件为空间基础、以农业生产生活方式及其政治经济社会结构为主体形态、以农耕社会的生活观念、价值态度、民俗风习、文化心理、审美态度等为人文精神的村落聚落形态。同时,研发了"文化资源三分法"的框架体系,主要包括对应于传统村落环境与空间形态的"物质文化指标",对应于传统村落社会与组织形态的"社会文化指数"和对应于传统村落非物质文化的"人文文化指数"。与一般的地理学、建筑学、社会学研究相比,这个框架涵盖了传统村落的主要内容,为协调好各相关方的认识、职能和工作提供了"顶层设计"。

2. 江南传统村落评估认定体系的建构

按照"物质文化""社会文化"和"人文文化"的"三分法",江南传统村落保护的主要对象包括:"鱼米之乡"的自然环境条件、"晴耕雨读"的生产生活方式和以吴风越俗为主体的人文文化谱系。同时,课题组以前期的江南文化理论与资源研究为基础,结合江南区域文化及当今长三角城市群发展趋势,研发了江南传统村落评价认定的要素体系。

(1) 物质文化要素体系:以特色建筑为中心,包括植被、古树、名木、小巷、水巷、青石板、白粉墙、后门河埠头、街楼、庭院、圈门、水阁、河房、舟船、平桥、拱桥、桥廊、桥亭等。

(2) 社会文化要素体系:以特色社会要素为中心,包括戏台、庙观、美食、手工艺、祠堂、祖坟、匾额、石刻、茶室、小吃、邻里、社交场所、酒肆茶坊等。

(3) 人文文化要素体系:以特色人文要素为中心,包括诗词、绘画、戏曲、民歌、野趣、掌故传说、名人、文化记忆、楹联等。

这些要素代表了江南传统村落的特色和特质,揭示了江南传统村落保护的重点内容和主要层面。同时,按照“拥有的文化要素越多,传统村落的内涵就越完整,在本质上最接近完美江南传统村落”的基本原则,课题组设计了江南传统村落评估认定指数系统,为江南传统村落保护工作提供科学的理论指导,为我国开展大规模的传统村落保护评估提供区域经验和借鉴。

三、长三角“中国传统村落”调研与总体分析

为测试江南传统村落评估认定框架及指数系统,课题组选取 26 个位于长三角地区的传统村落以现场调研的方式采集第一手的数据信息,并从中评选出 10 个江南传统村落典范样本,为保护工作开展和制定相关政策法规提供参考。

1. 调研对象与空间分布

江南传统村落的调研对象,包括苏浙沪三地 11 市的 26 个中国传统村落。

表 9　江南传统村落调研名单

序　号	行　政　区　划		传　统　村　落
1	上海市(3 个)	闵行区	马桥镇彭渡村
2			浦江镇革新村
3		松江区	泗泾镇下塘村
4	江苏省(13 个)	南京市	江宁区湖熟街道前杨柳村
5			高淳区漆桥镇漆桥村
6		镇江市	京口区姚桥镇儒里村
7			丹阳市延陵镇九里村
8		无锡市	惠山区玉祁镇礼社村
9			锡山区羊尖镇严家桥村
10		常州市	武进区前黄镇南杨桥古街村
11		苏州市	吴中区东山镇陆巷古村
12			吴中区金庭镇明月湾村
13			吴中区东山镇三山岛
14			吴中区东山镇杨湾村
15			吴中区东山镇翁巷村
16			常熟市古里镇李市村

续 表

序 号	行 政 区 划		传 统 村 落
17	浙江省(10个)	杭州市	建德市大慈岩镇新叶村
18			桐庐县富春江镇石舍村
19		绍兴市	诸暨市东白湖镇斯宅村
20			绍兴县稽东镇冢斜村
21		宁波市	奉化市溪口镇岩头村
22			宁海县茶院乡许民村
23		金华市	永康市前仓镇后吴村
24			兰溪市诸葛镇长乐村
25		丽水市	缙云县新建镇河阳村
26			龙泉市西街街道宫头村

在空间分布上,26个村落均处于古代江南的核心区,同时属于长三角城市群的最新框架范围,覆盖了江南地区入选中国传统村落目录的主要类型,兼顾了三省市的不同情况,具有良好的代表性和示范性,是了解长三角中国传统村落保护的重要标本体系。

在选择标准上,注重三个条件:一是在物质文化上,须符合江南传统村落的自然与环境条件,二是在社会文化上,延续着"晴耕雨读"的江南生产生活方式,三是人文文化上,要传承以吴风越俗为主体的江南人文文化谱系。

在类型特征上,既照顾历史,又考虑当下,包括都市城市型(如下塘村、宫头村)、山区丘陵型(如许民村)、平原型(如李市村)、政治军事型(如冢斜村)、人口人物型(如新叶村,如岩头村)、文化遗产型(如河阳村)、整体保护型(如新叶村)、重点区划型(如严家桥村)、新旧并存型(如冢斜村)、重建型(如革新村)等。

此外,本次调研在线路、时间、车程等方面也有细致考虑,构成了一幅关于江南传统村落的景观细致生动和文化底蕴丰富的人文观光地图。

2. 苏浙沪三省市"中国传统村落"的总体评价

(1) 经济发展领先的江苏省,在江南传统村落保护上最落后。这主要表现在申报和入选的数量过少,浙江省的24 666个行政村中,入选传统村落目录的为176个,上海市的1 661个行政村中,入选的为5个,而拥有16 861个行政村的江苏省,入选的仅为 16 个。除了苏州,其他地方的传统村落保护也都比较差,商业化问题较为突出。

(2) 城市化水平最高的上海,尽管在传统村落数量占比上远高于江苏省,与浙江省接近,但也存在着资金短缺、政策不到位、保护乏力等问题。其为数不多的中国传统村落,不是由于新建而失去原汁原味,就是像马桥镇彭渡村那样正处在自生自灭中。

(3) 在江南传统村落保护中,浙江省的各项表现均居首位。浙江传统村落的基础条件并不是最好,其园林比不过江苏,古村落比不过安徽,在文化积累上也未见有大优势,但浙江赢在了传统村落保护开发的观念和意识上,肯动脑筋,花本钱,还有村干部和村民的热情和努力,都是江苏和上海不能相比的。同时,浙江在旅游开发方面积累的丰富经验,也为保护与开发的良性互动提供了支持。

3. 最具内涵和特色的"十大江南传统村落"

理论研究和田野调查相结合,兼顾定量方法与定性方法,充分运用聚类分析法和主成分分析法,参照实地体验、开放访谈、参与性和非参与性观察、个案调查,并经综合评价与反复筛选,新叶村、河阳村、儒里村、明月湾村、长乐村、冢斜村、宫头村、杨湾村、岩头村、彭渡村,堪称是长三角最具内涵和特色的"江南传统村落"。

四、江南传统村落保护存在的主要问题

1. 资金问题 这是普遍存在的问题,需要的投入资金也很大,仅靠乡级、村级的财政支持往往难以支撑,而文保部门、林业局、农委等部门的拨款,则要靠村干部各显神通去奔走争得,加上省级拨款在经费使用过程中往往有诸多限制,不便操作,缺乏专项拨款使保护工作十分艰难。但也有个别村落表示并不缺少保护资金,主要是村干部基本上没有什么保护设想和开展保护工作。

2. 土地问题 因保护古建原有风貌而产生的安置原住民外迁之土地置换需求普遍存在。如上海浦江的革新村,一方面由于"大居"市政配套建设占用了浦江镇 12 平方公里的建设用地指标,另一方面,对于古村落内占地面积大的文保单位又不允许异地保护,导致了该村对置换用地的需求格外突出。

表 10　最具内涵和特色的“十大江南传统村落”

序号	村落名称	所属行政区划	物质文化指标			社会文化指标			人文文化指标		村落类型	特征简述
			特色自然景观元素	特色生态资源元素	传统规划建筑资源元素	农业文化资源元素	历史文化资源元素	民俗文化资源元素	传统村落文教资源元素	传统村落文艺资源元素		
1	新叶村	浙江省杭州市	16	16	164	8	5	10	Na	8	综合保护型	物质文化方面规划精致，村落发展成熟且保存相对完整；社会文化方面仍保持有序的宗族结构和鲜活的文化传统；人文文化方面非物质文化遗产丰富多样。
2	河阳村	浙江省丽水市	7	2	105	1	1	27	Na	6	综合保护型	物质文化家底很好；社会文化方面“耕读家风”代代相承；人文文化方面非物质文化遗产内容丰富多样，且保护级别高。
3	儒里村	江苏省镇江市	Na	3	4	1	若干	若干	1	5	社会文化型	社会文化底蕴丰厚，“乡老”活跃，凸显江南传统村落的“儒家风范”。
4	明月湾村	江苏省苏州市	1	若干	24	Na	3	1	Na	2	综合保护型	物质、生活与文化家底厚重，传统建筑丰富，旧宅第保护相对完好，商业开发适度，对江南村落文化传承具有很好的示范性。
5	长乐村	浙江省金华市	6	2	147	1	3	4	Na	Na	物质文化型	具有庞大的古建筑群，是中国第一个以村落为单位的全国重点文物保护单位，是研究元明清时期江南民居的一个窗口。

续　表

序号	村落名称	所属行政区划	物质文化指标			社会文化指标			人文文化指标		村落类型	特征简述
			特色自然景观元素	特色生态资源元素	传统规划建筑资源元素	农业文化资源元素	历史文化资源元素	民俗文化资源元素	传统村落文教资源元素	传统村落文艺资源元素		
6	冢斜村	浙江省绍兴市	4	6	15	Na	3	5	Na	Na	物质文化型	古村传统形制很好，新村旧村界限分明，历史文化遗产丰富。古村保护主事者积极作为，热心而有能力。
7	宫头村	浙江省丽水市	1	Na	6	3	3	4	1	3	人文文化型	非物质文化遗产保护与开发得当，村干部和热心乡贤积极参与，良性互动，对古村人文文化的保护传承发挥重要作用。
8	杨湾村	江苏省苏州市	2	若干	47	Na	2	1	Na	Na	物质文化型	物质文化资源尤为突出，明清建筑数量多，且档次高，仅国家级文保单位就有三处。
9	岩头村	浙江省宁波市	1	5	50	1	5	7	Na	Na	社会文化型	重教兴学，人文鼎盛。民国历史文化资源尤为丰富，在全国独一无二。
10	彭渡村	上海市闵行区	3	3	若干	2	1	1	Na	4	物质文化型	有金氏宗祠、砖石廊道、各时期民居、金氏旧宅、临松老街等物质文化遗产，依稀可见往日繁华，在上海地区有突出的代表性，但保护情况不容乐观。

说明：1. 表中所涉单位繁杂，统一用“个”“类”表示；2. 表中统计数据来源于调研组第一手资料；3. 因部分文化资源元素数量众多，用“若干”表示，Na表示数据缺失。

浙江的情况也类似,但个别村落用林地置换建设用地的方式部分地解决了这一问题,如杭州的石舍村等。江苏的情况不太严重,大部分村落有配套用地指标。

3. 产权问题 大部分传统村落存在着古建的产权分属国有、集体及私人所有的复杂状况,维修与保护时很容易出现纠纷和冲突。上海的三座古村落都存在着这个问题。浙江的后吴村将村内文保单位都置换为集体所有,绍兴县稽东镇冢斜村的主要手段是“集体和住户按比例出资修缮”,江苏的明月湾村的产权全部属于私人,但是政府租用、修缮、管理、经营等,因此整村的风貌较完整。

4. 政策与机制问题 近一半的村落负责人表示,没有好的、有效的土地置换政策、文物保护政策及保护资金使用规则等,严重影响了村落保护工作的进行,一些村干部产生了后悔申报传统村落的情绪。由于缺乏后期监管及上级支持,个别传统村落还拆了部分老宅。

5. 观念与态度问题 由于村民缺少主动保护的意愿及村干部受经济驱动导致的传统村落物质文化遗产大量损坏,非物质文化遗产加速消失。在干群关系不和谐的地方,一些村民为了置换房屋故意损坏老宅。许多村落最初以血亲与族亲关系自发筹集保护资金,但随着外来临住人口增多,村民主人意识缺失,参与度与道德感同步下降。非遗类经济效益影响不明显,村干部保护积极性普遍不高。

6. 人才与管理问题 上海的革新村有着丰富的非物质文化遗产,但却面临“政府贴钱办书场,也无市场”的尴尬。浙江冢斜村负责人指出,目前古村保护急缺懂古建修缮的老匠人。还存在村委、区/县建管所、城规处、市政科、房管处、旅游开发公司等多个部门的“多头管理”问题,不利于总体保护发展。

7. 可持续发展模式问题 推动江南传统村落保护健康发展,在根本上涉及的是新农村建设走什么道路。一是和现代城市一样,走工业化、发展乡镇企业,村镇最后都变成了城市。目前受破坏比较严重的都是这种模式,不仅破坏了乡村资源和景观,也牺牲或遗弃了自身独特的文化传统与风俗习惯。二是上海嘉定区的“毛桥模式”,是以政府较少的投入、通过改善农民的居住、卫生条件、农业文化保护及推进农村环境的景观化,走出一条经济增长比较平缓、人与环境相对友好、社会进步与文化传统较为和谐的新型发展道路。可持续发展模式问题,应该引起重视和关注。

五、开展中国传统村落保护的对策建议

1. 从总体上看,制定目标合理、务实可行的总体战略规划,使目前比较混乱和散乱的保护工作系统化和规范化。

(1) 将传统村落规划纳入《国家新型城镇化规划》的总体框架并给予同等的重视,在整体上和我国实现现代化的总体目标相配合,在 2050 年力争使现存 90%的传统村落得到有效保护。

(2) 建议重点编制"片区性"传统村落保护规划,并侧重对区域文化特色及不同村落文化个性内涵的保护,实现区域内传统村落的系统性和完整性保护。具体可以江南传统村落为对象,尽快开展长三角传统村落保护规划,获取相关经验,便于推广。

(3) 建议对已有的传统村落规划专家评审委员会进行重组,目前规划、建筑、旅游开发等方面专家多侧重于硬件和经济效益,不利于文化保护和传承的教训,建议该委员会应采取多元化、多学科的遴选方式,并对社会学、人文学的专家有所侧重。

2. 针对中国传统村落保护中的"资金与土地"两大重点问题,及时出台新的政策并不断深化改革已有的配套政策措施。

(1) 建立健全相关的专项经费。针对传统村落规划编制资金、建筑维修基金、环境整治资金的缺乏,建议由国家和地方政府联合建立专项经费,同时出台资金支持细则,解决上述资金的缺口问题。不建议由社会资金或商业机构主导。

(2) 加大县级财政对传统村落保护资金的管理权。县级政府对传统村落的情况比上级部门更清楚,对该投入的比例把握也更加准确。建议将相关经费的审批和使用权下放,上级部门只起指导和监督作用。

(3) 尽快出台传统村落保护用地置换政策。在有效保护农村耕地面积的同时,将传统村落居民生活条件的改善作为首要任务,对入选的中国传统村落在旧宅基地置换或新宅基地批准方面给予专项政策,参照城市改造中"新城""老城"分别建设的模式,集中规划新村建设,高效利用置换出来的土地,切实解决传统村落居民的生产生活困难。

3. 从传统村落物质文化保护层面看，重点使用当代高新技术与材料，以切实降低保护成本、提高保护质量。

（1）针对大部分传统村落保护观念落后的现状，植入智慧城市的新理念，以智慧村落建设为中心，运用信息化手段跟踪和即时检测传统建筑和文物的损毁或老化情况，提高传统村落保护的信息化水平，节省人力物力成本。

（2）针对大部分传统村落保护材料原始的现状，结合近年来国内外先进材料科技的发展，在尽可能保护传统村落空间格局、老建筑、文物的物质形态的前提下，研究适合我们不同地区传统村落的新材料目录，通过运用新材料最大限度地实现"修旧如旧"，并尽可能延长老建筑和文物的自然损毁进程。

（3）针对大部分传统村落维修技术低端的现状，结合近年来国内外先进建筑技术、工具和方法的发展，在传统村落的空间格局调整、老建筑与文物维修等方面，尽可能运用当代的新技术和新工具，以最小的代价实现传统村落服务功能的现代化，为居民能够安居其中并提高生活质量提供必要的条件和服务。

4. 从传统村落社会文化与人文文化保护层面看，通过重建美丽乡村的生活方式和开展文化乡村建设，提升凝聚力、文化魅力和内生活力。

（1）针对传统村落的空心化、商业化和虚假化等突出问题，进一步突出传统村落保护中的生活方式和文化主题建设。乡村生活方式和乡村文化，既是我国文化建设中最重要的核心资源，也是我国近年来迅速壮大的各级城市的永恒母体，只有切实保护好这个"根"和"源"，才会有真正丰富和繁荣的城市生活方式和文化。

（2）针对传统村落保护中"硬件"与"软件"的严重不平衡，大力开展"文化乡村"的理论研究和示范区建设。其中，以传统儒家文化为基础重建"尊师重教""敬贤尊老""勤劳朴素"的乡村文化价值观和人生观，对于克服现代城市文化中极端的个人主义、利己主义、"社会解体"等"城市文化病"，具有重要的现实意义和深远的文化价值。

（3）针对传统村落人文文化保护资金匮乏、后继无人的尴尬，建议尽快完善一整套和城市文化政策相平行的农村文化政策和公共文化服务体系，实现从"送文化下乡"这种被动服务到"文化扎根"的自主发展，并在资金、项目等方面给予和城市同等甚至更大力度的支持。特别是对于扎根于农村的广大民间文艺爱好者或者民间学者，建议设立专门的科研项目申报通道，给予资金支持。

5. 从提升传统村落保护质量和加强管理的层面，建议研究和建立有进有出的动态管理机制，同时针对传统村落保护现状迅速出台相关“抢救性”措施。

(1) 对于物质文化要素丰富，历史性、延续性、典型性都较突出的传统村落给予重点支持，以尽可能挽救大量濒于消失的传统村落，物质文化要素是传统村落最重要的基础和标志，一旦被破坏或自然损毁就不可能再有。

(2) 对社会文化资源丰富、人文文化要素独特的传统村落，要重点给予保护规划编制、非物质文化认定等方面的支持，使这些依旧活态的传统村落生活方式和文化，迅速与国家已出台的相关政策接轨，并从中获得相关的资金支持。

(3) 对既无成片有价值古建，又无典型地方文化色彩，而仅以文物保护单位为主体申报的中国传统村落，且其作为文物与当地民生、民风并无密切联系的传统村落，建议撤销其传统村落的称号，提高其文保单位级别并统一纳入文保系统加以保护。

长三角十大“中国传统村落”个案研究报告

内容摘要：从江南村落文化特征的概念界定、文化主题、文化要素体系、文化指数构建与评估等方面开展研究工作，制定传统村落文化特征指标体系，并从长三角地区甄选了26个入选中国传统村落开展调研，经过综合评价与筛选，确立了新叶村、河阳村、儒里村、明月湾村、长乐村、冢斜村、宫头村、杨湾村、岩头村、彭渡村为十大江南传统村落。

关键词：江南　传统村落　保护

上海交通大学城市科学研究院、住房和城乡建设部《传统村落文化特征分析与评价研究》课题组从江南村落文化特征的概念界定、文化主题、文化要素体系、文化指数构建与评估等方面开展研究工作，制定了传统村落文化特征指标体系，并从长三角地区甄选了26个入选中国传统村落目录的村落开展调研，经过综合评价与筛选，确立了新叶村、河阳村、儒里村、明月湾村、长乐村、冢斜村、宫头村、杨湾村、岩头村、彭渡村为十大江南传统村落。

一、杭州市建德市大慈岩镇新叶村

(1) 村落概况

新叶古村位于建德市西南大慈岩镇，建于南宋嘉定十二年(1219年)，已有近千年的历史。由于村子以村后的玉华山为主山，所以新叶村子系被称为玉华叶氏。从玉华叶氏第一代到这里定居后，历经宋、元、明、清、民国，至今已有780年历史。①

① 《建德新叶省级历史保护区保护规划》项目组，《建德新叶省级历史文化保护区保护规划》，浙江省万村联网工程 2005年1月。http://xnc.zjnm.cn/zdxx/xwlb/view.jsp? zdid = 7572&lmid = 6&id = 180022.

它是在历史洪流中排除了干扰，避开了战乱灾祸，一直没有间断地保持着血缘的聚落，繁衍成一个巨大的宗族，新叶村是在宗法制度统领下形成的聚落的完美典型。叶氏后人没有轻易地拆掉祖上留下的房屋，因此，就使得这个村落的格局和古代建筑"有规划，建筑质量好，村落发育程度相当高，建筑类型多，而且基本上完整地保留了下来"（清华大学古建筑研究所陈志华）。① 新叶村近期因为湖南卫视播出的《爸爸去哪儿》而声名鹊起。

(2) 类型特点与评估情况

新叶村属于江南传统村落里在物质文化、社会文化、人文文化方面保护与开发工作做得比较好的古村，综合文化实力较为突出，属于综合保护型传统村落。

物质文化方面，新叶村总体格局独特，规划精致，建筑类型多，建筑质量好，村落发展成熟且保存相对完整，至今仍保留着明清时期的村落面貌。传统历史建筑丰富，目前村里有 16 座古祠堂、古大厅、古塔、古寺和 200 多幢古民居建筑，被称为"中国明清建筑露天博物馆"。②路网系统、水利系统、历史遗存这些主要的物质文化元素都保存完好，标志性的文峰塔、文昌阁、大小宗祠、庙宇、水利设施等至今仍在发挥作用。

社会文化方面，古村至今仍自觉保持着有序的宗族结构和鲜活的文化传统，地方文化很丰富，如古色古香的村落营造技艺、绵延百年的新叶昆曲、影响深远的民俗节庆，还有众多传统手工技艺和丰富的传说典故、信仰崇拜等颇具地方特色。其中西山祠堂厢房中有叶氏家族历史、玉华叶氏宗谱的相关展览；有序堂中不定期布置的新叶历史展、叶氏家族历史人物展；新叶土曲酒展示馆收集了传统酿酒工具，常年展示传统土曲酒的酿造工艺流程；民间古艺木雕展示馆中展出了传统工匠们的木雕作品和雕刻过程；明香园旅馆展出传统家具和生活用品；西山祠堂与其他建筑中陈列了大量农具和日常生活器具。

人文文化方面，新叶村非物质文化遗产丰富多样，非物质文化遗产的保护工作做出了很大成绩，有"新叶昆曲""新叶三月三"2 项浙江省非物质遗产，另有 3 个项目入选杭州市级非遗名录、8 个项目入选建德市非遗名录。③ 新叶昆曲有整本大戏 11 本，折子戏传承人叶昭标定期培训村民，定期在村中组织演

①② 叶骏：《新叶：明清建筑露天博物馆》，《金华日报》，2009 年 10 月 9 日。

③ 《建德市新叶古村入选省非遗名单》，《杭州日报》，2012 年 12 月 14 日。

出。在调研时我们还有幸观看了“新叶昆曲”的表演。

(3) 保护建议

第一,以适度的活化开发代替封闭式保护。新叶村物质、社会、人文三方面的文化资源保护都不错,主要是保护起步早,且与专家团队介入指导相关。除了保护好,给我们留下印象最深刻的是新叶村将保护和开发很好地结合在一起,既没有因为过度保护而影响当地百姓的生活与生产,也没有过分开发而破坏传统建筑与当地民风民俗,千年古村至今仍在和谐有序地运转,且不断有新的时代元素融入,呈现出一片欣欣向荣的景象。所以建议新叶村坚持适度的活化开发,代替传统的封闭式保护。

第二,以整个村落为单位整体性保护。当前传统村落的保护多是对个别优秀建筑的修修补补,对于整个村落的村容村貌,以及村落结构给予的保护很少。但是整体性保护往往最能体现它的价值,所以建议新叶村以整个村落格局、脉络为基础,将古村视为一个整体单位进行保护,而不是聚焦个别单体建筑。

二、丽水市缙云县新建镇河阳村

(1) 村落概况

河阳村位于缙云县新建镇镇西 1.5 千米处,①始建于五代末期,现存大量建筑为元代古民居,距今已有 1 000 多年的历史,是浙江省第二批省级历史文化名村之一。古村绿树繁茂,河水清冽,背山临水,风景极好。② 河阳村南北宽 500 米,东西长 730 米,总面积约 0.4 平方千米,现存水系和街巷均系古代遗迹。古村有“四灵”(左青龙、右白虎、前朱雀、后玄武)俱全的山水形态结构,比例尺度恰如其分。现存的街道格局较为完整,以村内 150 米长的古街为中轴线,村中道路呈“五纵四横”的结构形态。古建筑保存数量非常之多,且类型不少,还有堪称中国民间艺术一绝的河阳窗花剪纸,以及历代农民义军的遗迹,古色古香的民俗活动,构成了江南罕见的千年文化古村。③

---

① 《缙云河阳村:古韵长流清净间》,丽水印象网,2014 年 4 月 29 日。

② 尚圆圆、周煜:《古村落形象保护与更新——浙江缙云县河阳古村落》,《福建建筑》,2010 年 4 月。

③ 《走进河阳　感受河阳　2012 河阳民间“非遗”文化旅游节成功举办》,缙云县人民政府网,2012 年 3 月 26 日。

(2) 类型特点与评估情况

河阳村在整体保护上做得比较好,亦属于综合保护型传统村落。

物质文化方面,河阳村原本的家底很好,现存水系和街巷均系古代遗迹,古建筑保存数量非常之多,且类型丰富。现存历史文化村落保护建筑物87座,以明、清、民国古建群为主体的历史建筑及文物古迹的历史环境景观,有宗祠、庙观、民居、戏台、村门、桥梁、堤堰等。① 现存的一溪两坑之水系、一街五巷的村庄布局乃元代设计。十多座古祠堂、百栋旧第计1 500余间,大多为明清两代所建,是宗族庄园式古民居建筑群。村中三教合一的宋代古刹"福昌寺",元代的"八士门"及"八士门"前明太祖朱元璋御赐的石"稀罕",古代的大桥、农具、家具、壁画、诗句、匾额、雕刻。村落景观具有整体性特色,并承载深厚的历史文化底蕴。特色建筑形态上,笞樵路的30多个马头墙极为壮观。历史遗存建筑上,本村有朱氏宗祠15座,其中保存较完好的有朱氏大宗祠、圭二公祠、荷公特祠(孝子祠)、文翰公祠、虚竹公祠(俗称八角亭祠)、玉天公祠。

社会文化方面,河阳村除了物质文化丰富,在社会文化上也非常突出,很容易让人感受到千年古村的"耕读家风"。"八士门"因为宋元时期河阳曾出过8位进士而建,凡村内娶媳妇、嫁女儿或出殡都要过此门,村中谚语说"不入八士门,不算河阳人",这个习俗一直沿用至今。河阳村至今尚保存着大量的历史生产、生活遗物,较好地反映了历史的生产生活面貌,河阳的剪纸流传至今已有400多年的历史,其特有的细纹戏曲窗花剪纸在江南独树一帜。另外,河阳七月十五祭祖、八士街状元宴、过年看大戏、大年初一吃鸡蛋面、正月十五闹元宵、七月七迎罗汉叠罗汉等节庆活动也一直延续。

人文文化方面,该村非物质文化遗产内容丰富多样,包括历史地名、名人典故、文学艺术、戏剧曲艺、节庆活动等。文学艺术上以"益阳诗派"为代表,民间艺术上有"河阳剪纸",曾在1994年入选由文化部组织的"中国民间艺术一绝大展"并获证书。

(3) 保护建议

第一,河阳村之所以保护工作做得好,其中一个重要原因在于未进行大规模的开发,村委干部以保护原生态的村落为基本理念,在开发工作上并未持积

① 汪燕鸣:《河阳古村落社会属性的构成》,《华中建筑》,2008年2月。

极态度，这是好事，但某种程度上又有其弊端。目前而言，河阳村的保护资金主要来源于财政，自己的造血功能极差，所以随着建筑物生命的衰败，保护压力会越来越大。所以建议河阳村在古村开发上持更加开放的态度，以适度开发维系保护工作。特别是"河阳剪纸"等非物质文化遗产均可实现创收。

第二，传统文化的保护不仅仅是将各类文化资源放在展览馆博物馆搁置起来，更应该让其活起来。进入河阳村，虽然建筑形制很好，但是村里并无生机，很多传统的社会、人文习俗都被束之高阁。建议在传统文化资源展示中增加活化展示环节，创新文化保护策略，表演就是很好的宣传与保护形式。

三、镇江市京口区姚桥镇儒里村

(1) 村落概况

儒里村隶属于镇江新区姚桥镇，这是座有着700多年历史的古村落。① 儒里村是古代京口往云阳大道的必经之地，曾有一番牛车辘辘、商贾云集的繁荣景象。儒里最早名叫围里，随着朱姓人口增加，遂称为朱家圩，清代康熙年间，朱氏考取功名的人很多，始改称儒里(儒人之故里)。儒里村有多处历史建筑遗存，朱氏宗祠，传统民居，张氏祠堂等，"东乡羊肉"等美味佳肴历史悠久。

(2) 类型特点与评估情况

儒里村有特色的传统建筑保留得较为完整，调研组先后参观了儒里古街、朱氏老宅、朱氏宗祠。但总体来看，儒里村尤以社会文化丰富而取胜，属于社会文化型传统村落。

社会文化底蕴丰厚，凸显"儒家传统"。儒里村热心保护事业的人相对比较多，老中青三代接力，特别是老人大多精神矍铄，谈吐儒雅，令我们深深感受到儒里村的"儒家风范"。成立于2008年的镇江市朱子学术研究会位于朱氏宗祠中，设有地方文物及朱氏文史资料陈列馆，并每年定期举办祭祀活动，组织老人成立祭礼表演队，每日定时向游客表演。老年协会活动室免费对民众开放，各村老协派人轮值管理。儒里村是至今已不多见的具有活态属性的传

① 《镇江市姚桥镇儒里村村庄建设规划》，江苏省住房和城乡建设厅网，2007年9月13日。

统村落,最难能可贵的是,这些都是民间自发的而非商业操作的。

(3) 保护建议

第一,儒里村的薪火相传得益于众多的“乡老”。朱熹八代孙移居到此,对于传统文化,既有熟悉的传人,又有较为成熟的保护传承形式,这是儒里村生生不息的重要原因。在传统村落的保护中,儒里村应该算是一个特例,几位长者的存在,不仅使古建筑和传统文化保留了下来,也延续了“倚门望归”或“拄杖无时夜叩门”这种最经典的江南村落文化景观。正如俗话说“老人是福”,如果最后我们的村落只剩下一大堆建筑物,而里面空空如也,那也不可能是什么乡村的复兴。传统建筑保护固然重要,但其实并不是最本质的,最核心的应该是要有足以代表传统的乡贤人物。所以,我们认为,应把对古代最看重的乡老,作为传统村落保护的重中之重。

第二,在调研儒里村的朱氏老宅时,调研组很难过地看到一座不久前坍塌的明代建筑,据说重修只需要 30 万人民币,但一直没有着落,眼前是栋梁横斜、砖瓦狼藉和野草蔓生的景象。此行调研中,江苏在传统村落保护上财政资金匮乏的问题数次被提及,专项保护资金相比浙江更少,这个问题应该引起江苏省相关部门的重视。

四、苏州市吴中区金庭镇明月湾村

(1) 村落概况

明月湾村是苏州市吴中区金庭镇南端石公村下辖的一个自然村,南临太湖,东接石公山,核心保护区范围东至吴家祠堂东墙,南至邓家祠堂南墙,西至明月湾古码头,北至礼耕堂北墙,面积约 4.1 公顷。[①] 传说因吴王夫差携西施在此赏月而得名。明清两代,不少村民加入洞庭商帮经商致富,留下石板棋盘街和多处雕刻精美的明清古建筑。明月湾古村是当时洞庭山富商云集之地,也是明清笔记中最著名的避暑胜地。良好的条件使外出人口稀少,村民多在家自主经营田舍,犹如一幅和谐有序、薪火相传的画卷,是江南村落中一个难得的案例。

---

① 《金庭镇明月湾历史文化名村保护规划获省政府批准》,苏州市吴中区人民政府网,2014 年 7 月 23 日。

(2) 类型特点与评估情况

进入明月湾村会给人“柳暗花明又一村”的感觉，明月湾村原本的家底殷实，建筑丰美，旧宅第保护相对完好，对江南文化具有很好的代表性。明月湾村属于综合保护型传统村落，物质文化资源保护尤为突出。

物质文化方面，明月湾村现存 20 多处清代乾隆年间的古建筑，村中有一条长 1 146 米的石板街，由 4 568 块花岗条石铺成，上可行人，下为排水沟，堪称江南一绝。村内还有一个 1756 年筑的石码头，一棵千年古香樟。整个村落布局完整，建筑完好，环境优美，商业开发适度。明月湾村具有敦伦堂(清代)、黄氏宗祠(清代)、礼和堂(清代)、瞻乐堂(清代)、瞻瑞堂(清)、秦家公祠(清)、石公山摩崖石刻(明清)、明月寺(清)等国家级保护单位 1 处，省级 10 处。[①] 戏台、道观、高塔、古码头、瞭望台、小城门等传统特色建筑都保存完整。此处盛产太湖白鹅、东山羊、太湖三白、大闸蟹等特色农畜产品，及碧螺春、白果、莲藕等经济作物，枇杷、杨梅、柑橘、石榴、梨子、枣子都是当地特色水果。

社会文化与人文文化方面，明月湾村是典型的具有太湖流域特征的江南村落，有保存木船作为传统乡村交通方式与工具传承。土地庙作为传统祭祀点仍保留，大户人家的家谱保存完整，且在续编。核雕工艺非常有名，戏曲评弹是其当地主要的传统文化艺术资源。

(3) 保护建议

第一，水系保护尤为重要。目前而言，政府保护与开发管理理念比较到位，但是，作为太湖流域的重要传统村落，明月湾村身负重要的责任，特别是因为南临太湖。所以要继续加大对古村水系、山体、植被和沿太湖岸线的保护力度，重点保护好核心保护区棋盘式街巷格局、空间尺度和整体建筑风貌。同时，要重视文物古迹和古井、桥梁、河埠头、驳岸等遗存的修缮整治，努力延续和彰显传统风貌。

第二，要重视人文文化资源的保护与开发。保护与传承当地传统精神、祖先及名人文化、民俗精华，传统手工艺等非物质文化遗产。明月湾村文化产品和服务的开发有一定的特色，但是，相对于明月湾村的物质文化资源仍是弱

---

① 《金庭镇明月湾历史文化名村保护规划获省政府批准》，苏州市吴中区人民政府网，2014 年 7 月 23 日。

项,应该得到更多的重视。

五、金华市兰溪市诸葛镇长乐村

(1) 村落概况

长乐村位于金华、衢州、杭州三市交界处,地处兰龙公路边的冲积平原上,周围丘陵起伏,长乐溪萦回于村之西北,山环水抱。总体平面布局呈北斗七星半月形,有七座厅堂、七口井;道路曲折如北斗形,村前池塘则为半月形。① 长乐村具有得天独厚的地缘环境,村落背倚砚山,坐南朝北,平面布局呈三角形;村东有大片良田,由东而西的石岭溪和由西而东的长乐溪,绕村相汇;村北山林环列,绿树成荫,村中池塘、水井罗布,街巷祠宇分布井然。村落山环水绕,绿树掩映,屋宇错落,田畴膏腴。整个布局"藏风聚气""毓秀钟灵",确实是古人心目中最理想的宜居之地。②

长乐村是我国江南唯一的帝王文化景区,是明太祖朱元璋的开国福地。传说朱元璋就是在这里得福、得道、得人、得天下,故也称长乐村为长乐福地。朱元璋在这里得到了刘伯温和宋濂等一批开国文臣。至今村中还传承着刘伯温流传下来的祈福礼斗仪式。

(2) 类型特点与评估情况

初入长乐村会让人感受到它的厚重,长乐村以物质文化资源丰富见长,属于典型的物质文化型传统村落。

村里现存着127座保存完好的宋元明清民居建筑,尤其以元末和明朝为主,为中国第一个以村落为单位的全国重点文物保护单位,是研究元明清时期江南民居的一个窗口。中国的古建筑由于大多是木头结构,易毁于战火燹灾,难以保存,故元朝以前的建筑存世尤少。而长乐村中望云楼等多幢建筑为元末建筑,牌坊和照壁也是长乐古建筑群的亮点,明成化年间的进士坊、清雍正八年(1730)建的节孝石坊、清雍正年间的照墙等,在象贤街口和日字形水塘前依次排列,是古村特殊的历史遗存建筑。由这里开始穿梭于长乐的古建筑群中,仿佛领略一幅宏大的宋、元、明、清及民国各个时期政治、经济、文化发展演

① 芮长钟、陈蓉、周建平:《浙江省兰溪市诸葛镇长乐村人居环境考察报告》。

② 徐国平:《兰溪市长乐福地探秘》,《寻根》,2009年4月。

变的历史画卷。长乐是一个养生福地、风水绝佳地：该村风水格局奇特，有“门朝北开、厅在楼上、塘成日月、井布七星”等大量反映当时历史文化的风水景观与现象。村子里还完整保存着数十座宗祠厅堂、牌坊街亭、作坊商行、石桥小礁、民居私宅，均为明清时期建造，但古建筑很多精美的雕刻在“文化大革命”时期毁坏严重。以象贤厅、望云楼、金氏大宗祠为代表的明清建筑，形成了一个庞大的古建筑群，特别是“一楼值千村”的望云楼，更是给人留下了深刻的印象。

在社会文化与人文文化资源方面，比较有名的祭祀活动是长乐金氏后裔每年清明、冬至都要在金大宗祠祭祀先祖金履祥。长乐民俗“饮酒礼”、二月二金华婺剧等特色民俗文化活动值得体验。

(3) 保护建议

长乐村与河阳村非常相似，两个村的家底都很殷实，尤其是物质文化资源丰富，建筑资源众多。同时，两个村落也都因为开发的迟滞使原生态的保护做得比较好。但是由于保护工作对资金需求很大，单纯依靠财政补贴与基金申请很难实现可持续保护。所以长乐村要积极探索在财政补贴之外的资金来源，寻找自我造血机会，或者寻找社会资金来实现村落的保护。作为朱元璋的开国福地，长乐村所拥有的历史文化资源是其巨大财富，不能束之高阁。为了提升古村人气，将传统文化资源活化展示是首当其冲的策略。

六、绍兴市绍兴县稽东镇冢斜村

(1) 村落概况

冢斜村位于绍兴县稽东镇东北，小舜江上游，规划面积约 9.9 公顷。冢斜古村北靠大龙山，舜江从村北而来，环绕村东而去，风景优美，历史积淀深厚。“冢”是墓，“斜”是宫人墓，相传越国宫人多葬于此，墓不正向，故名曰“斜”，冢斜村名由此而来。[①] 漫步村中，远望青山，很容易让人产生“思古幽情”。调研考证发现，该村至今仍保存着丰富的历史文化和富有绍兴典型地方特色风格的民居、祠堂、古井，完整的街巷格局体系，独特的古村格局和空间形态，是江南古村落的典型代表。另外，冢斜村不但名胜古迹多，旅游资源也很丰富。有

① 《冢斜村》，中国传统村落网，2015 年 11 月 6 日。

位于村东的舜妻、禹妻墓址地,有位于大龙山上的"仙人洞",有轰溪山上的"岩屋",有位于村西南的石水缸"瀑布",有位于小舜江上游北溪的古代嵊、诸交通要道"永济桥"等。①

(2) 类型特点与评估情况

冢斜村以其物质文化资源见长,属于物质文化型村落,但社会文化资源也很有特色。古村传统形制很好,北有秦望山南的大龙山,西有象鼻山,南有轰溪山,历史文化遗产十分丰富。目前,全村有绍兴县文物保护点5处,分别为余氏宗祠、永兴公祠、余氏老台门、八老爷台门、高新屋。在第三次全国文物普查中登记在册的文物史迹有十余处,主要的有上大院、古驿道、朝西台门、歪台门、古井、戏台等历史遗存建筑。传统农业资源有毛竹、茶叶、竹笋,盛产柿子、板栗等特色瓜果。

社会文化资源方面,冢斜古村有一年一度祭大禹、一年两次祭永兴公的祭祀文化。旧时皇帝恩准八人抬棺的丧礼仪式仍保存至今。以历史名人为中心的文化资源有明代状元、兵部尚书余煌,清代一品官、布政使余炳焘,民国时期北平市市长、南京政府经济督办余晋龢等。冢斜余世宗谱,历史上13册齐全,2003年曾补修。

(3) 保护建议

这个村子之所以保护得好,是因为主事者的积极作为,热心有能力,保护意识与视野比较先进。另外,冢斜村的突出特点是规划先行,将新村和旧村以路相隔,民生和保护两不误。而主要手段是"集体和住户按比例出资修缮",对于家庭特别困难的,由集体来全部出资。

针对冢斜村的保护,我们建议除了重视建筑物的保护规划,也要充分挖掘冢斜村的历史故事,丰富古村人文文化色彩。冢斜村的传统形制很适合开展人文文化资源的挖掘。

七、丽水市龙泉市西街街道宫头村

(1) 村落概况

西街街道宫头村位于龙泉市区西部,历史悠久,风景秀丽,丽浦公路穿村

---

① 《冢斜村》,中国传统村落网,2015年11月6日。

而过。[①] 宫头历来人文荟萃,文化积淀深厚,名胜古迹众多。[②] 凤凰山、万寿宫、吴三春故居、姜家大屋等无不引人思古幽情。浙江省级文物保护单位姜家大屋为明代建筑,系明代清官叶溥故居,雕梁画栋依旧,令人称奇。[③]

(2) 类型特点与评估情况

宫头村的第一感觉像"城中村",濒临繁华的城市中心,城市空间的快速扩张,使村里的传统建筑保护显得脆弱不堪,而城市人口的快速集聚,也给古村落的生态资源环境带来巨大压力。该村总体而言,人文文化资源较盛,属于人文文化型传统村落,同时社会文化资源也很多。

就物质文化资源而言,宫头村的村落形制,建筑数量与质量都与那些远离都市的村落无法相比,人为因素对传统建筑形成很大的破坏。但是宫头村的社会文化资源与人文文化资源却相对丰富。

社会文化方面,宫头村因万寿宫而名,先有万寿宫,然后才有宫头村。万寿宫原有十二楼台,为我国唐、宋、元、明至清中叶道教之圣地。宫头村是明代著名的清官学儒叶溥的故里,位于村中北首的明代建筑叶溥故居讲述着古村的文化记忆。村里至今仍保留舞狮、赛龙舟等传统的游戏竞技活动。

人文文化方面,宫头村至今还留有"宫头讲习所"这样的传统文教资源。《高机与吴三春》的爱情故事为省第二批非物质文化遗产,民间将高机、吴三春的爱情故事与梁祝并为美谈。菇民防身术、木偶戏也是宫头村传统的文化资源,在今天仍时有表演。值得一提的是,在传统文化资源保护与开发上,宫头村一些热心的乡贤也积极贡献,比如独立学者项宏金先生自己有一个专门收藏龙泉窑的私人收藏博物馆,让宫头村的人文文化色彩浓重不少。

(3) 保护建议

宫头村与位居郊野,远离都市的古村不同,它人口稠密,人员流动频繁,村中人气很旺,相应的社会文化与人文文化更加丰富,但是因为人为原因,建筑、村落环境、道路、水体的保护就显得更为迫切。特别是被游客们反映强烈的猪圈污染问题必须尽快整治、解决,还村子以美好整洁的休闲居住环境。

同时,宫头村的保护需要感谢真正热心文化保护事业的人的存在。最近

---

①② 凌赟:《印象宫头》,《浙江国土资源》,2010 年 10 月。

③ 《宫头古村〈高机与吴三春〉的爱情故事——省第二批非物质文化遗产》,中国龙泉西街街道办网,2013 年 4 月 9 日。

一些媒体开始谈“乡贤”，项宏金先生就是这样的人，在城市化进程中“虎口余生”的宫头村，也正是因为他的存在，才获得了宝贵的喘息之机，应该给予更多的支持。

八、苏州市吴中区东山镇杨湾村

(1) 村落概况

杨湾古村位于东山西南部，东起杨湾浜场，西至轩辕宫，全长500多米，景点面积36.4公顷，包括明代一条街、古御道、古吴国遗址演武墩等人文景观。① 杨湾古村街道古朴，旧时有“三街六巷门”之称。② 杨湾之名源于南宋抗金名将杨虎。建于宋室南迁后的杨湾古村，是江南地区明清时期民居风貌的“天然博物馆”。

(2) 类型特点与评估情况

杨湾村的物质文化资源尤为突出，属于物质文化型传统村落。这里不仅明清建筑数量多，而且档次极高，仅国家级文保单位就有元代轩辕宫、明代怀荫堂与明善堂三处。杨湾古街全长1 461米，路面均以小青砖侧砌铺设，连接着朱家巷、居巷、六扇巷等南北及东西向的街巷28条。两侧的幽幽小巷里，元、明、清等多个朝代的建筑比比皆是。③ 目前景点面积36.4公顷，古街两旁至今保存着怀荫堂、崇本堂、崇仪堂、明善堂、锦星堂等30处元明清古建筑，尤以明代建筑为多，④令人应接不暇，只是保护程度不一。杨湾村的古银杏树很多，调研组还特地去看了一颗树龄千年以上的罗汉松，历经沧桑，近年来又老树发新枝，且越来越枝繁叶茂。

社会文化与人文文化方面，当地民风淳朴，江南气息浓厚。杨湾村有着东山镇地区都很出名的“抬猛将”“迎财神”等习俗，至今仍非常隆重，炒茶工艺也延续至今。而碧螺春制作技艺、东山台阁、东山猛将会也都被列入省市非物质文化遗产目录。

(3) 保护建议

与浙江相比，江苏相对更偏重经济发展指标，这或多或少地影响了传统文

---

① 《杨湾古村简介》，苏州东山农业网，2009年4月28日。

② 施晓平：《杨湾：坐拥三座“国宝”的古老山村》，《城市商报》，2012年2月13日。

③ 苏雁：《古村落的新生机》，《光明日报》，2013年8月9日第5版。

④ 施晓平：《杨湾：坐拥三座“国宝”的古老山村》，《城市商报》，2012年2月13日。

化村落的保护,比如针对传统村落保护,江苏不仅专项资金几乎没有,同时各种配套资金也不到位,这让部分村镇基层面临很大的压力。所以,我们首先建议江苏省在整体上加强对传统村落的财政扶持力度,增加专项保护资金。

其次,在杨湾村,目前主要物力与财力多集中于个别单体建筑的维护修缮,这当然毋庸置疑,但古村的整体风貌也应该作为古村保护重点,以免只见树木不见森林,整体性的保护对于传统村落保护意义更为巨大。

九、宁波市奉化市溪口镇岩头村

(1) 村落概况

岩头村位于溪口镇的西南方向,古村主要为广济桥、永宁桥与螺潭桥之间的岩溪两岸聚居区,占地约 0.3 平方千米。村口狮象两山把门,社树数棵参天,中间穿行的山溪颇有气势。岩头村至今有 600 余年历史,地处天目山余脉,山丘簇拥环抱,形成了岩头村东西略窄,南北狭长的溪谷盆地型整体格局。村子四面环山,剡溪狮象二山阙中出村北注,从而形成了“围而不塞”“藏风露水”的地理环境,适宜人们休养生息。① 值得一提的是,奉化岩头村的毛氏与韶山毛氏乃一脉之传。更巧合的是,蒋介石当年所娶岩头村的原配夫人毛福梅的祖先,也是由江山迁居到溪口的,与毛泽东竟是同宗。

(2) 类型特点与评估情况

岩头村社会文化资源丰富,属于社会文化型传统村落,同时,岩头村的物质文化资源因为具有很强的民国味道,所以也很有典型性。

物质文化方面,清末民初形成的溪东街,风貌保存完整,沿途有名人故居、特色祠庙和为数众多的清末民初风格的民居大宅。更有民国史迹遍布岩头村各个角落。村内小弄与东街、西街垂直相交,巷弄深处古民居以三合院居多,为数较丰,保存完整。岩头村有市级文物保护单位元代戴表元墓 1 处,市级文物保护点清代毛玉佩墓、清代“石泉”摩崖石刻 2 处,另外还有毛邦初旧宅、钱潭庙、毛福梅旧居、廿四间走马楼、广济桥、毛思诚祖居、瑞房、三道阊门、下三院、中三院等传统建筑。岩头村古树名木较多,村口广济桥东塊,有香樟两棵。

① 余妙:《浙江奉化溪口镇岩头村 国家历史文化名城研究中心历史街区调研》,《城市规划》,2011 年 11 期。

岩头东街南首有古枫杨 4 棵。岩头一带山川秀美、有独山环翠、狮象对踞、乌龟石奇、两桥偃月、古井灵泉、布袋化岩、和尚救女、骊龙戏珠、上坑龙潭、瓦螺栖滩、班溪漂流等 11 处景观。[①] 岩头村特产主要有杨梅、羊尾笋、雷笋、大毛竹和水蜜桃。

社会文化方面，岩头村重教兴学，人文鼎盛。自清乾隆年间，举人、秀才纷出，民国期间出了多名将领。[②] 历史人物有两浙书法家毛玉佩，蒋介石老师毛思诚；岩头是蒋介石元配夫人毛福梅的出生地，蒋经国的外婆家，民国时期曾出过多名将级军官，如毛邦初兄弟俩，毛景彪父子俩等。传统风俗有盘龙灯、跑马灯等，[③]岩头村传统做年糕和青团的技艺仍在代代相传着。[④] 传统的民俗活动“竹海飞人”在岩头得到了继承，并时有表演。[⑤]

(3) 保护建议

岩头村在传统村落保护开发方面的观念和意识比较先进，他们肯动脑筋、花本钱，同时，在旅游开发方面也有丰富经验。岩头村传统文化资源独特，民国历史文化资源尤为丰富，这在全国都是独一无二的，这也是岩头村最大的财富。所以岩头村应该致力于打造“民国第一村”，充分对民国时期留下的丰富历史文化资源给予保护和科学有序的开发。

十、上海市闵行区马桥镇彭渡村

(1) 村落概况

彭渡村位于上海市闵行区马桥镇，南靠黄浦江，约 3 平方千米，与松江、奉贤两区接壤。彭渡村曾经是邻松乡的中心商业区，在新中国成立前这里是邻松乡主要的货运码头，每天来来往往的船只穿梭在柳条港上，把马桥种植的粮食运送出去，再将其他货物运进来。[⑥]

(2) 类型特点与评估情况

总体而言，彭渡村的保护没有上述传统村落保护得好，因为上海的都市化

---

① 《浙江省宁波奉化市溪口镇岩头村》，博雅地名网，2015 年 11 月 6 日。

②④⑤ 余妙：《浙江奉化溪口镇岩头村　国家历史文化名城研究中心历史街区调研》，《城市规划》2011 年 11 期。

③ 《浙江省宁波奉化市溪口镇岩头村》，博雅地名网，2015 年 11 月 6 日。

⑥ 《马桥镇彭渡村荣获“上海市生态村”称号》，闵行区图书馆网站，2009 年 1 月 21 日。

建设对其冲击很大。相对而言，彭渡村的物质文化特色比较突出，属于物质文化型传统村落。

物质文化方面，沿柳条港河一路深入，至荷巷桥旧址，沿途的金氏宗祠、砖石廊道、各时期民居、金氏旧宅、临松老街等，依稀可见彭渡村往日的繁华。金氏宗祠内的古戏台，金氏旧宅内的百年桂花树，也似乎都在诉说着金氏家族与近代名士金庆章的故事。如今先贤已经逝去，而他们的百年旧居依然保留在荷巷桥，其中金庆章亲手设计并建造的金家祠堂还被列入上海市首批不可移动文物。① 马桥豆腐干因为选料精当，做工细致而博得众口赞誉。

社会文化与人文文化方面，在清末民初，荷巷桥地区曾涌现出一批名门望族，如顾言、金庆章等。“韩湘水博园”的得名源于传说八仙之一的韩湘子在此地有住宅。②

(3) 保护建议

彭渡村所在的这个区域，古时因柳条港水系连接着南北主要通道的荷巷桥而闻名，如今热闹的只有一个小小的农贸市场，而四周不断衰颓和破败的老街，使人很难想到在繁华的大上海，还会有这样被遗忘的角落。传统村落保护对上海是一个巨大的挑战。都市化进程让传统村落显得犹如鸡肋，城镇化快速推进，土地指标负增长，资金短缺，政策不到位等，让上海传统村落的保护工作力不从心，但如果就此放弃传统村落保护，任其自生自灭，那也将是农耕文化资源本就相对单调匮乏的上海，在文化多样性上更加贫瘠和“单向度化”。这是一个有待破解的发展难题。对彭渡村而言，坚持改造与保护并举，重在保护与修缮，对具有悠久历史的老宅和古文化进行了一系列的抢救，保留其传统江南民宅风格是当务之急。

---

① 《荟萃名宅古桥的彭渡村》，《上海农村经济》，2010 年第 5 期。

② 《黄浦江畔水博园　乡村旅游示范地——以水文化为内涵的特色村闵行区彭渡村》，《上海农村经济》，2010 年第 4 期。

智慧城市

国外智慧城市研究与建设报告

智慧城市与新时期的江南城市文化建设

国外智慧城市研究与建设报告

当代城市发展所面临的挑战主要来自两方面,从城市居民方面来讲,全球城市人口趋向集中在少数大中型城市,新移民的大量涌入使得城市向更密集的方向发展,城市居民对于服务的要求是迫切的,但是供给严重滞后;从城市发展方面来讲,城市的建设和政府的管理也遭遇不少难题,如二元城市化、交通堵塞、废物管理、资源利用和城市犯罪等,同时全球化进程下城市对于资金、资源以及创意人群的争夺日渐激烈。在这样的背景下,城市发展需要新的规划、设计、财政、建设、治理和服务方案,这就是智慧城市产生并发展的初衷。本报告从概念演化、类型案例和对策建议三个部分来探讨国外智慧城市研究和实践的进展。

一、智慧城市的概念与理论研究

1. 智慧城市的相关概念

在全球化发展和技术革新的大背景下,出现了许多与智慧城市相关的概念,如数字城市(Digital city)、智能城市(intelligent city)、泛在智能城市[ubiquitous city(U-city)]、网格城市(MESH City),此外智慧城市概念的发生和发展也与知识城市(knowledge city)、创意城市(Creative City)、绿色城市(Green City)、紧凑城市(Compact City)、可持续城市(Sustainable City)等城市发展理念密切相关。

鉴于智慧城市概念的多元化特性,我们认为这些概念表现了智慧城市发展的不同特点,同时也是智慧城市理论发展不同阶段的反映,本报告的理论梳理主要围绕智慧城市(Smart City)展开,同时也会涉及以上相关概念。

2. 智慧城市概念演化的三个阶段

智慧城市概念和理论的发展分为以下三个阶段:

第一阶段是 20 世纪 90 年代。广义概念上的智慧城市研究开始于 20 世纪 90 年代。90 年代末期，新加坡的智慧城市建设颇受关注。在自然资源匮乏的总体背景下，新加坡面临着从产业经济向信息化经济的转型挑战，政府首先设定了智能化的发展目标，开始大批修建必要的基础设施，然而，智能化发展的最终目的并不仅仅是技术的革新和经济的增长，还有人们生活质量的提高。[①] 可以说，这不只是一个智慧城市的建设计划，而是整个城市发展质量的提升过程。

第二阶段是 21 世纪初到 2010 年。这一阶段的研究有以下几类形态：

(1) 21 世纪初期，智慧城市的研究集中在智能交通建设上。智慧交通研究的表现之一是智能卡的应用，比如意大利智能卡停车的举措[②]，以及台北市[③]和纽约市[④]对智能卡的推广活动；表现之二是智慧街区(street-smart)的研究，强调街区环境设计与行人情绪之间的相互作用。有研究者认为身体和城市街区之间存在相互作用，神经生物学研究发现环境因素确实可以改变人体 DNA 的状态，影响人的情绪控制和脉搏控制，反之，情绪因素也会参与塑造周边的环境。[⑤]

(2) 智慧城市建设中的资源和环境研究。有学者通过未来互联网的管理功能研究如何实现实时资源管理，无论是个体行为还是社会群体行为都存在最大化目标功能的趋向，这直接体现在能源的使用上，智能电网的未来网络可以帮助能源使用者了解能源消耗量的实时变化，从而实现不同使用者之间的用量交换。[⑥]此外，生态和可持续发展的理念也逐渐进入智慧城市建设的范畴。有学者在信息技术(IT)和通信技术(CT)的基础上增加了生态技术(ET)的因

---

① Mahizhnan, A., Smart cities: The Singapore case, Cities, Volume 16, Issue 1, 1999, Pages 13～18.

② Hinze, D., Italians drive for smart card parking in major cities, Card Technology Today, Volume 12, Issue 3, 2000, Pages 6～7.

③ Taipei City to migrate 50% of purchasing to new smart card, Card Technology Today, Volume 13, Issue 2, 2001, Page 8.

④ Van Hove, L., The New York city smart card trial in perspective: A research note, International Journal of Electronic Commerce, Volume 5, Issue 2, December 2000, Pages 119～131.

⑤ McGaw, J. Vance, A., Who has the street-smarts? The role of emotion in co-creating the city, Emotion, Space and Society, Volume 1, Issue 1, October 2008, Pages 65～69.

⑥ Simonov, M., Mussetta, M., Pirisi, A., Grimaccia, F., Caputo, D., Zich, R. E., Real time energy management in smart cities by future internet, Towards the Future Internet: Emerging Trends from European Research, April 2010, Pages 173～182.

素,以信息-通信-生态(IT - CT - ET)技术的模式解决智慧城市环境的可持续性发展问题,城市设计需要同时考虑技术和生态两个维度,以城市代谢主义为中心范式,以城市系统的物质和能量流的组织及计算为具体方法,城市技术的生态化和城市生态的技术化本是两个相互冲突的趋势,但是通过政策引导和消费者选择的调节有望融合为一种新的模式,只有城市环境生产的所有参与者(包括规划师、工程师、建筑师、景观师)共同努力,城市生态技术设计这一新的模式才能发挥作用,以解决我们在自然环境和人为技术之间的根本矛盾。①

(3) 智慧城市空间规模的精益增长。20 世纪 90 年代后,北美国家提出对土地开发活动进行管制以提高空间增长的综合效益,即增长管理。受生态主义和新城市主义等思潮的影响,1997 年马里兰州州长首先提出精益增长的概念,特别强调对城市外围有所限制,更注重发展现有城区。强调公交和步行,鼓励市民参与规划,促进社区意识,改变城市中心区衰退的状况,最大限度利用已开发土地和基础设施,对土地利用采取"紧凑模式",鼓励在现有建成区进行"垂直加厚"并且打破功能分区。如美国奥兰治县开始转变原来以机动车网络和个人主义为基础的土地增长方式,重新考虑推广传统的公共交通基础设施。② 另有研究通过对 340 个城市的调查发现,这些城市平均拥有 4.96 个记录在册的精益增长政策,这些政策的实施与否与两个因素密切相关,即新的政治文化因素(当地有环境活动团体)和受过高等教育的居民比例。③ 以有限空间规模进行密集发展的精益增长理念不仅仅是一个交通和建设问题,而是城市发展思想的根本性转变。④

(4) 智慧城市的研究已经显著涉及城市居民的生活方式、教育和文化领域。人类活动带来了诸多城市环境问题,城市的发展很大程度上取决于城市人的选择和行为,城市居民不仅要了解可持续性发展的理念,同时也要以实际

---

① Bogunovich, D., Eco-tech cities: Smart metabolism for a green urbanism, Advances in Architecture Series, Volume 14, 2002, Pages 75～84.

② Page, S., Phillips, B., Siembab, W., The Millennium City: Making sprawl smart through network-oriented development, Journal of Urban Technology, Volume 10, Issue 3, December 2003, Pages 63～84.

③ O'Connell, L., Exploring the social roots of smart growth policy adoption by cities, Social Science Quarterly, Volume 89, Issue 5, December 2008, Pages 1356～1372.

④ Geller, A. L., Smart Growth: A Prescription for Livable Cities, American Journal of Public Health, Volume 93, Issue 9, September 2003, Pages 1410～1415.

行动来促成这一目标的实现。澳大利亚西部城市弗里曼特尔通过一个称为"智慧生活"的环境教育项目向市民推广可持续性发展的理念,强调智慧生活社区的开发和发展,以促进人们生活方式的转变。评估显示这一项目确实有效地增加了参与者对于可持续性问题的了解,同时这一人群也在积极通过自身行为的转变带动智慧生活社区的发展。①

(5) 智慧城市借助地理空间系统工具来组织自身的管理。服务导向架构模型(SOA)是一种建设智慧城市信息系统的方法,可以提升整个城市系统管理的速度、可靠性和安全性。② 服务导向架构模型(SOA)通过地理信息系统(GIS)操作平台来管理城市的基础设施及相关网络,设施网络包括电力、水源、燃气、灌溉、污物处理以及通信网络,通过每日全面监测这些网络的情况来分配资源和人力,决策者运用这一系统模型可以极大地减少运作成本。③ 此外,南非城市开普敦借助地理信息系统(GIS)和 SAP 技术整合并协调市政水源和污水排放的服务,通过 GIS 系统的管道、蓄水池、处理厂以及相关数据提供实时的反馈和维护信息。④

(6) 以智能电网为代表的智慧城市技术。有研究认为在智慧城市中,新信息和通讯技术将帮助城市实现更好的资源管理功能,智能电网设施是一个实现精细监控、能源开发和消费控制的复杂系统,这将大大提升资源利用的效率,该研究通过软件的应用分析和设计功能实现了智慧城市动态行为的模拟,模拟的对象涉及消费和生产能源的不同装置,这类对动态生物系统的模拟可以帮助我们测试新的理念和资源优化方法。⑤此外智慧城市技术的研究还涉及

---

① Sheehy, L., Dingle, P., Educating communities for sustainability: Living smart in the City of Fremantle, Western Australia, Advances in Architecture Series, Volume 18, 2004, Pages 505～513.

② Duravkin, E., Using SOA for development of information system "smart city", Modern Problems of Radio Engineering, Telecommunications and Computer Science-Proceedings of the 10th International Conference, TCSET'2010, 2010, Article number 5446068, Page 258.

③ Al-Hader, M., Rodzi, A., Sharif, A.R., Ahmad, N., SOA of smart city geospatial management, EMS 2009 - UKSim 3rd European Modelling Symposium on Computer Modelling and Simulation, 2009, Article number 5358840, Pages 6～10.

④ Baumann, J., Cape town's emphasis on systems integration exemplifies "smart city" goals, Water and Wastewater International, Volume 22, Issue 4, August 2007, Pages 24～26.

⑤ Karnouskos, S., De Holanda, T.N., Simulation of a smart grid city with software agents, EMS 2009 - UKSim 3rd European Modelling Symposium on Computer Modelling and Simulation, 2009, Article number 5358746, Pages 424～429.

建模模拟、传感器应用和普适计算(使得计算机设备可以感知周围的环境变化、使计算机与环境融为一体从而便于人机交互的一类计算概念)的中间件技术等。

第三阶段是2011年至今,2011年的理论研究文献有了大幅度的增加,是2010年的三倍多,智慧城市理论研究进入快速发展时期。在这一阶段,智慧城市理论研究主要有以下几种形态。

(1) 智慧城市的基础理论、界定和框架研究。有研究将智慧城市界定为"利用交通、能源消耗以及公共安全事件中的各类操作性数据使得城市服务获得最优化的结果",其根本特性是感知化、连接化、智能化,感知化是指从实体和虚拟的传感器上获得几近实时的真实数据信息,连接化是指将这些数据信息整合到企业计算机平台并用于各类城市服务中,智能化是指通过复杂分析、建模、优化和可视化做出更好的决策,智慧城市使得城市服务与居民行为模式相适应,从而城市基础设施和资源得到了优化应用。① 还有研究认为智慧城市方案已经成为一项解决或缓解城市病的重要战略,但是智慧城市这一理念还没有一个科学合理的框架可循,所以该研究基于多学科的积累提出智慧城市框架由八个因素构成,即管理和组织、技术、政府管治、政策环境、人和社区、经济、已建成基础设施和自然环境,这些因素形成了一个整合性的框架,用于检视当地政府究竟是如何开展智慧城市建设的。② 也有研究者提出了智慧城市建设的三维框架,即技术、人和机构,技术的部分主要是指基础设施和技术中间服务,人的部分主要是通过社会教育加强人们的意识,机构的部分是指通过政府和社会机构的活动来提升公民参与度,从而提高管理的水平。③

(2) 智慧城市中政府和政策的作用。有研究认为在政府顶层规划和支持下,智慧城市的方案可以获得相对良好的结果,研究者与墨西哥城负

① Harrison, C., Hamilton, R., Hartswick, P., Kalagnanam, J., Paraszczak, J., Williams, P., Eckman, B., Foundations for Smarter Cities, IBM Journal of Research and Development, Volume 54, Issue 4, July 2010, Article number 5512826.

② Chourabi, H., Nam, T., Walker, S., Gil-Garcia, J. R., Mellouli, S., Nahon, K., Pardo, T. A., Scholl, H. J., Understanding smart cities: An integrative framework, Proceedings of the Annual Hawaii International Conference on System Sciences, 2011, Article number 6149291, Pages 2289～2297.

③ Nam, T., Pardo, T. A., Conceptualizing smart city with dimensions of technology, people, and institutions, ACM International Conference Proceeding Series, 2011, Pages 282～291.

责智慧城市天使网络(AN)系统的政府管理者进行了半开放性的访谈，结果发现政府支持的作用体现在以下三个方面，一是可以构建适合的体制性框架，二是可以协调城市政府管理中各方的利益，三是增加财政支持。[①] 参与半开放性访谈的城市还有美国的费城和西雅图以及加拿大的魁北克城。[②] 另有研究认为智慧城市可从城市管理、政策和技术的创新角度理解，由于每个城市独特的环境都直接导致并参与形成了当地的技术、组织和政策形态，所以说智慧城市建设是一个情景化的过程，技术创新、管理和政策创新在其中会相互作用，然而对于管理和政策创新的探讨远不及技术创新的研究数量多，这一现状急需改变。[③]

(3) 智慧城市中的服务整合。"电子政府"项目是诸多智慧城市服务方案中的代表，最重要的策略之一就是政府为每一位公民提供智慧城市服务的单点接入方式，公民可以通过这种方式接触到各类政府机构。[④] 该项目的重点在于整合各类公共服务，在不同的政策领域共享信息。[⑤] 此外，有学者研究了欧洲四个城市(都柏林、雅典、卢森堡和西班牙的瓦亚多力)的"生活城市"项目进展，这实质上也是一个智慧城市的建设方案，该项目计划建设一个以城市为基础的"生活实验室"及其相关生态体系，通过超快速无线网络和有线互联网设施提供高分辨率的视频服务(V2V)，提升城市公共服务的水平，城市居民的交流互动更加有效和便捷，城市管理、教育和医疗水平得以提高，燃油成本降低，

---

① Gil-Garcia, J. R., Aldama-Nalda, A., Making a city smarter through information integration: Angel Network and the role of political leadership, Proceedings of the Annual Hawaii International Conference on System Sciences, 2013, Article number 6480049, Pages 1724～1733.

② Alawadhi, S., Aldama-Nalda, A., Chourabi, H., Gil-Garcia, J. R., Leung, S., Mellouli, S., Nam, T., Pardo, T. A., Scholl, H. J., Walker, S., Building understanding of smart city initiatives, Lecture Notes in Computer Science (including subseries Lecture Notes in Artificial Intelligence and Lecture Notes in Bioinformatics), Volume 7443 LNCS, 2012, Pages 40～53.

③ Nam, T., Pardo, T. A., Smart city as urban innovation: Focusing on management, policy, and context, ACM International Conference Proceeding Series, 2011, Pages 185～194.

④ Aldama-Nalda, A., Chourabi, H., Pardo, T. A., Gil-Garcia, J. R., Mellouli, S., Scholl, H. J., Alawadhi, S., Nam, T., Walker, S., Smart cities and service integration initiatives in North American cities: A status report, ACM International Conference Proceeding Series, 2012, Pages 289～290.

⑤ Nam, T., Aldama, F. A., Chourabi, H., Mellouli, S., Pardo, T. A., Gil-Garcia, J. R., Scholl, H. J., Ojo, A., Estevez, E., Zheng, L. Smart cities and service integration, ACM International Conference Proceeding Series, 2011, Pages 333～334.

人们的旅游和文化体验也提高了。① 新服务经济的发展为城市建设提出新的挑战,要求城市的服务功能更加低成本、具有竞争力并且适应周边环境,更为重要的是实现信息的流畅传输,推进创意和创新能力的发展,通过信息服务平台提出城市智慧发展和可持续发展的方案。②

(4) 智慧城市的发展模式问题。智慧城市建设的模式不一,多种多样。有研究者将智慧城市的模式归纳为新创建智慧城市项目和现有城市的智慧化发展项目。一些城区在创建之初就是智慧城市,如韩国的松都(Songdo)国际商业区(Songdo IBD)、中国长沙的梅溪湖新城、阿布扎比的马斯达尔城(Masdar)、印度的拉瓦萨城(Lavasa)、葡萄牙南部的新技术生态城(PlanIT Valley)以及俄罗斯的斯科尔科沃(Skolkovo)城。以韩国的松都(Songdo)国际商业区为例,该智慧城建于 2009 年,特点是所有数字信息系统(包括住房、医疗和商业等信息)的联通,由于城市规划和设计的目标就是智慧城,城市的各项硬件设施和服务都可以围绕智慧发展全面展开,如预留城市绿色空间和开放公共空间,增加电动车辆和自行车专用的相关设施和道路,将降雨和城市饮用水循环利用于绿地灌溉,建筑楼群中设置中央系统调控家用温度、光照等,基于全城的传感器网络收集和分析各种环境信息以提高居民生活质量,在供电和供暖方面应用能源共生技术。而现有城市的智慧化发展只能采取局部渐进的方式,比如加拿大的温哥华、美国的纽约、法国的巴黎、荷兰的阿姆斯特丹、丹麦的哥本哈根、日本的京都以及中国的香港都实施了各自的智慧城市发展战略,西班牙的马拉加和荷兰的阿姆斯特丹关注的是可再生能源的开发,西班牙的马德里和瑞典的斯德哥尔摩强调首先要解决公共安全和交通问题,而西班牙的桑坦德和瑞典的哥德堡则首先进行了全面的通讯设施建设。③

---

① Chochliouros, I. P., Stephanakis, I. M., Spiliopoulou, A. S., Sfakianakis, E., Ladid, L., Developing innovative live video-to-video communications for smarter european cities, IFIP Advances in Information and Communication Technology, Volume 382 AICT, Issue PART 2, 2012, Pages 279～289.

② Anttiroiko, A.-V., Valkama, P., Bailey, S. J., Smart cities in the new service economy: building platforms for smart services, AI and Society, 2013, Pages 1～12.

③ Pellicer, S., Santa, G., Bleda, A. L., Maestre, R., Jara, A. J., Skarmeta, A. G. A global perspective of smart cities: A survey, Proceedings-7th International Conference on Innovative Mobile and Internet Services in Ubiquitous Computing, IMIS 2013, 2013, Article number 6603712, Pages 439～444.

(5) 智慧城市建设中的安全和应急服务问题。有学者提出智慧城市建设的首要问题就是安全问题,主要通过智慧城市的智能监测、分析和推断功能实现,在日常生活中,通常闭路电视系统会以图像形式监测到紧急事件的发生,但仅是图像监控远远不够,还需要监控并且识别紧急和非紧急状况下的语音信息,同时该研究也探讨了智慧城市在大数据环境下如何实现分析和推断功能的问题。① 另有研究演示了如何通过无线传感器网络、地理信息系统和分析框架来进行地震早期预警和交通监控。② 同时,也有研究提出智慧城市基础设施和项目本身的风险问题,并且试图构建理论框架来解释这些风险及其中的联系,首先从档案和访谈数据中找出潜在的风险,然后通过因果分析方法来构建风险及其联系的模型,发现风险主要集中在五个领域:社会政治风险、审批风险、财政风险、技术风险、合作和资源管理风险,由于这些风险通常交织在一起,所以需要一个整体方案去避免或者降低这些风险。③

(6) 智慧城市的创新发展和未来畅想。有研究通过一个建筑实例,展示了智慧城市建设中如何通过未来互联网(FI)的应用整合现有城市中的纵向隔离服务,使得人们在建筑物中享受到各种高附加值的公共服务。④ 有研究将未来智慧城市设定为一个开放、以用户需求服务为导向的试验创新环境,现有智慧城市的试验项目分析、未来互联网(FI)试验研究项目以及研究创新的一般性信息都可以在一个开放的创新环境中共享,而实现这种流畅高效的信息共

---

① Cho, Y. I., Designing smart cities: Security issues, Lecture Notes in Computer Science (including subseries Lecture Notes in Artificial Intelligence and Lecture Notes in Bioinformatics), Volume 7564 LNCS, 2012, Pages 30～40.

② Fischer, J., Redlich, J.-P., Scheuermann, B., Schiller, J., Günes, M., Nagel, K., Wagner, P., Scheidgen, M., Zubow, A., Eveslage, I., Sombrutzki, R., Juraschek, F., From earthquake detection to traffic surveillance — About information and communication infrastructures for smart cities, Lecture Notes in Computer Science (including subseries Lecture Notes in Artificial Intelligence and Lecture Notes in Bioinformatics), Volume 7744 LNCS, 2013, Pages 121～141.

③ Techatassanasoontorn, A. A., Suo, S, Exploring risks in smart city infrastructure projects: Municipal broadband initiatives, PACIS 2010 - 14th Pacific Asia Conference on Information Systems, 2010, Pages 13～24.

④ Sánchez, L., Elicegui, I., Cuesta, J., Muñoz, L., Lanza, J, Integration of utilities infrastructures in a future internet enabled smart city framework, Sensors (Switzerland), Volume 13, Issue 11, 25 October 2013, Pages 14438～14465.

享需要各主要利益主体之间的可持续性合作。① 此外，Smart Santander 是一个大规模的试验框架，适用于智慧城市和物联网环境下的项目创新与试验。②另有学者认为新一代智慧城市的重要标准就是要通过整体优化的规划来提升整个城市的价值，因此社会基础设施的各个部分，如电力、交通、水源等，需要转变优化方式，从原来的独立个体优化转变为在环境、消费者服务水平和操作维护成本的基础上进行整体再设计。③

二、智慧城市的类型与案例研究

1. 柏林：硬件设施为基础推动智慧城市建设

柏林以硬件设施与网络建设为基础来推动智慧城市的发展，目前主要用于智慧城市建设和试验活动的称为"智慧柏林测试平台"。

该平台基于各类信息资源为使用者提供近乎实时的周边环境信息，其中无线网络设施在这一平台中作用重大，作为连接媒介将使用者的智能手机或者笔记本电脑与实体设施连接起来，此外各种有线和无线的传感器网络实时监测城市环境，测试平台将这些传感器网络整合起来，为使用者提供可靠可控的应用通道。这一测试平台由柏林的两大无线和传感器网络组成，一是分布式嵌入系统(DES)测试平台，放置在柏林自由大学，另一个是洪堡无线实验室(HWL)测试平台，放置在柏林洪堡大学，两个测试平台网络共包括 250 个无线路由器和很多不同的传感器节点，两个平台

---

① Schaffers, H. , Komninos, N. , Pallot, M. , Trousse, B. , Nilsson, M. , Oliveira, A. , Smart cities and the future internet: Towards cooperation frameworks for open innovation, Lecture Notes in Computer Science (including subseries Lecture Notes in Artificial Intelligence and Lecture Notes in Bioinformatics), Volume 6656, 2011, Pages 431～446.

② Krčo, S. , Fernandes, J. , Jokić, S. , Sanchez, L. , Natti, M. , Theodoridis, E. , Vučković, D. , Casanueva, J. , Galache, J. A. , Gutiérrez, V. , Santana, J. R. , Sotres, P. , Smart Santander - A smart city experimental platform, Elektrotehniski Vestnik/Electrotechnical Review, Volume 79, Issue 5, 2012, Pages 268～272.

③ Yoshikawa, Y. , Tada, K. , Furuya, S. , Koda, K. , Geerli, Actions for realizing next-generation smart cities-Working both to protect global environment and achieve prosperous urban lifestyles that are secure and convenient, Hitachi Review, Volume 60, Issue 6, October 2011, Pages 291～296.

之间通过网络可以互相关联并查找。①

信息通讯的基础设施是智慧城市赖以存在的基础,任何其他的方案实施都需要硬件设施平台提供的各种信息,这是技术型智慧城市的重要策略之一。

2. 西雅图:重视管理的同时兼顾人性化

西雅图在智慧城市的建设中十分注重智慧管理方法,这在该城市的智慧城市项目之中体现得淋漓尽致。

大部分与智慧城市建设相关的实践项目都可以帮助城市管理者(政府)和城市居民对日常生活的某个方面进行很好的监管与控制,并且这些智能项目还将智慧城市的高科技含量与高效率进程进行了很好的融合。例如,其中的智慧网络项目是为了使城市管理中的各个部分都能进行更高效的信息传递与反馈,目的是提升管理效率;社区技术培训项目是为了培养出一批能够熟练操作高科技设施的人才;公共图片项目则是为了实现信息共享并准确提示。② 然而,强调管理并不等同于强权主义,在法律以及管理规定允许的一定范围内,西雅图的城市居民在智慧城市计划中也被赋予了相当的自由活动权力,西雅图是最先推进"附属居住区域"(ADU,即 accessory dwelling unit)理念的城市,住户们可以在住宅附近合理地规划并建成一个相对独立的居住空间,在不干扰他人的原则下合理使用该区域,这条政策是西雅图为了解决城市老龄化问题专门设立的,不仅可以运用智能技术构建居住空间,同时也解决了老年人被孤立以及缺乏照顾的社会问题,还赋予了城市居民相当的自由度,使每位居民都能以自己的方式建设智慧城市中属于他们自己的一部分。③

在智慧城市的建设过程之中,所谓的实际操作者(地方实施者)对于智慧城市与智慧项目的理解往往与该理念的提出者有一定差距,这也是西雅图在智慧城市建设中重视管理的原因。

---

① Juraschek, F., Zubow, A., Hahm, O., Scheidgen, M., Blywis, B., Sombrutzki, R., Gunes, M., Fischer, J., Towards Smart Berlin - An experimental facility for heterogeneous Smart City infrastructures, Proceedings - Conference on Local Computer Networks, LCN, 2012, Article number 6424078, Pages 886～892.

② AlAwadhi, S. Scholl, H. J., Aspirations and realizations: The Smart City of Seattle, Proceedings of the Annual Hawaii International Conference on System Sciences, 2013, Article number 6480046, Pages 1695～1703.

③ AlAwadhi, S., Scholl, H. J. Aspirations and realizations: The Smart City of Seattle, Proceedings of the Annual Hawaii International Conference on System Sciences, 2013, Article number 6480046, Pages 1695～1703.

3. 阿姆斯特丹：总体规划下的小范围项目试验

阿姆斯特丹智慧城市建设的重要特点是小范围地开发试验一些智能项目，演示并且分享如何能够在城市环境中最有效地利用资源，该市计划于2016年完成智能电网的配置，并且投资10亿美元建设欧洲领先的智慧城市。阿姆斯特丹的智慧城市计划是在企业（商务人士）、政府（公务员）、研究机构（学者与研究人员）、当地居民（市民）四种城市主体之间建立起独特的合作关系，并通过良好的合作与交流共同构建智慧城市。目前正在实施的核心部分主要包括5个主题、3个区域以及43个具体项目。

阿姆斯特丹建设智慧城市的5个主题分别是居住、工作、移动、公共设施以及开放数据，不仅涵盖了现代城市功能与居民需求中占主导地位的居住、工作功能，强调了作为城市建设基础部分的公共设施，还将智慧城市建设与现今信息技术发展的主要热门方向结合起来，使得阿姆斯特丹的每个人都能感受到开放式数据与移动信息技术带来的便捷和魅力。① 智慧城市计划实施的主要区域是阿姆斯特丹都市区域内的三个片区，分别是Nieuw West、Zuidoost与Ljburg，实施理念是将这三个城市区块作为现代城市生活实验区，允许并鼓励企业在此进行新技术产品开发与展示，并结合居民生活、城市居住、城市建设等全方位开展智慧城市运动，主要的技术项目有43个，其中最具有代表性的是区域免费无线网络覆盖、连接城市智能电网的家庭能源补充站、智能住宅、自行车覆盖网络等，阿姆斯特丹希望通过这些项目全方位推动智慧城市的发展。②

在智慧城市发展模式上，阿姆斯特丹是典型的现有城市智慧化发展案例，通过局部区域和部分领域的试验性智慧建设项目来逐步推动智慧城市的发展，这也是大多数大城市和都会城市会选择的路径。

4. 维也纳：全面发展的智慧城市

维也纳在最近一次“世界十大智慧城市”排名中排在首位，研究者博伊德·科恩博士根据创新型城市、区域绿色城市、生活质量和数字化管理等指标对推行智慧城市建设方案的城市进行了研究和排序，与城市的国际知名度不相符的智慧城市排名使得维也纳备受关注，但不同于一些反面案例的“盛名之下其实难副”，维也纳在智慧城市的各个方面都做出了相当大的努力。早在

---

①② 阿姆斯特丹智慧城市规划网站(Smart Cities in Amsterdam)，2013年11月17日。

“智慧城市”理念深入人心之前，该市的商业与媒介、文化与历史、环境与休闲、居住与工作等涵盖城市各大功能的领域都已实现了数据信息联网与部分公开，目前这些数据信息的共享已经渐趋日常化，并可以在信息网络中得以实时更新、及时处理与快速反馈。①

为保证智慧城市建设的不断推进，确定城市发展方向并根据实际情况不断完善，并最终实现智慧城市整体计划，维也纳制定了大胆的智慧城市建设方案，如《智能能源展望 2050》、《路线图 2020》和《行动计划 2012～2015》等，交通和用地规划的变更使维也纳成为欧洲智慧城市技术组织中的主要成员之一。② 这种大胆预测未来以及积极贯彻实施的城市建设态度值得所有城市学习。

5. 昆士兰：以城市知识经济为内涵推动智慧城市发展

澳大利亚的昆士兰市围绕知识经济政策框架来开展智慧城市的建设。知识经济是经济合作组织(OECD)于 1996 年提出的一个概念，通过创造、传播和应用知识来创造价值并且营造一个网络化的社会，在知识经济社会中，获取和使用知识的渠道及能力决定着个人和企业的社会经济地位。

1998 年昆士兰开始在九个大学和研究机构投资建设知识性的基础设施，2003 年昆士兰公布智慧城市建设纲要，提出九个战略投资和建设方向，分别是运用知识来推动经济增长、提升居民知识技能、提供科学教育、建设科学和研究设施、加快研发和创新的商业转化、促进环境科学的发展、管理知识和信息经济活动、通过政府机构的活动来推动研究和创新发展、广泛建立战略性合作关系，此外，在九个框架的背景下通过加快创意和研究活动的成果转化来激活创意领域，自纲要发布的四年中拟增加的相关项目投资达到 2.2 亿美元。③

昆士兰智慧城市的发展途径不同于其他的设施供给和政策导引，旨在发掘社会中知识和研究领域的力量，加快研发成果的商业和社会转化，以知识经济为内涵建设智慧城市。

①② 维也纳城市官方网站(Goverment website of Vienna)，2013 年 11 月 24 日。

③ Yigitcanlar, Tan , Koray Velibeyoglu and Scott Baum. “Knowledge-Based Urban Development: Planning and Applications in the Information Era.” IGI Global, 2008. 1～372. Web. 14 Dec. 2013. doi: 10.4018/978-1-59904-720-1.

三、关于智慧城市建设的对策建议

1. 智慧城市发展需要协同建设

智慧城市需要考虑协同建设的问题，智慧城市方案可能会涉及社会各个领域，如交通、通讯、教育和政策的制定等，这就要求以政府为主导或者共同设立一个有公益性质的领导协调机构，制定智慧城市发展的统一架构，在同一目标和规划下按照最优化的原则实施各类智慧化的建设方案，在这统一的架构中，企业特别是社会责任感较高的企业要发挥重要的作用，作为智慧城市具体项目的运营商积极地参与全城的智慧化发展，协同发展可以避免由于重复建设引起的资源浪费问题，也可以提高建设的效率。

2. 智慧城市的社会化和教育问题

智慧城市建设的另一关键问题是如何实现理念和技术的社会化，如何帮助城市居民从心理上接纳智慧城市运行的规则，并且从技能上可以更好地享受到智慧城市设施带来的便利，从以上的理论和实践梳理中可以发现，硬件设施和系统的建设是国际性的，在这个方面差距不大，但是设施使用者的能力和素质更为重要，是决定城市智慧化建设质量的关键因素之一，如智慧交通一卡通的普及、智能手机等终端产品的大众化都有赖于使用者自身对于新技术的学习和接纳能力，同时这也是社会公众教育和普及的重要课题。

3. 智慧城市建设的标准问题

智慧城市的理念从提出至今不过短短十余年，就已经成为出现在世界各主要城市发展方案中的高频词，与城市相关的各研究领域也积极将智慧城市纳入其研究体系中。在相关研究和实践活动进入高速发展的时期后，应尽早建立智慧城市的标准体系，目前尚无关于智慧城市建设的综合性标准，不单单是技术或者环境适应力的标准，而是应统筹考虑城市的环境、资源、技术、经济、社会和文化各个因素，在科学合理发展的基础上完成整合性标准体系建设。

4. 智慧城市建设的制约和平衡

从本质上讲，智慧城市的发展在于节省资源的同时又要实现增长，一个本身看似矛盾的事情，在当前的发展状况下，智慧城市也用于解决各种城市交通和能源问题，如人口过度密集、能源利用和交通堵塞等，所以从这种意义上说智慧城市是一种解决矛盾的方案。而目前的智慧城市发展大多致力于尽可能地提高交通、通信或者其他服务的便利性，很少有研究提出智慧城市发展的制约性，也就是说是否存在这么一条线，如果跨过了就很难做到平衡城市发展中的各种矛盾，这正是东方智慧所擅长的，智慧城市的“智慧”二字也有制约和平衡的含义。同时在平衡发展的目标下，也可以提供一些其他途径去释放和解决由于高度便利性而产生的负面影响。

5. 试验性智慧城市方案如何融入现有规划体系

目前智慧城市多在小范围进行实验和试行，能在多大程度和范围内普及智慧城市的建设与很多种因素相关，比如城市规模、行政级别、发展程度、经济体量、财政支持力度等。一个关键的问题是，智慧城市的建设方案和理念如何融入现有的规划体系，一般来讲，传统的城市和区域规划系统由于空间和层级的差异很难实现资源的流动和信息的共享，这在本质上与智慧城市的理念是相悖的。但是如果智慧城市只能在一个很小的空间范围内进行试验，那么这一理念真正的价值就无法实现，所以说从试验性项目到真正的智慧城市发展还有很长的路要走。

6. 智慧城市建设应加强决策机制

从以上的研究和实践情况可知，目前智慧城市的建设重在对交通和能源状态的了解，对掌握实时信息后如何决策从而解决问题的研究还比较少，也就是说我们在了解现有能源利用或者交通运行情况的基础上，应该怎么办？这是后续研究和实践的方向之一，只有具备初步的决策机制和功能才称得上真正的“智慧”城市。

智慧城市与新时期的江南城市文化建设

智慧城市,其本质是信息化时代利用先进的信息和通信技术,对城市生活中各种信息进行整合、对各种需求进行智能响应的智慧管理和城市运行方式。同时,智慧城市也是人们应对城市问题,使大城市和城市群升级提档的一种尝试。2015年中国"两会"上发布的《政府工作报告》更提出了三个相互联系的发展方向:发展智慧城市,保护和传承历史、地域文化,治理智能化的人本管理模式。也就是说,建设智慧城市不仅是为了面向未来,也是传承历史、走向人文城市目标的必经之路,对于历史悠久的江南城市同样有深远的意义。

江南的城市文化从古代延续至今,有自己悠久的历史传承和精神系统。总的来说,就是从江南诗性审美文化、商业文化一直发展到近现代的长三角工商业文化,形成了以长江下游太湖和杭嘉湖平原的城市为中心,以经济型城市为特色的城市文化,并且正在向文化型城市转变。江南城市文化的传承是一个大命题,它需要解决几个关键性问题:一是古代江南城市转变为现代长三角城市群以后,如何延续其地位和影响力;二是作为江南城市继承者,新时期的长三角城市群怎样面对城市发展的各种严峻考验;三是在信息化时代,大量的江南城市文化遗产怎样传承;四是城市文化的创新不足。这些问题都很复杂,并不是一朝一夕能解决的,在此,如果我们能和智慧城市的研究结合起来,或许能得到一些启发。

一、早熟的城市:江南城市文化在现代转换中面临的问题

古老的江南城市文化在转换为长三角世界级城市群时,虽然实现了经济上的高速增长,但是有些问题不能忽视,主要体现为:

首先,其在中国城市群中的地位和影响力不如古代。"在某种意义上,长

三角城市群已是古代江南城市的退步,无论是经济比重、城市生态还是文化影响力。在明清时代甚至更早一些,借助环太湖独特的自然环境与生产生活方式,还有在这个基础上形成的具有内在一致性的区域经济社会与文化发展模式,江南地区就自发地形成了一个区位优势明显、城市人口密集、工商业高度发达、文化教育水平领先,对全国和世界有很大支配和辐射作用的功能集聚区。这与当今世界五大都市带在形态与功能上是高度一致的,因而我们也把它叫作江南城市群。”①作者通过分析指出,明清时期的江南城市群,不仅在人口密集程度和经济发展水平方面居全国各地区之冠,而且具有世界影响。在明代对外交往中,江南还是“海上丝绸之路”的起点,是中国近代开放的海洋文化发端,远航亚非的郑和船队,其船只的建造和船队的起航地就在江南。同时,江南地区以其得天独厚的区位优势,迅速成为近代商业文化的缘起。作为较为成熟的城市文化,江南城市可以作为中国古代城市发展的典范。而现在的长三角城市群,虽然经济发展速度一直领先于国内其他城市群,但从文化建设、生态环境与人文城市密切关联的一些指标上看,仍然问题颇多,与国外一些城市群差距很大,与人们对它的期望也不相符,例如专项指数方面的人口指数,长三角位次在珠三角和山东半岛之后;城市经济指数中的第三产业指数,长三角也是第三;可持续增长指数排在第五。②

其次,城市发展过程中的短板仍旧较为明显,“城市病”依然严重。尽管综合排名在 2011 年以后仍然居于中国各城市群首位,但是某些指标仍有较大的上升空间,和其他城市群竞争激烈。长三角地区目前最大的问题仍是“环境和可持续发展问题,其工业废水、工业二氧化硫等的排放量明显高于其他城市群”。③ 从前几年的太湖蓝藻事件,到近年让很多城市纠结不已的空气污染,环境问题已经让长三角和曾经的“江南秀色”有了天壤之别。上海尽管是该地区最发达的城市,但也面临着文化缺乏深度、影响日渐衰微、区域中心凝聚力不足等令人担忧的问题。“中国近几十年来的高速发展无论具有怎样的‘特色’,从根本上说还是工业革命以来的路数——大规模投资、大规模就业、大规模制造形成的高速度 GDP 增长。这一发展模式的核心就是建设起人口、资本和产

① 刘士林:《江南城市性格与变迁的人文解读与现代阐释》,《上海交通大学学报》,2012 年第 3 期。
② 刘士林、刘新静主编:《中国城市群发展报告 2014》,东方出版中心 2014 年版。
③ 同上,第 38 页。

业高度密集的工业化城市，即美国城市学家索亚所说的福特式大都市。自20世纪90年代开始突飞猛进的城市化建设，到21世纪形成了三个规模巨大的都市圈和若干个大大小小的工业化城市，这些福特式城市推动着中国经济的高速发展，也埋下了能源危机、温室效应和大面积雾霾的种子。”①上海长期以来以中国第一大城市闻名，其管理水平和经济发展的速度也领先全国，然而高速发展的背后，城市病却愈发严重，膨胀的大都市似乎已经到了增长的极限，转变已势在必行。

再次，江南的文化资源传承和发展面临困境。由于城市的社会生活形态已经发生根本性改变，使得人们很难去体会、理解古代江南文化中诗意与审美的精神内核，导致江南文化传统的承续产生了障碍。有学者将其总结为一种文化认同的困境。如一些传统村落，不仅数量已经很少，而且亟待保护。很多建筑在保留和拆除、维护和改造之间很难抉择。“总体上看，经济越发达和城市化水平越高，传统村落的传承保护就更加困难。与中国其他地区相比，苏浙沪的传统村落与各自的行政村相比，所占比例都偏低，其中上海为3.01‰，浙江为7.14‰，江苏则低至1.54‰，不断加速的城市化进程是传统村落大规模快速消失的主因之一。从横向比对上看，发展模式至关重要。江苏和浙江城市化率、经济增速相当，但两省传统村落数量差别明显，达到13∶88。这主要是受发展模式影响。‘苏南模式’在促使乡镇企业迅速发展的同时，也使原本数量众多的江南传统村落迅速消失。而乡镇企业发展适度、侧重发展旅游的浙江，传统村落的保护和发展要好得多。”②报告指出，快速城镇化是主因，而理论研究没有跟上则是根源。尽管某些城市针对现代生活节奏提出了包括“慢生活”在内的一些理念，这只能作为一种调节和补充，很难像古代社会一样使之成为主流生活状态。古代江南的审美文化资源传承方式悄然发生变化，如果不深入研究，不尽快提出适应大数据时代和信息化社会的活态传承路径，这一块也会渐趋式微乃至消解。

最后，与世界主要发达城市群差距很大，城市文化创新不足。这恰恰是决定城市文化未来发展动力的关键性因素。“在文化产业30强数量上，京津冀

---

① 高小康：《福特式发展的“有序终结”与“分形”都市》，《天津社会科学》，2014年第5期。

② 刘士林等：《长三角“中国传统村落”调查报告：再不保护就悔之莫及了》，《光明日报》，2015年2月27日。

城市群领先优势相当明显，在2011年达到11个。长三角城市群降幅显著，从2010年的8个降到2011年的3个"。[①] 文化产业规模和质量本应是城市群文化建设最重要的衡量数据，但长三角在这个指标上显然已经不再具有优势。江南城市拥有科教方面的优势，大量科研单位和高等院校、较为发达的中初等教育以及小学、学前教育本可为长三角的文化产业提供智力支持和人才储备，但很明显这一优势还未能充分发挥出来。教育卫生服务指数和京津冀并列第一梯队，而体现文化创新的指数却位列京津冀之后处于第二梯队，这应该引起足够的重视。以南京为例，其高等院校数量和在校生数量在国内都是位居前列的，但是人力资源转化成创新动力，进而创造出文化品牌还需要进一步推动。文化产业需要的是创新思维和集聚品牌，这些都不是一朝一夕能完成的。尤其是在近年兴起的所谓"IP"的创造（知识产权，Intellectual Property，是互联网时代兴起的术语，在这语境中，人物、故事、世界观均可成为IP，可以各种形式无限延伸，如影视、游戏、文学、动漫等）方面，[②]比起古代江南城市文学、艺术上的很多首创，如诗词、书画、小说、南戏等的兴起与繁荣，现今长三角的文化产业所欠缺的正是引领社会的创新和品牌效应。传统城市民间艺术与文化传承面临接受和认同困境，在新时期成长起来的年轻一代已经习惯于各种光怪陆离的现代快餐文化，对呈现形态完全不同的传统文化、民间艺术，缺乏认同感，也缺乏接受的环境。以民间曲艺为例，尽管政府做了不少宣传和扶持工作，比如积极申遗，但是观众的流失和老龄化状况似乎仍旧无法改变。传统文化形态与现代流行文化仍缺乏一种有效的沟通与承接。比如，很多年轻人现在欣赏流行音乐、电影、电视剧和动漫等文化产品，这些文化产品不仅通过传统媒体，同时也在网络上传播，在自媒体兴起后，它们又通过微博和微信等进行传播，可以说流行文化时刻在跟进媒介的变化，并不局限于某一传播方式；而民间曲艺的传播途径就相对单一，对新兴传播方式的反应速度明显较慢，虽然说网络上也能见到，但是传播和推广仍旧较为被动，内容和形式上的主动创新不足，这是应当反思的。

二、加速智慧城市建设：江南城市文化通向未来的必经之路

首先，智慧城市建设在全国很多城市已经不仅是规划，而是开始落地了。

① 刘士林、刘新静主编：《中国城市群发展报告2014》，东方出版中心2014年版，第51页。

② 《中国动漫能让 Monkey King 打败"美国队长"吗?》，中国文化传媒网，2015年3月25日。

虽然各个城市的建设速度有快有慢,但很多都已经开始把智慧城市首先落实到具体的城市管理和服务中。在国际上,已有多个城市进行了实践和探索,且取得了一定成果:“目前来看,大数据相关技术在智慧城市规划与建设中的应用取得了相当多的进展,但仍处于起步探索阶段。一方面,其应用范围较多局限在智慧城市各个子系统,较少有整合多个系统的应用案例,但也可以看到,整合多个城市系统数据的数据平台也在构建当中,如哥本哈根的‘开放价值网络’。另一方面,大数据在各个子系统的应用方式虽然具体内容不同,但大多可归纳为实时信息的收集监控、分析与推送,随着长期大数据的积累,其应用方式有待获得更多拓展,如我国的北京城市实验室(BCL)正在利用多年积累的北京公交和轨道交通刷卡数据研究北京的城市贫困问题。”①由于大数据和云计算的结合,巨量信息数据便可以处理,由此就可以快速地分析判断并及时处理城市运行管理过程中的各种问题。由此可见,智慧城市建设对城市的渗透和提档将会是全方位的。接下来进行智慧文化建设也就顺理成章了。

其次,由智慧城市引申而来的智慧文化建设并不会割裂城市文化的脉络,而将提供新的文化体系建构方式。智慧文化建设与以往的文化规划和设计有着本质不同,即在文化“分众”的背景下,通过大数据的整合分析,对受众精准定位,同时主要传播方式也由传统媒体延伸到了新媒体。“用户主导和市场调节是分众传播的一个显著特征。网络传播是典型的分众传播。面对这样一个多点对多点的网络世界,面对着无法穷尽的海量信息,看什么,不看什么,用户有绝对的选择权和主导权。当然,有选择就有优势。但是,有时选择是要付费的。选择越多,费用越高。有线电视、数字电视的用户比公共电视的用户有更多的选择;头等舱的旅客对飞机航班上播放的视听节目有更多的选择。这些选择都是市场调节的结果。”②也就是说,对象不同,需求就会不同,传播的方式就不同。这种特征唯一能与之匹配的只能是大数据和云计算建构起来的文化消费模式,因为它最符合现代城市居民的个性需求。比如通过微信公众账号的自媒体传播,就是通过大数据进行精准定位,并不断和用户互动,再通过网络吸纳广告。同时还有听众参与的体验式广告,无形中摆脱了过去广告给人

① 刘伦、刘合林、王谦、龙瀛:《大数据时代的智慧城市规划:国际经验》,《国际城市规划》,2014年第6期。

② 熊澄宇:《从大众传播到分众传播》,《瞭望新闻周刊》,2004年1月12日第2期。

带来的刻板印象,以及难以估计传播效果的旧有营销方式。

再次,江南的城市文化应该适应直面新媒体时代的要求,同时,新媒体以及自媒体也将为文化的传承提供新的形态和路径:“报告显示: 日均影响力500及以上媒体微博为397个,报纸78个、电视57个、杂志47个。纸媒占比31.5%。在所抽取的纸媒样本中,48%媒体微博为纸媒,38%的媒体微信为纸媒,62%媒体APP为纸媒。数据还显示80后、90后为新浪用户主体。其中,30～40岁用户使用iPhone手机比例最高,这些用户也正是社会的中坚力量。2014传媒大事件中,秒拍产品更是因为‘冰桶挑战’跃居苹果商店总榜第21位、摄影类前三。事件特点与产品特性的高度匹配,短视频与微博最大化释放了碎片传播能力,新旧媒体最优资源的整合推广,是此次案例成功的关键。对于新媒体,报告认为: 微博步入常态,微信泡沫减少,网络治理规模化,将是社交媒体的理想进化形态;平台小而美还是大而全要有取舍;未来平台发展,要以影响力为主导,集群化发展,平台服务化,数据化营销广告。”①不是人们认为江南的城市文化不美、不够诗意,而是这种美和诗意要传播给更多的人,要和现代都市文明有机融合。很多新媒体以及自媒体正在为此而积极传播,原因就在于江南诗性精神有可能修补城市病带来的创伤,弥补现代城市理性和过度商业化以及工业化给人造成的失落感。

三、与智慧城市建设融合,实现文脉的活态传承途径

作为古代文化的重要承载形式,民间艺术的活态传承近些年以来已经成为各界所关注的重要领域。如何实现活态传承,的确是困扰人们的难题。

我认为,江南城市文化的传承创新与智慧城市建设相互融合,主要应体现在三大方面: 一是转变规划思路,以人文城市的理念对长三角城市群智慧文化进行科学规划,逐渐解决城乡文化不对称和差距过大的问题;二是适应信息化时代的变革,积极利用新技术成果引导人们重新发现传统文化的闪光点;三是改变固有的传播方式,致力于文化精神的开拓与提升,充分发扬江南城市文化中开拓进取的成分,去迎接智慧城市和新型城镇化的变革氛围,创造新兴城市文化。

① 《江苏新媒体联盟昨天成立》,扬子晚报网,2015年2月12日。

首先,从人文城市的要求出发,对城市智慧文化进行顶层设计和区域规划。长三角城市群智慧文化的重要特点是因地制宜,从中国农业社会的文化传统出发,致力解决城乡文化二元对立的问题,真正留住"乡愁"。作为古代文化的直接继承者,不仅有城市中的精英阶层,也包括最广大的市民阶层,还包括由外来务工人员形成的新兴市民阶层。过去,我们曾经面对很多城市信息不对称的难题,尤其体现在生活服务信息和文化传播方面,没有掌握前沿传播方式如移动互联网或宽带网络的人群,就很难参与到城市文化的创造中去。因此,必须规划好智慧文化的行动方案和步骤,通过对大数据的整合,针对不同服务对象需求的充分响应,有效应对"数字鸿沟"。"从艺术哲学层面看,人们在日常生活所获得的主要是现实的生存体验,而审美活动恰恰最关心的是人的身心态势,并引导情感体验等向世界的纵深逼近。数据的感知与分析、交流与整合注重情感素质与生存智慧融合,无疑会开启个人的全面发展的新时代。"①在此。日本的经验很值得借鉴,日本在《文化艺术振兴基本法》明确规定了八个基本理念:"其一,尊重进行文化活动的人的自主性;其二,尊重进行文化艺术活动的人的创造性和提高其地位;其三,完善鉴赏、参与、创造文化艺术的环境;其四,日本以及世界文化艺术的发展;其五,多重文化艺术的保护和发展;其六,地区特色的文化艺术的发展;其七,日本文化艺术向世界传播;其八,反映国民意见。"②从中我们可以看出,日本从国家层面对文化艺术的振兴规划尤其强调以作为个体的人为中心,尊重差异性和多元性,重视地区特色和国民感受,这就为制定具体措施打下了良好的基础。尽管日本城市化程度较高,但也出现了偏远地区文化活动偏少的问题,为此,有关部门在全国市区村镇开展了"文化艺术创造城市"活动,这是基于文化振兴政策发动各级单位广泛参与的活动,将文化艺术创造和经济振兴相结合,起到了显著的效果。③ 由此我想,我国和日本在城市文化艺术的传播方面有相似的问题,而且城乡差异更大,"数字鸿沟"更加明显。不妨利用智慧文化建设的契机,进行城市文化振兴的系统规划,突出人文城市的理念,为各个城市制定符合自己特色的智慧文化规划,然后循序渐进,"提出和研究'文化型城市群',充分开发江南文化之于长三

---

① 田根胜:《大数据时代的城市文化发展展望》,《探索与争鸣》,2012 年第 12 期。

② 严明等:《日本城市公共文化设施调研报告》,刘士林主编:《中国都市化进程报告 2014》,北京大学出版社 2014 年版,第 134～135 页。

③ 同上,第 156 页。

角、北方文化之于京津冀、岭南文化之于珠三角、巴蜀文化之于成渝经济区等的资源优势，才是规避城市群文化发展走向'同质化'、引领城市群转变发展方式的有效途径"①。需要加以补充的是，规划时要注意江南文化中乡村与城市文化的互补性，就像高建平所说的那样："提出一种乡村的美学与城市的美学相对应，提出乡村的美学可以对城市的美学有所补充和有所匡正。"②他将其形象概括为"拆墙"，就是认识到城市与乡村在文化上的连续性，将其视为一个整体来规划设计，这可能会为解决更多的城市问题提供良方。"各地要根据《国家基本公共文化服务指导标准(2015～2020 年)》，结合当地群众需求、财政能力和文化特色，尽快制定适合本地区的细化的、具体的实施标准，逐步建立国家指导标准与地方实施标准相衔接的标准体系。"③这就是说，江南城市不能依赖国家的顶层设计，要结合自己的实际，尽快制定《长三角城市群公共文化服务标准》和《长三角智慧城市公共文化服务标准》，为智慧文化进一步的发展确立规范。

其次，江南城市文化的传承与发展应该适应信息化时代的变革，积极利用新技术成果引导人们的文化生活。古代的江南城市文化之所以活跃、繁荣，一个很重要的原因是在大众文化产品的创造和传播方面，善于开风气之先，起到引导社会文化、站在文化潮流前沿的作用，从中体现出江南城市文化旺盛的生命力和创造力。正如冯保善所说："小说之影响江南社会，最根本的还是一种思想观念上的渗透与潜移默化，以及由此导致整个社会风气的转移，并进而危及专制统治政权。"④同样，在智慧城市的建设浪潮中，江南城市也应有所作为。眼下综观各城市，已经启动的主要是智慧交通、智慧医疗等与民生关系最紧密的一些工程。接下来应该关注智慧文化，利用信息化的契机，整合文化资源，逐步形成网络化、智能化的文化产业和产品传播渠道。正如有的学者所言："认同于现代生活方式，而不是固有的传统文化，这是大多数后发现代性民族、地区的通常选择。只有经历了物质丰裕的现代化阶段之后，人们才会内在地需要认同'自己的'文化，由此'发现'传统文化的价值。因此，我们不必为文化保护区内居民现阶段缺乏文化认同感而过分忧虑，当然，也不是说应该放任自

① 刘士林：《中国城市群的发展现状与文化转型》，《江苏行政学院学报》，2015 年第 1 期。
② 高建平：《美学的围城：乡村与城市》，《四川师范大学学报》，2010 年第 5 期。
③ 杨志今：《构建现代公共文化服务体系的原则与重点》，《求实》，2015 年第 7 期。
④ 冯保善：《明清江南小说文化论》，《明清小说研究》，2013 年第 4 期。

然。文化在自然变迁过程中,既可能在新的境遇中保持创造力与发展的连续性,也可能断裂、消失,出于历史责任感,政府与文化专家应该采取措施保护某些文化形态。问题的关键在于,'他者'如何介入才能维护文化主体的主人地位,维护其文化自信心。"①要想重振文化主题的自信心,关键在于保护者根据保护对象的心态来采取策略,在这方面,智慧城市建设中的某些策略具有一定优势。比如,南京秦淮花灯的传承与市场化存在不少问题,"南京农业大学经管院张望则对记者称,定制、走高端路线的产品议价能力比较强,像陆有昌的花灯属于议价能力较强的产品,只要有一定的知名度,与其他产品的差异能够被消费者所辨识,就会受到高端人士的青睐。据了解,陆有昌曾凭借儿时的记忆创作成功'麒麟送子',有人愿意出价 4 000 元购买"。② 如何走定制、走高端路线,这就需要对市场进行较为准确的评估和定位,这些恰恰是大数据和云计算作为基础的智慧城市建设过程中的优势。因此,积极与智慧文化融合,是文化遗产活态传承之道。

再次,利用新型城镇化和智慧城市的建设契机,建构新的文化平台,为城市文化尽快搭建起属于自身的传播网络,这样方能完善新时期江南城市文化的精神体系,使"长三角"真正蜕变为有活力、有创造力的城市群的象征。江南城市的文化资源不是不够丰富,而是太过丰富,并且分布极其广阔,而江南城市又属于国内人口分布非常密集的地区,采用大数据对其精准定位是可行的。将各种文化数据进行集成和分类,有助于把江南城市文化的体系建设落到实处。但是,大数据也使消费文化形态发生变化,我们在建构新时期江南城市文化的精神体系时,必须充分认识到各种消费行为在社会文化转型中的突出作用和深远影响。按照高小康的说法,大数据时代就是以巨量的数据、超距的时空以及分形结构。一方面,"与消费行为相关的符号意义却变得复杂和模糊起来。地方与流动这双重空间并置和矛盾的消费形态混淆了消费文化的意义关系和区隔秩序,造成了非符号化的消费狂欢现象"③。另一方面,"等级化的集体消费与身份混沌的大数据消费之间的矛盾不仅撕裂了社会各个群体文化等级关系的习惯,也造成了社会中个体身份与空间意识的内在矛盾"④。这才是

---

① 季中扬:《非物质文化遗产空间保护与文化认同困境》,《江苏社会科学》,2013 年第 5 期。

② 《秦淮老艺人盼关停龙灯厂重开》,《金陵晚报》,2015 年 3 月 17 日。

③④ 高小康:《大数据时代的消费文化与空间冲突》,《湖北社会科学》,2014 年第 12 期。

当今社会很多矛盾的内在文化根源，也是前文所提到的数据鸿沟的外在文化表现。由此，可以利用智慧文化建设，积极地去建立一个新的平台，把信息弱势群体纳入这个平台中，甚至要格外关注这些群体，打破过去文化资源在分享上的不平衡。对文化资源高度集成，可以变分散为集中，同时根据客户需要提供定制，利用手机网络，把微博、微信以及各种应用软件综合起来推广文化艺术服务。江南城市可以建设符合自己地区特色的文化云平台，把散落在民间的各种传统文化资源整合，使之和当代城市文化积极融合。眼下，已经有很多自媒体文化公共账号，包括美术、曲艺、收藏、美食等，这些自媒体通过熟人圈传播，有不少已经初见成效，开始形成较为固定的受众群体，其传播速度快、垃圾信息少、互动频繁，但有的仍属个人自发，部分由媒体推动，还没有形成相对固定、较为成熟而系统的综合文化服务系统性平台，依赖于现有的应用软件运营商，也缺少长期的规划和政策设计。我认为在这方面，文化主管部门不应缺位，可以利用监管的地位与职能，积极推动相关文化信息平台建设，变过去单一监管的机制为助推、监管和评估于一体的新机制，这也可以为江南城市文化的创造与传承找到新的主体，帮助江南城市文化发展与提升。

综上所述，智慧城市不只是一个技术性的突破与革新，它也可能是推动文化进步的手段与路径。文化的建设与传播从来都需要借助技术的力量，智慧城市建设之于江南城市文化的传承和发展而言是一个重要的历史机遇，如果有长远的顶层设计加上科学的区域规划、广泛的底层参与，相信古老江南城市文化的创造力就会再次被激活，未来的长三角城市群文化也就有了人文的深度和辐射的广度。

对话访谈

《中国新闻周刊》专访　我国三大城市群的建设与发展

《华尔街日报》专访　京津冀协同发展：一场时间与空间的博弈

《经济学人》智库专访　关于上海社会资本和文化消费水平的问答

《澳门月刊》专访　“公共安全，究竟离我们有多远”

《中国新闻周刊》专访 我国三大城市群的建设与发展

访谈记者：闵杰，《中国新闻周刊》记者（以下简称闵）

访谈嘉宾：刘士林，上海交通大学城市科学研究院院长、首席专家（以下简称刘）

一、不赞成“政府—市场二分法”评价城市群发展

闵：从总的判断上看，京津冀一体化历史上，政治考量大于经济判断，而长三角和珠三角的合作主要由市场推动，这种观点是否成立？

刘：我个人不是很赞同这种观点，因为用一种政府—市场二分法来理解一个包含了环境、人口、政治、经济、社会、文化等多元要素的城市群，明显是把十分复杂的问题过于简单化了。

我国的城市化，包括城市群规划建设，在整体上一直是由政府主导，城市发展的主要资源如土地、财政、项目审批等，包括城市群的竞争与合作，也主要掌握在政府和行政部门的手里。所以更客观和准确的表述应该是，无论京津冀，还是长三角、珠三角，都是在政府主导下的一体化，如 20 世纪 80 年代最早提出建设长三角经济区，就是由国务院提出、部署和推进的。但城市又天生是活跃的经济体，城市群是更复杂、更庞大也更活跃的经济巨人，中国的城市群必然深受市场机制的影响和冲击。这说明，在我国城市群规划和建设中，政府和市场“你中有我，我中有你”，有些阶段和层面是政府主导，而有些阶段和层面则是市场主导，有些问题表面上是政府主导而实际上是市场主导，有些问题则相反，甚至还有先是政府主导后来被市场替代，也有先是市场发动但陷入困境后又不得不让政府来接管。总之，我们要先把自己的思维方式或研究模式建构得更复杂些，才能更好地认知和判断。

二、行政与市场，各有利弊

闵：如果成立，靠行政力量推动，或靠市场推动，在模式和效果上，分别有什么不同？

刘：各有利弊，行政力量推动比较有效率，可以“集中力量办大事”，在解决大的、宏观问题和综合矛盾方面，具有明显的优势，但有时也容易违背市场的规律和需求。市场力量具有自发性和自然性，容易对接城市的直接需求并有“船小好掉头”的好处，但缺点是缺乏全局性和宏观调控能力。所以最好的模式是政府和市场结合起来，就是李克强总理科学表述的：放开市场这只“看不见的手”，用好政府这只“看得见的手”。

三、三大城市群各自发展模式的主要特点

闵：从横向比较上看，三大城市群各自发展模式的主要特点分别是什么？各有什么优势和不足？

刘：从理论上讲，城市群发展模式主要有四个，分别是“产业化推动”(AOD 模式)、“交通推动”(TOD 模式)、“行政推动”(SOD 模式)和“效率推动”(EOD 模式)。

受中国都市化进程整体水平和历史条件局限，三大城市群仍停留在较粗放的发展阶段，很难谈到有什么成熟的模式。总体看来，目前都比较重视产业、交通和行政，或是急功近利，需要什么模式就出台什么政策，难以在三者中形成合力，效率很低、政策衔接性差。着眼于未来，如何在内容上由简单变丰富，实现从粗放低效发展向“效率推动”转型，是各城市群的当务之急。

四、关于环首都贫困带现象的讨论

闵：为什么京津冀周边会出现贫困带，辐射效应不明显，而长三角的辐射效应好得多？

刘：大家都关注的环首都贫困带现象，既是城市集聚效应的直接表现，也是京津冀城市群在初级阶段必然出现的问题。在城市化进程中，城市的崛起

和乡村的衰落是并生现象，在城市群发展中，大都市的繁荣也往往意味着周边城市和乡村的凋敝。这涉及城市群首位城市和区域内其他城市的关系。根据我们的研究，城市群是一个在人口、经济、社会、文化和整体结构上具有合理层级体系，在空间边界、资源配置、产业分工、人文交流等方面具有功能互补和良好协调机制的城市共同体。在这种健康的形态中，首位城市有两大基本职能：一是支配，二是服务。这是形成分工合理、功能互补的城市层级关系的关键，也是城市群能够实现功能互补和共存共荣的根源。但在初级阶段，首位城市往往只想"支配"而拒绝"服务"，这是环首都贫困带，也包括中国城市群一体化进程困难重重的主要原因。

长三角尽管略好一些，但也是经历了30多年的冲突和磨合、付出了很多代价以后的结果。即使是长三角，至今在资源、产业等方面的冲突与无序竞争仍不时出现，在某些方面甚至相当严重。这是我国城市群所处历史阶段和发展水平决定的，不会一下子解决，但也可以相信，经过不断的培育和磨合，特别是不断地交成本很高的学费，最终会使大家都变得比较理性，自觉地承担起推进城市群走向均衡和协调发展的职责和使命。

五、在产业协同发展上，哪个城市群好一些？

闵：*产业同构、同质竞争问题是否普遍存在？哪个城市群情况相对好一些？*

刘：这些问题的确普遍存在，但最值得关注的是，它们在具体内容上的新变化。以长三角为例，根据首届长三角一体化论坛上提供的信息，苏、浙、沪三地产值在前10位的行业基本相同，有11个城市同时选择汽车作为未来发展的重点产业，长三角"十五"高新科技产业发展规划中，集成电路产业的同构性达35％，纳米材料为48％，计算机网络为59％，软件产业为74％。但近年来，这些情况并没有从根本上好转，在产业方面普遍存在的"规划粗放与内容因袭"问题，正迅速扩散到各城市群规划中。如在推进基础设施建设一体化和建成世界文化产业基地两方面，珠三角和京津冀存在着"惊人的相似"。而长三角的大桥、高铁和文化产业规划，与之并无二致。

此外，注重基础设施建设和发展文化产业，也是不少中西部城市群的共同选择。这些面目相似的规划，将导致中国城市化在更大区域内的"同质化"，而与城市群的本义——建立区域内合理的层级分工体系及解决单体城市间的恶性竞争——背道而驰。现在还很难看出哪个城市群好一些,因为大家发展思路都不够精细,战略定位和规划也都做得相差无几。

六、在内部沟通上,哪个城市群好一些?

闵: 在城市圈内部沟通机制方面,存在的问题是什么?哪个城市圈更好一些?

刘: 根据我们的研究报告,目前在三大城市群综合指数排名上,珠三角城市群位于第一,长三角城市群居次席,京津冀处于垫底位置。这说明珠三角内部沟通机制更好一些。这主要有两个原因,一是岭南文化的联系与协调机制,二是珠三角城市群隶属于同一行政区,各种合作比较容易实现,而京津冀城市群、长三角城市群相对就比较难。

七、经济类型对城市群的影响

闵: 经济类型的差异,是否也对一体化有很大影响?长三角有民营经济发达的“苏南模式”“温州模式”,珠三角外贸经济发达,但京津冀国有经济比重很高,这些因素有哪些影响?

刘: 在我国城市群仍主要由政府主导的背景下,结合城市经济对城市政治具有的反作用,可以做一个简单的判断,即经济类型的差异对一体化肯定会有影响,至于影响的大小,用一句古代兵书的话,就是“不大胜亦不大败”。至于国有经济、温州模式、苏南模式的具体影响,需要开展调研,建立科学的指数框架体系以后才能得出。

八、中心城市龙头地位的确立

闵: 有观点认为,长三角,上海的龙头城市地位得到公认,有助于一体化的核心优势聚集。而京津冀存在北京和天津之争,珠三角存在广州和深圳之争,您如何看待这样的观点?

刘: 这些观点和看法也比较片面,关键是用什么标准来衡量。是用一些会议、论坛、政策文件、协调机制、论文、研究报告等“表面文章”，还是用区域一体化之后所取得的“1＋1＞2”的实际效果？是表面上的“一团和气”，还是实际上的“面和心不和”？从这个角度看，上海在长三角的龙头地位是不是真的已经确立，目前并没有确切的数据和足够的事实。而天津真的可以和北京一争高下，深圳真的敢于傲视广州，也都是值得怀疑的。

其实，在我看来，中心城市龙头地位的确立与否，主要是要看生态、经济、社会、文化的一体化程度及其形成的系统优势是不是能够体现出来，还要看把大家联系在一起的那根“纽带”是不是可靠，否则，利益一来，大家立刻见利忘义。而风险一来，就大难临头各自飞，都不是一个成熟的城市团队应有的联盟关系。

九、世界城市群的启示和借鉴问题

闵：世界公认的五大城市圈的发展，对当前中国有什么启示和借鉴？

刘：坦率地讲，我觉得启示和借鉴意义不是很大，同时也不应该机械地“拿来”和“比附”，主要是中西方的城市化和城市群差别都太大。在城市化方面，我们曾学习和引进了很多西方先进的城市管理和建设经验，大的方面如新城规划、城市交通建设，小的方面如主题公园、汽车限购，其中绝大多数如果不是以夭折和失败而告终，也基本上是不解决现实问题的。在城市群方面，西方城市群是城市地理与经济自然演化的结果，并倾向于从空间角度寻求解决问题的方案和路径。与西方不同，我国城市群规划与建设的主要动力是人工的规划、设计和推动，其中更多地加入了时代特征、当下诉求等“时间性因素”，有些甚至是揠苗助长、人工催化的结果。如果按照西方的标准来建设，不仅在中国行不通，而且最后也只能建一批“非驴非马”的“四不像”。

实际上，这种情况和后遗症已经出现了。但这也不是说要完全排除西方，“闭门造城市群”，而是既要充分尊重城市群自然成长和演化的内在规律，也要认真研究中国的经验、需求、模式和标准，并在中国背景下，探索和走出自己的城市群发展道路。

《华尔街日报》专访　京津冀协同发展：一场时间与空间的博弈

访谈记者： 吴尚蔚，《华尔街日报》记者（以下简称吴）

访谈嘉宾： 刘士林，上海交通大学城市科学研究院院长、首席专家（以下简称刘）

一、关于京津冀协同发展规划

吴： 您觉得京津冀协同发展的规划是否有些急于求成？

刘： 这个问题很难用一个简单的"是"或"不是"来回答。因为城市群涉及的城市和部门众多、人口规模和体量巨大、层次和关系极其复杂、利益和需求很难一致，比较客观的回答应该是：在一些城市、领域和阶层显得"有些急"，很多问题还没有好好研究，各项准备也没有做好就匆匆上马。在另外一些城市、领域和阶层，却已经觉得"有些晚了"，如果再早一些，有些人才和资源可能就不会流失，自己城市的规划和建设也会更符合区域发展的整体要求，避免再一次"翻烧饼"。当然，也不排除还有一些"运气特别好"的"幸运儿"，这些城市如古人所谓"天时地利人和"，自己的发展需要正好踩在国家战略的"鼓点"上，将是这一国家战略最大的受益者。从总体上看，对京津冀协同发展《规划》要避免"宏大叙事"，尤其要避免"不是好就是坏"的简单化判断，在发展中也应分类对待，对跟不上节奏的，要加以鞭策。对有急于求成倾向的，要予以适当降温。

二、协同发展进程可能带来的问题

吴： 您觉得这个进程可能带来哪些问题是我们所需要注意的？

刘：京津冀城市群包括了约1.07亿人口和22万平方公里的面积，像这样一种超级社会发展工程，其复杂性和艰巨性不亚于历史上任何一场大战役。在《规划》中也不可能把所有的问题都想到，都考虑清楚并做出完美的制度安排，同时，在实际建设过程中，也必然会遭遇各种意想不到的新情况和新问题，所以在总体上要充分尊重城市群自然成长和演化的规律，确定"蹄疾而步稳"的战略原则："蹄疾"是步子一定要快，慢了就等于不发展，就等于倒退；"步稳"是稳扎稳打，特别是要防止不顾自身资源和社会承受限度的"冒进"倾向。只要把这两方面的要求统筹协调好，就应该不会出现比较大的问题。

但就现阶段来看，有两个方面需要引起重视。

一是在观念上，不能把城市群的规划建设等同于"经济"和"交通"。理想的城市群是一个在人口、经济、社会、文化和整体结构上具有合理层级体系，在空间边界、资源配置、产业分工、人文交流方面具有功能互补和良好协调机制的城市共同体。如果只集中在"眼见为实"的交通和产业，就可能导致"旧的问题还没有解决，新的问题又来了"。比如交通一体化有可能是"摊一个更大的大饼"，而产业转移也很可能把"一个城市的资源环境问题下放到身边的其他城市"。

二是在实践上，要切忌各种"形式主义"和"本位主义"。前者的问题是容易导致"例行公事"，对《规划》中的各项要求只是敷衍应付，或者是"嘴上说一套，实际干一套"。后者的问题是"屁股决定脑袋"，凡是和自己局部利益相关的就"真抓实干"，否则就"事不关己，高高挂起"。

三、产业、交通和行政之间的协调

吴：*产业、交通和行政之间的协调存在哪些问题需要解决？*

刘：产业是城市的"肌肉"，交通是城市的"大动脉"，行政是城市的"神经中枢"，共同构成了城市发展的"硬件系统"。没有强大的产业支持，城市就没有竞争力，而没有便捷快速的交通设施和高效精干的行政机构，城市就不可能是一个现代化的城市。也可以说，"硬件系统"是基础和支撑体系，即使放在一个城市里，也不是很容易理顺和协调的。在由"一大堆"城市组成的城市群中，需要协调和解决的问题当然更加庞杂。

就京津冀而言，首先要对问题本身有正确的认识和态度。城市群的繁荣离不开产业发展，而发展产业就需要集聚更多的人口。但任何城市本质上都是“有限的容器”，一旦人口增加过快和流动加速，就必然加剧城市固有的交通和管理问题，并最终制约和影响区域的经济发展。但从发展趋势上看，2014 年初，京津冀三地达成“协同发展、交通先行”的共识，各种新的高速公路、铁路、地铁在加快建设，过去遗留的各种“断头路”等也开始接通，所以我们认为以后“交通”方面的问题不会太大。在产业方面，由于《规划》重新明确了各城市，特别是北京在定位上不再提“经济中心”，在产业调整和布局上，各方不管“转让”还是“承接”，大都属于“一个愿打，一个愿挨”，所以问题也不会很大。相对而言，可能最麻烦的还是“行政”方面。京津冀是一个包含了 13 个城市的“大块头”，其良性运行自然需要更高更强的“执政能力”。三省市在这方面可以说差距最大。北京作为首都和国家行政中心，天津作为直辖市，多年来培养和锻炼了一大批优质行政人才，而河北作为一个相对落后的省份，其“城市指挥系统”如何适应一个更加复杂的城市群发展，在我们看来是最可担忧的。

四、京津冀三地政府的状况

吴：相对而言，长三角和珠三角的发展是更加有机的，特别是珠三角地区，各个城市可以在省级政府的组织下相互协调。而京津冀三地政府各自为政的状况是否比较严重？

刘：我个人一直不大赞同这种观点，它夸大了中国国家框架下不同区域在行政体制机制上的差异，也把“政府”和“市场”的复杂关系理解得过于简单片面。我们知道，城市天生是最活跃的经济体，城市群是更复杂、更庞大也更活跃的经济巨人。其中，“政府”和“市场”的真实关系是“你中有我，我中有你”，在有些阶段和层面是政府主导，而有些阶段和层面则是市场主导，有些问题表面上是政府主导而实际上是市场主导，有些问题则相反，甚至还有先是政府主导后来被市场机制替代，也有先是市场发动但陷入困境后又不得不让政府来接管等，所以不宜把珠三角的省级政府优势“拔得太高”。实际上，不同城市的协调和相互尊重，主要是“政府”和“市场”既不断博弈又相向而行的结果。比如，在过去的 30 多年，长三角各城市一直是“面和心不和”，但在我们发布的 2014 年度排名中，长三角之所以名列第一，主要原因有两个：一是 30 年来大家饱尝了“同质竞争”甚至“恶性竞争”的苦果，由此产生了越来越强烈的协同发展需要;二是区域资源和市场的联系更加紧密,逐渐形成了“一荣俱荣,一损俱损”的命运共同体关系。这是大家“由斗争转向对话”的根源。

对于京津冀,需要从“转型”的角度看。在过去,“各自为政”的情况的确十分严重,主要是落后地区有热情但没有能力,而发达地区有能力却没有热情。但自 2014 年以来,情况正在发生“质”的变化。在强大的国家意志和战略需要支配下,京津冀在破除行政壁垒方面已走在了长三角和珠三角的前面。如天津自贸区的京津冀海关区域通关一体化、检验检疫通关业务一体化改革等。在城市环境方面,如河北省的张家口市、固安县等已开始采用首都环卫标准。一些硬骨头也开始被啃下来,如不久前审议通过的《京津冀及周边地区大气污染联防联控 2015 年重点工作》,就涉及北京、天津及河北省的唐山、廊坊、保定、沧州等城市。

五、关于京津冀一体化进程

吴:如果算上很早就提出的“环渤海城市群”的概念,京津冀一体化的进程是不是过于漫长,为什么会耗时如此之久?

刘:时间长不长,既有感觉上的问题,也有评价标准的问题。从感觉上讲,在 20 世纪 90 年代,长三角、珠三角和京津冀地区几乎同时提出了规划建设城市群的设想,但 2008 年和 2009 年,长三角和珠三角的发展规划陆续发布,京津冀却一直“雷声大雨点小”,这是人们感觉后者比较拖沓、进展缓慢的主要原因。在评价标准上,主要看和谁比较和怎么比较。和西方城市群相比,全球首个城市群是位于美国东北部海岸的波士顿华盛顿(BosWash),杰出的地理学家戈特曼(Gottmann)从 1942 年代开始研究到 1961 年代正式命名,大约经历 20 年的时间。在中国,情况比较特殊,长期以来,中国一直实施“限制大城市”的政策,这在很大程度上压抑了城市群的发展。“城市群”真正进入中国国家规划框架是在 2005 年底,其中明确提出了推进长三角、珠三角、京津冀三大城市群的规划建设。如果按照这个时间节点算起,京津冀城市群的实足年龄不过 10 年。与国外相比,已经是很快了。但在国内看,由于京津冀在行政地位和经济发展方面的不平衡,所以协调起来比较困难。但在《规划》发布以后,这个问题已经不再是问题。所以,在中国城市群发展报告中,我们是很看好京津冀的。

六、京津冀一体化的实质性进展

吴：不久前，习主席说京津冀一体化将是国家发展的一个重点，并且相关方面已有所举动。要看到京津冀一体化有实质性的进展，开始真正地协同合作，大概还需要多久，会从什么时候开始？

刘：国家战略的说法以前比较多，凡是有国家政策文件的，包括一些部委发文的都可以被称为国家战略。2014 年以来，中国的国家战略被明确下来，只有三个，即“一带一路”“长江经济带”和“京津冀协同发展”。后者的体量远远小于前两个，由此可见京津冀城市群的重要地位。在这个大背景下，相关城市与部门迅速做出反应，从“口头”落实到“行动”中。在政府层面，如保险监管一体化、法院“同城”办案、联控机动车污染、协同防治林业有害生物、协同发展引智计划、演艺领域深化合作等。在科技合作方面，仅北京大学与天津签订的合作项目就超过 170 个，同时与河北省也签了 160 多个。在企业方面，据相关统计，中关村的高新科技企业目前在河北设立了 1 029 家分支机构，在天津也超过了 500 家。如果一定要选一个时间起点，我想可以把 2015 年看作是京津冀协同发展“元年”。

正如西方的一句谚语，“罗马城不是一天建成的”，区域的一体化和协同发展，和人类社会的其他历史进程一样，都不会是一帆风顺的。京津冀城市群的发展，不仅涉及环境资源、人口、经济、社会、文化等多种要素，也由于其体量巨大、关系众多和层级复杂等原因，在实际建设过程中，出现摇摆、反复甚至是局部的倒退，都是正常和无可避免的，也无须“大惊小怪”。对于所有“发展中的问题”，只能以更高水平的发展来解决。

七、京津冀规划的“软件”

吴：京津冀的规划非常关注“硬件”层面。“软件”层面是否需要更多的关注？比如放松户口限制？

刘：《规划》的确比较关注“硬件”这是事实。但问题要从两方面看，首先，这有现阶段不得已的“苦衷”。在交通、城市建设等“硬件”方面，京津冀的突出问题是“不协调”和“不均衡”。城市群不管多大，本质上都是一个“木桶”，其中任何一块“短板”,都会影响到区域的“承载力”。如果不能把河北的交通建设好,北京和天津再好,也不可能达到优化城市群格局、提升资源环境承载能力的目的。所以只有尽快缩短差异、做强“硬件”,才能支撑起更大规模的经济和人口。其次,从长计议,京津冀协同发展是要建立合理的城市分工和层级体系,促进区域内大都市、中小城市、乡镇、农村协调发展,解决中国城市群“硬件上去了,软件上不去”的问题,所以目前的《规划》还需要进一步补充和完善,特别是在协调体制机制、社会治理和公共服务、文化产业和文化遗产保护等方面,需要研究和制定一些专项发展规划,因为这些方面,在交通、产业等规划中是缺席的。

户籍问题是中国比较特殊的问题。现在一些人主张全部放开,以为“一体化”就是“什么都要一样”,对此我个人并不完全同意。因为这种观点忽略了城市环境资源和城市人口之间的矛盾,不仅是中国也是世界城市化的主要矛盾。但也不应该“完全卡死”,堵塞了人力资源的自由流动,影响到市场对人力资源的有效配置。一个可以提出的建议是,要放弃“拍脑袋定政策”,比如通过大数据和社会计算方法,以城市的环境和社会资源的可支撑为基准,测算不同城市到底需要多少人口、什么样类型的人力资源等,然后据此制定相关的政策加以引导。

八、需要引起重视的问题

吴: *有什么别的方面是您觉得需要引起重视的吗?*

刘: 时间和空间是人类发展的基本问题和永恒困境,也是京津冀城市群在顶层设计上需要协调的主要矛盾。时间问题的本质是“来不来得及做”或“有没有时间去完成某件事”? 空间问题的本质是“有没有条件和资源做”或“具备不具备做某件事的历史条件或社会土壤”? 京津冀协同发展而言,一方面是环境资源的不足和配置的不均衡,另一方面也没有充足的时间“不紧不慢”地建设,在本质上是一场时间和空间的博弈。

就目前而言,最需要的是协调好这两方面的矛盾关系和需求。我个人觉得,在时间方面主要是要处理好“主体”的问题,核心是要有耐心和信心,要知道很多问题不是一天可以解决的,要有长期斗争的精神和心理准备。在空间方面,主要是开拓新资源的问题,核心是转变发展理念和发展模式。中国城市群建设面临的最大悖论是，一方面是土地、矿产、江河湖泊等环境与资源的瓶颈问题日益突出，另一方面，“取之不尽用之不竭”的文化资源没有得到高水平规划和良性开发利用。充分利用京津冀深厚丰富的区域文化资源，以及北京在区位、政策、人才、资金、市场等方面得天独厚的优势，规划和建设京津冀“文化型城市群”，突出文化、生态和生活质量的主题和导向作用，解决过分强调人口、经济和交通等导致的“城市病”，在我看来，应该是京津冀协同发展最应该考虑的战略选项。

《经济学人》智库专访　关于上海社会资本和文化消费水平的问答

访谈记者： Denis McCauley，经济学人智库(EIU)资深编辑(以下称 Denis)

访谈嘉宾： 刘士林，上海交通大学城市科学研究院院长、首席专家(以下简称刘)

一、中国大城市的巨大变化对社区社会资本的影响

Denis： 您认为中国大城市近几十年来发生的巨大变化(如经济增长、建筑物的大批量建设等)对城市社区的社会资本有什么影响？

刘： 工业化和城镇化是改革开放的主导机制，这是中国大城市迅速发展的主要背景。从 1978 年至 2003 年，中国 100 万人以上的城市从 13 个增加到 49 个，50 万至 100 万人的城市从 27 个增加到 78 个。特别是以 2005 年为界标，这一年国家"十一五"规划首次提出建设"城市群"，住房和城乡建设部在《全国城镇体系规划纲要(2010～2020 年)》中明确提出建设五大(北京、天津、上海、广州、重庆)"国家中心城市"，意味着国务院 1989 年制定的"三句话方针"——"严格控制大城市规模，合理发展中等城市，积极发展小城市"——逐渐淡出，大城市发展愈加势不可挡。在中国最新的城市分类中，"特大城市"的人口标准已从原来的 100 万人提高到 500 万以上，而最新提出的"超大城市"概念，则是指城区常住人口在 1 000 万以上的城市。截至 2013 年底，中国已有北京、上海、重庆 3 个超大城市，和天津、沈阳、郑州、南京、武汉、广州、汕头、成都、西安 9 个特大城市。而如果按照实际生活在城市的人口统计，超大城市和特大城市估计还会翻上几倍。人口和资源在大城市中的集聚，为城市各板块、各层面的快速发展提供了坚实基础。

关于城市发展对其社会资本的影响，我认为可从三方面来了解：一是城

市经济。这是社区社会资本的母体,如果一个城市经济捉襟见肘,其他的一切都谈不上,这也是中国东部地区社区建设要比中西部活跃的根源;二是城市建设。这是社区社会资本表现的现实空间。一般的老城区基础设施落后、城市空间狭小,不利于资本和人口的居住和工作,这是社区资本在新城、新建社区容易落地并产生效果的主要原因;三是人的因素。不是一般的"城市新增人口",而特指在改革开放和市场经济中出现的"新社会阶层",以非公有制经济人士和自由择业知识分子为主体,包括民营科技企业的创业人员和技术人员、受聘于外资企业的管理技术人员、个体户、私营企业主、中介组织的从业人员和自由职业人员等。据 2013 年一份研究报告,这个新阶层在上海已超过 440 万人,其中,个体工商户约 36 万人、私营企业主约 160 万人、受聘于外资企业管理和技术人员约 60 万人、民营科技企业创业和技术人员约 30 万人、中介组织从业人员约 75 万人、自由职业人员约 80 万人。它们掌握着大量的资金和人才,在主业之外,会有一部分流入社区公共服务领域,是社会资本影响城市发展的主力。

二、上海城市社区的社会资本水平和差异

Denis: *您认为上海城市社区的社会资本水平高吗?不同社区之间的水平差异大吗?*

刘: 关于上海社会资本水平的高和低,很难做出准确的描述和评价,一是由于数据缺乏,没有相关的准确统计;二是没有权威的评价标准,说不清"多少算高,多少算低"。但综合已有的信息,初步可得出几点结论:一是上海的社区社会资本水平在中国应稳居前茅,这是由上海经济综合发展水平、社会总体发达程度、新社会阶层人口多、居民参与社区建设热情高等决定的。同时,这也与上海各级政府部门重视社区建设有关。如黄浦区打浦桥街道的文化活动中心,就委托给上海华爱社区服务管理中心运营,政府变成"监督者",不再直接"组织"和"管理"。二是社会资本在不同领域的发展不平衡。比如医疗体制改革,国家"十二五"医改规划明确要求,到 2015 年各地社会性医疗机构要达到 20%,但上海目前仅为 5%,还差得很远。三是远郊和中心城区差距明显。以社区文化活动中心为例,在徐汇区、静安区等中心城区,平均每 4 平方公里就有一个,而郊区平均每 30 平方公里才有一个,个别的如奉贤区奉城镇,100

平方公里只有1个。不仅数量分布不均,服务水平差别也比较大,如原闸北区的临汾社区文化活动中心服务项目40余个,年服务人次超过了70万。而远郊地区的服务项目一般不足10个,服务人次不到市区的10%,在个别地方还存在社区文化中心被挤占、挪用等问题。

三、上海城市社区的互惠水平

Denis: 我们的指标体系中还包括"互惠性",是指社区中的居民相互来往,对于物质性需要相互给出意见、互相帮助等。您认为上海城市社区的互惠水平如何?

刘: 上海居民的物质生活水平总体偏高,为开展各种"互惠"提供了良好的基础,同时,出于海派文化比较精明细致的特点,上海城市社区的"互惠性"应该很高,在很多方面不输于其他国家和地区的大都市。这种"互惠性"大概可分为以下几类:一是"政府相关部门主导,社会资本和社区居民参与"的。如上海市绿化和市容管理局的试点旧衣回收,2010年,先在闸北区临汾街道试点设置旧衣回收箱,并委托专业公司统一收集。到目前为止,全市的废旧衣物回收箱总数已超过2 000个。此外,每年春节或一些特殊节日,各级政府按惯例也会"访贫问苦",开展各种"送温暖"活动,既包括慰问金、购物券,也包括衣服、粮食等。二是"在政府支持下、由相关社会组织主导"的。如2003年12月成立的上海市民帮困互助基金会,截至2011年11月,该基金会已实施的"个案帮扶"超过了6万个,同时实施的"医疗帮困一卡通"等"项目帮扶"惠及20多万人次。三是由新闻媒体报道引发的。其中,有的是因为自然灾害,如2012年夏天台风"海葵"袭击上海,很多私家车主自发组成"爱心车队"接送滞留人员。有的则是因为贫困、事故、疾病等导致的生活不幸,一经媒体披露和动员,都会引起市民在物质与资金方面的"帮扶"。四是民间自发的。由于各种原因,互惠双方建立了联系,"有余者"往往无条件支持"不足者",这种案例非常多,每天都在发生。

四、互惠性在上海城市社区中的作用

Denis: 互惠性在上海城市社区中有什么特别之处?

刘：这个问题可从三方面来了解。

首先，传统人际关系仍是上海“互惠性”的基础。一方面，尽管上海“追新求异”的城市性格和海派文化特有的“西方文化基因”，使上海成为中国“最洋气”和最时髦的城市，极大地削弱了传统人际关系。但上海毕竟是“中国的上海”，其“互惠性”也会打上中国文化的烙印，特别是“有福同享，有难同当”等传统信念，使各种“互惠”行为频繁发生在亲属、同乡、同学、战友等群体之间。另一方面，尽管由于分割居住和生活的紧张忙碌，大都市成年人的邻里联系日益减少，但通过他们的父母和孩子等，同一或相邻社区的居民也会自发形成各种“互惠”关系，经常性地交换来自各自家乡的土特产和其他礼物。传统意义上的“社会”不仅没有彻底解体，有时在上海的表现还会相当活跃。

其次，一些新的社会和社交关系产生了新的“功利主义互惠性”。作为中国最发达和国际化程度最高的大都市，一些最新的组织、交往形式，以及一些最新的技术和生活方式，总是先在上海“落地”然后再传播到全国。与传统社会那种“非功利”的“互惠”行为不同，当今上海社区的“互惠性”包含了比较明显的“功利主义”色彩。如各种“新社会基层”会组织大量的联谊会等，其中一般都包含了财物方面的馈赠，但目的并不是“行善”，而是要建立新的社会联系甚至为开展商务活动做铺垫。这也包括各种表面上基于爱好和趣味出现的时尚生活方式，如车联网、驴友团、团购及一些健身娱乐团体等，其中联系密切程度、物质馈赠比重，也都基于比较精明的“算计”和“判断”。

再次，在文化、教育和艺术等层面的“互惠性”比较突出。与中西部相比，上海的“互惠”行为有很多超出了基本的物质需求，真实再现了“既有钱，也有闲”的上海城市特点。如 2012 年，曹杨社区曾有 24 位收藏爱好者，以“重温历史，见证发展”为主题举办民间收藏博览会，不仅展示票证、书籍、根雕、烟标等藏品，还向观众讲授每件藏品的故事。在上海，类似的读书和交流活动很多，节奏也非常频繁。如上海师大退休教职工自发组织“银龄互助义工”，通过结对、慰问、交流等方式“以老助老”。还有退休的老教师组织在校的大学生和中学生，帮助农民工子弟补习。此外，也有一些是针对城市生活的，如塘桥社区实施的“潮汐式”错时停车、国地公寓与永业商务楼签订互换车位协议等，都是通过集约使用空间等提升了互惠的层次。

五、上海当地机构提高社区基础设施的措施

Denis：上海当地机构采取了什么措施来提高社区的社会基础设施建设水平（公园、社区中心等）？当地居民是否通过自己的力量来提高这方面的建设水平？

刘：在关于社区的社会基础设施建设方面，近年来上海出台了一系列的文件法规，集中在公共交通、公共绿地、公共文化服务、社区行政中心、社区医院、社区养老等领域。和一般城市的“一小时服务圈”“半小时服务圈”不同，上海的目标锁定在“15分钟”内。以社区养老为例，目前上海已建成10～15分钟的社区服务圈，实现了“一站式综合服务”“一体化资源统筹”“一网覆盖的信息管理”和“一门式的受理评估”为主要内容的社区养老服务功能，同时，计划至2017年底建设100个，到2020年底建成250个，实现全市街镇与基本管理单元的全覆盖，这既是上海城市雄厚经济实力的显示，也是城市社会服务理念的创新。

在具体建设措施上，最值得关注的是PPP(Public-Private-Partnership)模式。目前，很多领域已部分或全部向社会资本开放。如最新打造的面积约6.5公顷的上海南站绿轴公园，徐汇区一改公共绿地和城市公园一般由政府部门投资建设的模式，政府主要负责出台相关公共服务设施建设政策，具体则交由上海徐汇万科中心对该绿地“代建代管”，作为公共服务无偿对市民开放。如杨浦区五角场街道把社区生活服务联动中心，交给社会力量创办的“96890”社区服务机构，通过在线服务、呼叫中心、远程定位监控和社区车辆巡视，组成全方位、个性化的社区服务网络，为在社区居家养老的老年人提供服务。此外，政府也是社会资金、资源整合利用的牵头人。如2011年长宁区通过财政投入、社会募集等多种渠道，成立了总额达1.5亿元的“长宁文化发展专项基金”，主要用于奖励、资助符合城区文化特色、为城区文化做贡献的公益文化项目和文化名人。如从2005年起，杨浦区殷行街道探索学校体育场地资源的整合利用，采取“政府购买保险、委托体育俱乐部管理、补偿学校物耗”的办法，解决了困扰学校教育资源开放的安全、管理、物耗等问题，使辖区内18所中小学校共计7.112 4万平方米的场地（主要是操场、篮球场）全部向社区开放，为社区居民带来了实惠。

志愿者是居民参与社区建设的重要形式。上海在1997年就成立了市志

愿者协会，目前已涉及助老、助残、助医、助学、助困、邻里互助、敬老爱幼、护绿保洁、交通管理、治安防范、法律咨询、就业指导、科学普及、医疗保健等方面。而2008年成立的上海屋里厢社区服务中心，通过引入各类组织合作或直接提供服务等方式，托管了三林世博家园市民中心、杨浦延吉社区睦邻中心、上钢新村街道残疾人服务中心、杨浦延吉社区社会服务中心、闵行康城生活服务中心、外滩街道阳光之家、五角场志愿者中心等机构，开展扶老、助残、环保、青少年教育等活动1 600多次，为200多万人提供了相关服务。而各种具体案例更是数不胜数，如现在市民广场景观灯的开关时间，就是根据市民意见和反映调整确定的。如好第坊社区志愿者杨洁和居委会一起办读书会，如交大附中老师主办的"亲子骑行"等，都是居民参与社区建设的典型。

六、上海市民的公共文化活动参与

Denis：在报告的预调查中，上海（以及北京）居民认为他们经常参与文化活动（剧院、音乐会等）。他们还经常去公园和公共广场（比我们报告中其他城市的频率都高）。您认为这种描述准确吗？

刘：这是比较准确的。主要有三个原因：一是上海和北京的城市环境、文化基础设施、公共文化服务建设很好，不仅远远超过中国其他地区，也不次于西方最发达的大都市，为市民文化消费提供了不可多得的良好条件。截至到目前，上海共建有215个社区文化活动中心，5 245个村（居）委综合文化活动室及图书馆、博物馆、美术馆，初步形成了公共文化15分钟服务圈。此外，智慧城市建设也是亮点，目前，"文化嘉定云""文趣闵行"和"闸北智文化服务平台"已建成上线，可提供公共文化活动预约、场馆预定、网上浏览等，有效整合了各条线上的公共文化资源。二是上海是中国最富裕的城市，在基础性的物质生活需求满足以后，自然要转向更高层次的精神文化消费。2013年举办的首届上海市民文化节，从3月一直延续至年底，分春、夏、秋、冬四个阶段，以全市208个社区文化活动中心为主要活动场地，同时在重点文化广场、公共绿地和部分商业中心设立了70个室外活动场地，举办活动近4.5万次，有约百个社区和万支团队参与。像这样大规模、长时间的市民艺术节，如果没有市民的热情参与是不可想象的。三是上海还是中国老龄化最严重的城市，截至2013年底，上海60岁及以上老年人口为387.62万人，占全市户籍人口的27.1%，预计到2015年末,会占到户籍人口的三成,上海将率先进入深度老龄化阶段。这些老年人基本上"赋闲在家",可以从事自己喜欢的文化娱乐活动。

七、提高上海居民参与文化活动的因素

Denis: 什么因素可以提高上海居民参与文化活动的水平?什么因素会阻碍?

刘: 关于提高和阻碍的因素,实际上它们的关系很微妙,关键是做得好不好,对此我想主要谈三点:

一是政府的文化组织和管理。目前,大家批评比较多的是政府"大包大揽",政府提供的往往不是居民所需要的,导致了公共文化资金资源浪费。但这只是问题的一个方面,中国有自己的特殊性,要调动城市居民参与文化活动,离不开政府的组织和引导,如很多竞赛、评奖、活动创意与发起等。有一次,在我们家附近的公园,几个团队因为"抢地盘"差点打起来,都是白发苍苍的老年人,后来还是由社区居委会出面才解决。其他如静安区建设的社会化教育网络和市民学习平台,虹口区曲阳街道建设的学习型社区,松江区引导居民自发组织业余文艺队伍,吴泾镇帮助老年居民建立的"工笔画团队"等,说明在公共文化建设和服务中,政府的作用不容忽视。当然,对其存在的问题,也需要找到解决方法。

二是新闻媒体的传播。当今社会已进入信息化阶段,而新闻报道本身是把"双刃剑"。报道、引导得正确,就会大大促进居民参与的热情,相反,就会产生消极影响。比如一些虚假新闻,甚至是一些带有犯罪性质的诈骗,也是利用了居民文化消费的需要,使很多人上当受骗。

三是居民中"有声望的人"的示范。他们的热情、任劳任怨和敢于表达,也会在社区文化建设中发挥重要的作用。而他们的离开或过世,也会影响相关社区居民的文化参与。

除了个别因素,关键是要在各相关方之间形成合力,这将是推动社会文化建设上水平的重要支撑平台。

八、社会资本参与的上海社区活动

Denis: 您是否见过与社会资本相关的、在上海当地社区出现的有趣的社

区活动?

刘: 这种活动实在太多了。比如一些大型的社区文化活动,基本上都有企业或社会资本的参与。同时由于上海市整体文化水平高,一些活动也不乏有趣和创意。比如,2011 年国庆期间的仙霞美食文化节,由仙霞路美食特色街餐饮业出资出力,为社区老年人做了 20 桌免费长寿餐,相关企业家亲自给老人们端上一碗碗长寿面,祝愿他们健康长寿。还有沪东街道的"点亮微心愿",微心愿是指价值不超过 1 000 元的心愿,通过《人文沪东》社区报、沪东"微心愿"公众微信号等采集和发布需求认领者。在首季"微心愿"活动中,38 个微心愿几天内被认领一空,其中包括为社区内一对老夫妻更换厨房木板,为社区残疾人量身定制轮椅车,为失独家庭卧床的病人送去尿不湿等,都是很实用也很感人的。

《澳门月刊》专访 “公共安全，究竟离我们有多远”

访谈记者：卜乐，《澳门月刊》记者（以下简称卜）

访谈嘉宾：刘士林，上海交通大学城市科学研究院院长、首席专家（以下简称刘）

一、近年来一些城市的社会安全问题

卜：公共安全可细分为很多领域，譬如自然灾害防范、生产安全、社会安全等，从城市发展的角度看，近年来，一些城市社会安全问题突出，上海的新年“踩踏”事件、密云踩踏事件、火车站砍人事件，从这些事件中可以观察到社会的哪些讯号？

刘：近年来，全球和中国的公共安全形势严峻，也受到社会各界的高度关注。尽管具体原因很多，但我想都脱离不了经济全球化和世界城市化的大背景，它们引发的人口的高密度集聚和高速度流动，是公共安全事件不断增多、形势日趋恶化的主要原因之一。但绝大多数的公共安全事件都有一个交叉节点，这就是城市。一是城市活动多、规模大，发生突发事件的频率相对就高；二是由于城市人口密集，一出问题就后果严重，而且容易成为暴恐团伙的袭击目标；三是城市影响大，自媒体时代更容易传播，引起的各方面的反应比较强烈。和交通拥堵、房价飙升、教育、医疗、养老等一样，公共安全问题在本质上是一种新的“城市病”。“城市病”的根源在于城市人口的“爆棚式”增长和城市要素的过度集中。中国的城市化具有大规模、高速度和集中化的特点，再加上人口众多的背景，不管什么领域，都容易发生“城市病”。因为“人一多”就不容易理性，也不容易管理好。比如今年（2015）7 月的“股灾”，其中一个重要因素就是“炒股的人太多”，人多而资源不足，竞争就会很残酷，而为了达到目的，就会有人不择手段甚至铤而走险。以危险化学品管理运输为例，近年来这方面的事故也为数不少，这也与这个行业的规模相关。据国家安监总局 2011 年的一份统计，全国登记的危险化学品企业超过 2.5 万个，年生产能力超过了 60 亿吨。“人多”还会影响到传播，在人人都是“无冕之王”的时代，无论什么样的公共安全事件，在中国的传播速度和影响深度，都是一般人口较少的国家不可比的。

从现状看，以城市公共安全为中心，中国已进入到各种公共安全事件“高频次、多领域、无规则”的“常态”。由于城市公共安全“牵一发而动全身”，甚至会产生“蝴蝶效应”，所以需要像应对“城市病”一样，做好公共安全的战略规划，并准备打一场艰苦的持久战。

二、社会公共安全事件的深层次原因

卜：从您的观察来看，近年来内地频发的社会公共安全事件的深层次原因主要集中在哪些层面，近年内地又在哪些层面上做出了努力？

刘： 当今的公共安全，既包括了传统的人身安全、财产安全、粮食安全、能源安全，也涉及环境安全、卫生安全、恐怖主义等新领域，原因相当复杂，很难一概而论。但总体上看，与世界的“多极化”和中国的“转型期”干系甚大。在古希腊有个神话传说，叫“潘多拉的盒子”。在既有平衡被打破而新的生态系统尚未建立时，各种丧失了既定位置和功能的因素和集团，必然陷入“一切人反对一切人”的野蛮和混乱中。

从深层次看，公共安全问题的原因复杂多元。有国际的，如全球恐怖主义，也有国内的，如贫富两极分化；有传统的，如农村青年进城“变坏”，也有新生的，如利用互联网诈骗等；有自然方面的，如近年来频发的“城市地面下沉”和“城市内涝灾害”，也有社会方面的，如北京、上海的“踩踏”事件和一些地方的“矿难”；有属于群体性质的，如先后在厦门、宁波等城市发生的 PX 项目事件，也有纯属个体的，如一些精神病人突发的暴力攻击事件等；有政治和宗教方面的，如 2014 年昆明火车站发生的“砍杀”事件，也有法律和伦理方面的，如一直被严厉打击但仍不时发生的“酒驾”等；有必然的，可以预警和防控，也有偶然的，让人防不胜防。

毋庸置疑的是，中国各级政府一直在努力加强应对，否则像这样大的一个国家,现在的安全问题要严重得多。以城市灾害管理为例,目前中国已有“整合条块关系强化属地管理”的北京模式、“多元协调管理机构与应急响应机构相对接”的上海模式、“依托公安部门建立社会联动机制”的广州模式、“建立直属市委市政府领导的应急处置事业单位”的南宁模式等。此外,在应对境外中资企业突发安全事件上,中国政府也有良好表现。如及时解救被绑架员工、“撤侨”等。

三、公共安全的预防或应急管理成功案例

卜: 您认为目前全球在公共安全的预防或应急管理、救治上有无特别成功的案例或者运用得宜的城市、地区?

刘: 客观上讲,全面、绝对的案例城市很少,或者说是没有。因为公共安全涉及城市的方方面面,和自然环境变化也越来越密切,很多事情不是完全凭借人力就能控制的。但由于“安全需要”是建立城市的初衷之一,在当今世界的很多城市,或是由于人口少、政治比较开明、社会矛盾不突出,或由于在惨痛教训中积累了充足经验,在公共安全的技术、机制、制度、评估等方面,还是取得了很多成功的样板,大的方面如德国早就建立的卫星预警系统,小的方面如公共场所的安全预警及危机管理办法。如已被中国城市广泛采用的网格化城市管理和应急处置,就是利用信息技术划定网格单元,通过实时监测发出预警和提示风险。如在热门旅游景区安装人流探测器控制流量,并随时调度安保力量等。最新的是利用手机热力图,来疏导和控制公共场合因人流量太而可能出现的风险。它们各有所长,已成为全人类应对公共安全的共同智慧。

坦率地讲,这些都是在各自的社会土壤中形成,有其独特的生态系统和社会文化逻辑,对有些国家可能有效,对有些国家也不见得适合。就中国而言,我的基本看法是“借鉴”意义有限。由于空间与经济规模巨大、人口和行政单元众多、社会关系和文化成分复杂,中国的每一个问题,都因加入了“人口参数”而变得更加复杂,很难借鉴和使用其他国家的模式和经验,或者说,在其他国家很成功的经验和模式,一旦纳入中国巨大的空间和人口框架,就往往会变色、变质和走样。改革开放以来,我们学习和引进了很多西方城市管理和建设经验,大的方面如新城规划、城市交通建设,小的方面如主题公园、汽车限购,

其中绝大多数如果不是夭折和失败，也基本上不解决现实问题。在公共安全方面也是如此。那种简单“拿来”的做法，不可能解决中国城市的公共安全问题。比直接“拿来”更重要的，是结合国情甄别和选择，因为“鞋子合不合脚，只有自己才知道”。中国要形成应对公共安全的“实用”模式，也需要进行长期的探索，不是一朝一夕就可以成功的。

四、提升社会或城市公共安全的核心问题

卜：关于如何建立长效的社会安全机制，当下已经谈得不少，如从意识、人力、资源、机制等层面，您觉得要提升社会或城市的公共安全，最重要和最核心的问题是什么？

刘：这个问题大家已研究和讨论得很多了。如树立公共安全意识、开展公共安全教育和技能训练、建立应对危机的资源储备、健全公共场所、大型活动的安全预警和应急机制等。但 2015 年新年上海外滩陈毅广场的“踩踏”事件，却足以证明我们的理论研究与机制建构尚不切实际。上海是中国市民素质很高、城市精细化管理很好的城市，所以这个事件的深层次原因，不是上海市民的公共安全意识不强，缺乏相关的安全教育和训练，也不是政府不重视或安防技术设施落后，甚至不是相关部门缺少应急预案和规范流程，而是这些平时的投入、积累和储备，一到关键时刻都失灵了。这就说明，要解决的主要问题，不是外部而是内部，不是客观而是主体。

近年来，中国城市建设发展很快，在城市基础设施等“硬件”方面，已不输于西方的任何城市。但这只是为市民提供了“物质条件”，而更重要的是“人的城市化”。我曾说，中国城市化的三大问题之一是“不守规矩”。俗话说“没有规矩，不成方圆”。城市是一个最需要“规矩”和遵守游戏规则的地方。但长期以来，在农业文明背景下自由散漫惯了的人们，“没有规矩”“不讲规矩”“解构规矩”已是“本性难移”，中国的很多城市公共安全事件，其实就是由于不按规矩行事、不遵守规则导致的。也可以说，“人的城市素质低”，是我国城市化发展成本高、后遗症多，也是城市公共安全事件频发的主要原因之一。因此，如何尽快提升城市市民的理性素质和文化素质，养成遵循城市生活规范和规则的良好习惯，完成自身从“农村人”向“城市人”的转换，才是应对城市公共安全的治本之策。

五、公共安全在智慧城市建设中的地位

卜：近年，全球掀起智慧城市热潮，内地不少城市也在纷纷试验，您觉得公共安全在智慧城市的建设中占据何种位置，未来智慧城市的建设又如何影响或者完善公共安全？

刘： 自 2008 年 IBM 提出“智慧地球”的概念，目前，世界上已有超过 50 多个国家进行试点和实验，形成了 1 200 多个解决方案，广泛应用于交通、能源、环境、医疗、行政管理、物流等领域，其中很多都和公共安全有交集。以 2012 年“国家智慧城市试点工作”启动为标志，中国迅速进入智慧城市规划和建设的高潮期。目前，住建部等联合批复的国家智慧城市试点已达 277 个，中国三大电信运营商签约共建的智慧城市超过了 400 个，公共安全是其中的重要组成部分。

实际上，在此之前，以城市信息化建设和网格化管理为代表，新一代信息技术就已广泛运用于城市的交通管理、环境监测、国家安全、社会治安等领域。智慧城市作为城市信息化建设的综合升级版，目的是使城市管理运行更有效率，成本更低。再加上城市、特别是大城市公共安全形势越来越严峻的现实，可以预测，在未来的智慧城市建设中，公共安全不仅会占据越来越重要的位置，同时也是各城市要优先和重点解决的板块。如充分运用城市信息化基础设施和技术平台，打破部门间的数据“壁垒”和联通障碍，运用互联网、物联网等建立大数据城市综合性公共管理模型和平台，及时抓取、分析和评估相关数据信息，提升应对公共安全事件和危机的反应速度和决策效率等。

目前，中国智慧城市建设的主要问题，也不是技术和信息化基础设施，而是部门各自为战，企业多头并进，如同外表华丽但并不宜居的大都市，往往成为“中看不中用”的摆设。对此我们团队曾提出，要强调信息化技术手段与人文服务理念的结合，以城市的宜居度和人文关怀引领智慧城市基础设施和服务管理平台建设，推进形成一种科技、管理、人文有机结合和包容发展的智慧城市模式，这是综合解决包括公共安全在内的“城市病”的一剂良方。

学术资讯

以人文城市和智慧城市引领新型城镇化

——2014上海交大城市科学春季论坛会议综述

由上海交通大学、光明日报社主办,上海交大城市科学研究院、先进产业技术研究院、社会科学报社承办的“2014上海交通大学城市科学春季论坛”于2014年4月13日在上海举行。本次论坛以国家新型城镇化规划首次提出的“人文城市建设”“智慧城市建设”和上海交大首次提出的“世界城市与一流大学共生互动”为主要议题,国家发展改革委地区经济司、国务院发展研究中心信息中心、住建部信息中心、中国国际经济交流中心、中国城市科学研究会、上海市人民政府发展研究中心等部门;复旦大学、南京大学、中山大学、华东师范大学等高校专家;新华社上海分社、《人民日报》、《解放日报》、《文汇报》等媒体出席了本次论坛。论坛中,各位专家学者就推动新型城市建设建言献策,本文就此进行简要综述,以飨读者。

一、人文城市建设与“记得住乡愁”

“注重人文城市建设”是《国家新型城镇化规划》提出的新议题,昭示着我国从经济型城市化向文化型城市化的重大战略转型,是我国新型城镇化战略的点睛之笔。“人文城市”与习近平总书记在中央城镇化工作会议中提出的“记得住乡愁”遥相呼应,指明了新型城镇化建设的一个重要发展方向。

教育部《中国都市化进程年度报告》负责人、上海交通大学城市科学研究院首席专家、先进产业技术研究院智慧城市研究中心主任刘士林教授在题为《关于人文城市的几个基本问题》的发言中指出,“注重人文城市建设”,应从“注重人文城市基础理论研究”开始。只有先把人文城市的概念、内涵、模式研究清楚,才能画出一张线路清晰、目标明确的人文城市规划建设总设计图。他认为人文城市有两个思想来源,分别是文化地理学的“文化城市”概念和芒福德的人本主义城市学研究。这是一种以文化资源和文化资本为主要生产资料,以服务经济和文化产业为主要生产方式,以人的知识、智慧、想象力、创造力等为主体条件,以提升人的生活质量和推动个体全面发展为社会发展目标的城市理念、形态与模式。中国的城市化要吸取人类城市发展的经验教训,防止出现以“物质上的最高成就和人文社会的最坏状况”为基本特征的“罗马化”陷阱,这就需要走文化型城市化的发展道路。城市群是当今世界城市化的主流,也是我国人文城市建设必须依赖的大背景和总体框架,而文化城市群代表了城市群发展的先进方向和最新趋势,所以,人文城市在中国的发展战略应界定为以城市群为主体形态、以文化城市群为理想目标的发展模式。

教育部社会科学专家委员会语言文学、新闻传播学和艺术学学部召集人,山东大学原校长曾繁仁先生作了题为《坚持绿色有机的生命的城市化原则》的发言,他指出,改革开放 30 多年来的城市化进程成就很大,但问题也显而易见。原因是错误的政绩观与对经济效益的盲目追求导致违背规律地拆旧城建新城,导致违背自然生态规律,造成物质文化遗产与非物质文化遗产的破坏。绿色的有机的生命的城市化原则包括了城市与自然生态的融合,与历史文化的融合,天人合一,阴阳相生,充满生命。这是对我国传统生态生命论哲学与建筑理论的总结发扬,城市化归根结底要“以人为本”,要有利于城市居民健康美好的生存,使环境权得到充分保障。绿色的有机的生命原则是城市建设的最重要原则,是我国传统文化的宝贵财富,需要在新的城市化大潮中好好继承。

在题为《文化城市建设中的标准问题》的发言中,上海市质量和标准化研究院研究中心副主任马娜博士指出,“城市”和“文化”本身的复杂性是当前城市文化学发展不够理想的原因之一,还未能就文化城市建设核心基础理论形成稳定、明确、可重复和共用的标准体系,也是城市文化学难以在短时间内成熟和快速用于实践的重要原因。从文化城市理论到实践的流动路径和需求出发,至少应解决几个层面的标准化问题:一是研究的理论边界,即在什么维度上讨论文化城市的问题;二是研究的基本语境,即解决什么是文化城市的问题;三是研究的结构框架,即文化城市的构成要素和表达的问题;四是从理论到实践的实施路径,即怎么做和如何控制、评估、修正的问题。

在题为《新型城镇化中的乡村》的发言中,南京大学建筑与城市规划学院、住建部城乡规划专家委员会委员崔功豪教授指出,城镇化是乡村社会向城市社会转化的过程,是城乡两个空间地域和社会有机体演替的过程。乡村和城市是不可分割的社会整体,推进新型城镇化必须直面乡村、正视乡村的变化。回归乡村,复兴乡村,根本上是让乡村、让村民具有同等的发展权利、公平的发展环境、平等的发展保障。崔功豪指出,回归乡村,是乡村价值的回归、文化的回归、生态的回归,乃至心灵的回归。回归不是复旧,不是倒退,不是保守,而是回归应有的本质,复兴原有的价值,挖掘潜有的基因,乡村复兴要立足农业、拓展6大产业,发展特色,增强活力,要创新就业环境,增强设施,促进就地城镇化;要保住农田底线,扩大生态空间;要发扬村民自主精神,依靠政府和市场力量,探讨多元化管理模式,由村民自己管理自己。

在题为《让城市文化记忆告诉未来》的发言中,华东师范大学社会发展学院、上海市民俗文化学会会长仲富兰教授指出,城市是有记忆的生命集合体,当前在不断的旧城改造和城市大拆大建的开发浪潮中,城市的记忆正消失而去。城市文化记忆作为城市文脉与民俗资源的精神载体必须加以保留。保留城市记忆的方法多种多样,在全球化的大背景下,我们应当借鉴西方学术界提出的"文化记忆"理论,并以这种理论为参考模式,整合资源,力求融入日常生活;确保城镇文化记忆场所保育规划的科学性、普遍性和有效性,进而规避快速城镇化态势下的文化记忆丧失的各种弊病,从而真正走出民俗资源和文化记忆保护与传承的独特路径,拯救在大拆大建热潮中濒临的各地城市文化记忆,进一步建构城镇化快速推进中的市民文化认同。

在题为《乡愁何寄?——日本、中国台湾的社区营造对新型城镇化建设的启示》的发言中,中山大学中国非物质文化遗产研究中心副主任、广东省民间文艺家协会副主席刘晓春从日本、中国台湾的社区营造运动出发,指出其中的经验值得大陆在即将推进的城镇化建设中加以借鉴。比如要充分了解社区居民的需求,尊重社区居民的意愿,调动社区居民的积极参与热情。要发掘社区的历史文化资源,建设能够维系居民认同、具有历史感的社区。要尊重社区现有的自然环境,在尊重自然肌理与历史文脉的基础上,建设保有历史文化记忆的社区。政府、社区居民、学者、商人、志愿者等不同力量,应该共同参与讨论,最终形成共识,避免新型城镇化建设过程中的过度规划、过度设计,避免因追求政绩而导致的急功近利,进而漠视甚至损害社区居民的利益。

在题为《日本城市公共文化设施调研报告》的发言中,上海师范大学人文学院严明教授指出,日本文化设施的设立和发展与国家文化振兴政策同步,以国家为主导而进行。从城市文化普及的角度看,由政府主导推广各项文化措施活动是最有效率的方式,日本的文化普及政策可以说已经积累了相当多的成果。至于完成城市文化普及之后的进一步发展,日本则以全国市区镇村为对象选出"文化艺术创造城市",将各地区的公共文化设施作为表现具体成果的舞台,以此促进日本公共文化事业的持续发展。日本将公共文化设施作为振兴文化艺术的地域根据地,从提供接触、鉴赏等的角色变到提供国民自己创造、发出、普及、继承文化的场所的角色。其中的成功经验及不成功的教训,都值得亚洲国家尤其是周边国家的重视和借鉴。

在题为《平民的标准与诗的情感》的发言中,上海交通大学船舶海洋与建筑工程学院陆邵明研究员提出,在中国新型城镇化进程中的当代语境里,现代建筑该如何创作与建造?他认为伟大的建筑艺术作品并非一定需要夸张的造型、极限的尺度、昂贵的材料、虚无的表皮等,在经济实用美观的原则下,同样能创造出千古绝唱的艺术作品。特定的社会背景下倡导大批量的低成本的新建筑,并没有排斥传统、民族性、地方性和个性。他还以法国现代主义建筑大师勒·柯布西耶(Le Corbusier)作品为例指出,现代建筑应遵循科学与艺术的辩证关系,以"建构平民的美学标准"的理性精神和"诗情建构"的艺术创新策略来进行艺术创新和造型设计,这种科学与艺术统一的建筑创作观,对当下中国城市与建筑实践有着积极的启示意义与时代价值。

在题为《"双传承":新型城镇化的文化之道》的发言中,南京师范大学姜晓云副教授指出,新型城镇化应体现对乡村和城市文化的"双传承"。城建开发要守护好乡村地域的自然风貌、标志性或典型性建筑、风土人情、文化精神与传统,尽可能在原有村庄形态上改善居民生活条件,做到尊重自然、顺应自然、和而不同,避免"千城一面"。同时,新型城镇化也要传承好城市文化,新型城镇化要融入现代元素,具有一定的时代感;要不断改善城市管理水平,让居民更舒适;要充分利用现代技术,让交往更便捷。城市文化的每一个方面和细节,都要体现对人的充分关照。要实现这个目标,可以通过学校教育培植新型城镇化的文化主体,把既有的乡村文化和应掌握的城市文化纳入学校教育内容和范畴,并通过开展文化活动等方式辐射到他们的家长,形成一个涉及全体居民的新的文化圈。

在题为《第三类聚居:城乡一元生命体略论及设计纲要》的发言中,华东理工大学艺术设计系主任于炜副教授指出,人类聚居历史以工业革命前后为界，基本可概括为第一聚居和第二聚居两种模式；第一类聚居是人类原始初级阶段自然友好型的健康聚居；第二类聚居是从繁华浮世又不断走向异化病态的聚居。未来，人类必将在前两类聚居模式基础上扬长避短，走向更加美好的以现代生态、生命、生存为主要机理特征的第三类聚居。第三类聚居——城乡一元生命体，作为人类未来的最佳聚居模式，必然以天人合一的生态自然为母体背景，以健康活力的生命属性为运行机理，以科学持续的生长发展为根本初衷，道法自然之天理而又高于原生，师法古人之智慧而又升华适今，效法科学之规律而又扬长避短，真正实现"让生活更美好"之愿景。

二、新型城镇化与区域发展

2014 年 3 月 16 日《国家新型城镇化规划(2014～2020 年)》正式公布，标志着一直停留在政策框架、理论探讨和局部试验的新型城镇化，完成了从政策向实践、从学术探讨向现实世界、从局部向整体的飞跃。新型城镇化既是一个涉及亿万民众的历史进程，也是一个内在关系、层次十分复杂的结构演化过程，也理所当然成为本次论坛最重要的讨论内容和中心议题。

在题为《区域协调发展战略下落实新型城镇化规划若干问题的思考》的发言中，国家发展改革委地区经济司区域政策与区域合作处周毅仁处长指出，推进新型城镇化，核心是以人为本，关键是提升质量，难点是体制机制改革。中国城镇化在全球规模最大、影响最大，难度也最大，没有先例可循，道路和模式的选择，备受世界瞩目。从区域协调发展的内涵看，最核心的问题有两个，一是发挥区域比较优势，二是缩小区域发展差距。中国的城镇化既有自身的特殊性，也面临着发达国家在城镇化快速发展过程中曾经遭遇的共性问题。在区域协调发展战略下，贯彻落实国家新型城镇化规划要处理好四个问题：一是落实差别化落户政策；二是优化城镇化布局和形态；三是注重城乡统筹发展；四是严格规范新城新区建设。

在题为《用统筹规划和多元参与引领新型城镇化规划蓝图的实现》的发言中，复旦大学国际关系与公共事务学院唐亚林教授指出，为全面落实《国家新型城镇化规划》，并确保在实践中不走样，应汲取过去发展规划与具体实践存在"两张皮"现象，需要形成和确立用统筹规划和多元参与来引领国家新型城镇化规划蓝图的实现这一新型发展路径。一是以统筹规划形成事关新型城镇化战略目标的多层次规划体系;二是以多元参与确立新型城镇化实践模式的执行路径。新型城镇化的根本实质在于建构一个集产业发展、就业方式、公共服务、人居环境和公共交往五位于一体的新型发展平台。因此,在科学制定与落实新型城镇化发展规划时,要建构以基层党委与政府为指导,以居民为核心主体,社区精英人物、市场发展商、基层社区、社会团体等利益相关方多元参与的城镇化事务共治新格局。老百姓的积极参与是新型城镇化可持续发展的真正内在动力。

在题为《现代化视域下的城市科学研究:理解与服务新型城镇化》的发言中,中国城市科学研究会《城市发展研究》编辑部王亚男主任指出,城市的发展离不开两个进程:现代化进程和城镇化进程。中国城镇化的历史比较曲折,阶段性特征相对鲜明,这需要我们以现代化的视野,以城市科学研究的平台和优势"发展城市科学,科学发展城市"。王亚男强调,城市科学所特有的学科集群具有强大的活力和价值,它的建设对于推进我国新型城镇化和城市科学发展具有战略意义,它的全面推进将有助于从整体角度认知城市发展的本质,有可能汇聚合力去解决城镇化转型发展中的关键问题。以现代化的视域发展城市科学,有助于从理论与实际层面理解与服务于中国新型城镇化的发展。

在题为《中国新型城镇化建设与产业发展》的发言中,中国国际经济交流中心研究员王晓红指出,城镇化的核心问题是农民市民化,而解决农民市民化的核心是产业发展。农民市民化的唯一途径是增加农民就业,产业发展是基础。因此,发展劳动密集型产业,提高吸纳农民就业的能力是重点。其主要路径一是推动加工贸易转移;二是扩大服务业对农民就业的吸纳能力;三是未来文化创意产业、旅游等新兴服务业也都将成为农民就业的主要领域,因此,要考虑到建立科学合理的产业布局。尤其要通过小城镇建设规划产业布局,引导农民实现就地城镇化。

在题为《资源配置服务业发展与新型城镇化路径》的发言中,上海会展研究院执行院长、上海大学张敏教授指出,新型城镇化不能延续传统粗放的发展模式,其产业集聚必须适应创新驱动、转型发展的矩制,这就提出了对资源配置服务业的需求。为适应制造业转型升级,推动生产性服务业专业化、市场化、社会化,以及适应消费需求的多样化,壮大服务经济,张敏建议有计划有步骤地推进会展城市建设,发展中欧城镇化伙伴关系,率先开展务实合作,构建大中小并举、特色鲜明、优势互补的中国会展城市体系。

在题为《推进和探索新型城镇化建设与媒体的互动机制》的发言中，上海交通大学城市科学研究院蒋宏教授指出，基于我国社会治理方式的变革、长期以来进行双轨制的城乡管理以及老百姓的切身利益，城镇化建设与发展需要媒体协同支持，认为媒体应主动实践成为"真相的喉舌"，成为充分表达民意和各种利益诉求的平台，成为城镇化健康发展的文化传播窗口。

在题为《美国巨型区域战略对我国城市群发展的启示和建议》的发言中，上海市人民政府发展研究中心、上海发展战略研究所经济战略研究部刘学华部长介绍了美国巨型区域规划战略，结合新近发布的《国家新型城镇化规划》，指出我国城市群发展，一是要着力推进城市群发展通过"量化"实现"优化"。在跨行政区域尺度下，通过科学的量化指标体系，引领构建推进城市群优化发展的行动指南；二要是着力推进京津冀、长三角、珠三角打造"超密城市群"。针对人口集聚水平偏低的实际情况，核心城市群北京、上海等特大城市严格控制人口规模，但是核心城市群必须要加速人口导入，重点增强中小城市人口吸纳能力；三要是着力推进重构中央—地方基础设施投资决策框架。以城市群为地理单位，依托科学、量化的数据支持，统筹考虑基础设施投资政策等。

在题为《面向 2040：上海国际航运中心建设升级的思考和展望》的发言中，上海交通大学校党委宣传部部长、上海交通大学船舶海洋与建筑工程学院胡昊教授指出，上海是一座著名的港口城市，港城互动，城以港兴。然而，面向 2040 年，上海必须从更高的站位制订港城和上海国际航运中心的发展战略。应将发展重心转移到软实力建设和提升上，不应一味追求港口吞吐量第一等硬件能力指标，巨量的货流给城市交通网络带来不堪重负的巨大压力。国际航运中心在基础设施建设上，也不应仅仅局限于水路运输和港口建设，应构建一个包括航空、铁路、公路、水路甚至管道在内的综合性交通体系。上海国际航运中心在硬件上已经稳居世界一流，未来要从供应链的角度大力加强全球航运资源的配置能力建设和话语权体系建设。

在题为《福特式发展的"有序终结"与"分形"都市》的发言中，南京大学高小康教授指出，从"遍地工厂冒青烟"的工业化污染到"白茫茫一片都不见"的后工业化雾霾，这样的城市就实质而言其实还是福特式大都市。高小康用"分形"的概念来解读后大都市文化的复杂性与破碎性，后大都市是在无数空间碎片拼贴组合的基础上形成的社会马赛克，其中包含着各种矛盾冲突，瓦解了都市的集中和完整性，这种分形结构正是大都市无限扩张的结果。他指出中国迄今为止，北上广等大都市的发展趋势仍然在向更高的密度集中扩张。与此同时，这些城市内在的分形也在加剧。都市化的进程中已经隐含冲突、分裂、碎片化的空间重构。这种极度膨胀的后果是不仅患上了更加严重的“特大城市象皮病”，而且把大都市病传染到几万乃至几十万平方公里的整片城市带，使福特时代造就的大都市梦正在变成雾霾弥漫的超级噩梦。

在题为《中国城市化的实业梦想与经验思考》的发言中，海南中度实业发展有限公司董事长兼总裁、上海交通大学城市科学研究院特聘研究员徐泽宪以“上海旧城改造的传世精品中远两湾城”“偏远水岛铸造成国际著名的会议中心博鳌旅游度假区”“原始山谷改建成世人瞩目的综合旅游度假胜地三亚的山(龙泉谷高尔夫度假村)”三个他亲自主持的项目为案例，分享了中国城市化进程的业界经验，并就城市化进程中的旧城改造问题、文化城市问题、生态建设问题建言献策。徐泽宪指出在经历了旧城镇化的盲目开发、粗放发展之后，新型城镇化建设将不断融入文化和生态理念，城市化建设需要与人文环境建设并举才能称之为新型城镇化，这不仅是对实业界如何建设城市提出了新的要求，同时也是对中国城市科学研究提出了新的希冀。

在题为《从汽车色彩看城市色彩》的发言中，上海交通大学苏晓静博士指出，汽车是现代交通的产物，也是流动的城市色彩。据相关调研，中国城市居民近年来开始更倾向于选择色彩鲜艳、色调明亮的汽车。同时，人们在对汽车色彩的选择上，越来越避免选择与城市色彩环境大背景相似的颜色。这一方面说明车主越来越希望汽车在城市环境中更加明显、色彩能够跳跃出来；另一方面也许在暗示，城市色彩环境越来越倾向于不明显、不跳跃，或者“雷同的和谐”。目前我国城市色彩定位中最常见的主色调是“浅灰色、淡黄色”，即使不是主导色，也是背景色(占比例最多的色彩)。

在题为《产业地产概念及特征》的发言中，上海交通大学船舶海洋与建筑工程学院张家春教授指出，产业地产是围绕着微笑曲线构建的产业价值链一体化平台，以产业为依托，地产为载体，实现土地的整体开发与运营。以独栋写字楼(办公楼)、展览展示、标准化厂房、中试研发楼为开发对象，整合自然资源、社会资源、经济资源等，打造产、学、研产业集群，帮助政府改善区域环境、提升区域竞争力；帮助企业提升企业形象、提高企业发展力的新型产业形式。产业地产是在产业集聚优势、区位发展优势的基础之上，借助城市发展的综合资源，产业地产的发展对城市功能的提升、促进城市的繁荣有重要意义。

三、智慧城市建设与文化引领

《国家新型城镇化规划》指出“推进智慧城市建设”,智慧城市在新型城镇化建设中扮演重要角色,但当前我国的智慧城市建设在整合物质资源、信息资源和智力资源上,与发达国家相比有很大差距。对此,与会嘉宾就智慧城市的概念、形态、模式和标准,以及如何促进城市规划管理信息化、基础设施智能化、公共服务便捷化各抒己见。

上海交通大学科学技术发展研究院常务副院长、先进技术产业研究院常务副院长刘燕刚教授作题为《智慧城市是信息化加上城市科学》的发言,指出信息化加上城市科学,就是智慧城市。过去的问题是,技术和文化没有整合,只有技术,没有文化引领,所以智慧城市建设中出了很多问题,这是需要吸取的教训。现在智慧城市很热,但还没有形成特色。智慧城市最重要的是顶层设计和战略规划,否则就没有灵魂。智慧城市建设的层级,是搞文化的人先做规划,接着是各管理部门协调配合,最后是技术团队来实现功能。具体说,应该是先由城市研究专家从城市规划、发展战略、创意设计入手,首先进入城市规划的顶层设计,为各种产业技术的运用预留出充足的空间,然后才是在实际操作中的相互协作,在执行中加入技术,通过这种模式,可以形成一个完整的体系。

在题为《电动汽车与交通—电力超级系统》的发言中,上海交通大学船舶海洋与建筑工程学院谢驰博士阐述了电动汽车在未来对我国能源安全、产业升级、环境保护和城市交通、电力基础设施的建设会造成的深远影响,并介绍了“交通—电力超级系统(Transportation-Electricity Megasystem)”的研发情况。在此超级系统中,智能车库作为交通网络和电力网络的联系界面而发挥作用:智能车库既是交通基础设施的一部分,因为它提供电动汽车停泊的空间;同时智能车库也是电力基础设施的一部分,因为它是电动汽车电力交换的场所。由于电动汽车和智能车库的引入,我们的未来城市交通网络和电力网络会因为能量交换而连接在一起,并形成一个囊括交通和电力两个系统的超级系统。

在题为《智慧城市视角下城市土地利用与交通规划的协调发展》的发言中,上海交通大学规划建筑设计研究院数字城市技术研究中心副主任史健勇副教授指出，利用 GIS 强大的空间数据处理和空间分析能力，有助于协调城市土地利用与交通规划，同时，利用交通仿真技术，对城市土地规划进行定量化的评估，提出城市战略发展的用地规划评估体系，最终可以指导城市的合理开发。

在题为《基于北斗/GPS 技术的公交二维码信息集成平台》的发言中，上海交通大学船建学院国际航运系副主任、特别研究员孙健博士介绍了“基于北斗/GPS 技术的公交二维码信息集成平台”的研究情况，指出其目的是要打造城市智慧公交。通过二维码入口，乘客只需用智能手机扫码即可获取海量信息，方便进行周边路况查询、实时到站预测等，给市民的顺畅出行提供极大便利。同时，这个平台具有很强的拓展性，虽然目前只实现了交通信息、自行车租赁点信息、环境信息查询，但只要用户有新需求，其功能都可以添加进来，如公交新闻快讯、交通卡购买充值与查询、周边生活资讯等。甚至，还可以增加公交互动社区，专注于市民日益增长的娱乐需求。

在题为《“人文城市”理念为智慧城市建设解围》的发言中，上海交通大学城市科学研究院研究员张书成博士指出，智慧城市的最新研究进展开始反思技术对社会的辩证作用，更多地关注人文对智慧城市建设的贡献。表现为一是站在人的角度上对城市进行管理，认为智慧城市是运用人们的智慧来管理与发展好城市，地方政府如何行使经济调节、市场监督、社会管理和公共服务的职能，公众如何更广泛地参与公共管理和服务。二是强调科技与文化融合，将文化城市建设与智慧城市建设深度融合，兼顾形式与内容建设，不能片面强调科技的作用，要为科技注入灵魂，让人的生活更加诗意。这种观点尚处于启蒙阶段，但已展现巨大的理念魅力。将“人文城市”理念注入智慧城市建设有助于在整体上解决城市发展面临的环境与资源困境、社会建设与公共管理问题以及城市文化与精神危机等“城市病”。

四、城市社会与文化建设问题

城市社会与文化建设一直是我国城市发展的软肋，同时也是影响新型城镇化质量的关键因素。对城市社会与文化问题的深入研究，不仅可以为新型城镇化提出的“人文城市建设”提供理论资源，也可以引导我国城市从经济型城市化转向文化型城市化的发展道路。

在题为《城市社会研究中的国家论》的发言中，上海交通大学国际与公共事务学院陈映芳教授指出，中国学者从“市场经济开放必然带来社会发育”这样的预期，到关注国家—社会关系的种种问题，与其说是理论先行，倒不如说是基于对现实问题的解释需要所作出的反应。但从“社会学的国家论”出发，我们正面对着“国家权力”“国家能力”“国家责任”以及“国家认同”等不同的问题及其复杂关系，每一个面向及问题都需要深入细致的探讨。“国家”存在于与社会的关系中，存在于人们的价值观念中，它也是城市社会研究者必须持续面对的一个课题、一个基本的分析维度。

在题为《对上海自贸区在文化服务领域主动开放的思考和建议》的发言中，上海大学曾军教授指出，上海自贸区中涉及文化服务领域的方案，其“积极的主动开放”的姿态和动作均未真正显现，“摸着石头过河”多于“顶层设计”、“被动保守”多于“积极开放”、经济考量多于文化战略。对此，第一要明确文化服务扩大开放的“底线”，探索“文化内容服务负面清单管理”新模式。第二要充分利用现有政策优势，将自贸区打造成上海乃至全国现代文化市场体系的“文化金融服务中心”。第三要创新文化服务开放的管理体制和机制，构建“文化管理服务平台”。第四要创新文化服务对外开放新形式，开辟“文化贸易服务”新领域。第五要加大文化企业“走出去”扶持力度，完善民营、外资参与文化企业经营的细则，搭建上海自贸区“文化服务国际舞台”。

在题为《我国创意设计产业领域需要发展众筹模式》的发言中，上海交通大学设计管理研究所所长张立群指出，我国创意设计产业领域发展众筹模式所面临的问题，一是缺乏统一标准、项目周期短是创意设计项目众筹的硬伤。二是国内尚未形成显著规模的创意产品消费群体。三是由于国内互联网的信用监控机制较为脆弱，公众对众筹平台缺乏信任，因此参与度普遍不高。四是众筹在我国刚刚起步，缺乏专门的法律法规。在外部监管缺失的情况下，此类平台非常容易变成诈骗或者非法集资的工具。关于促进创意设计产业众筹模式发展的主要建议，一是众筹模式需要新的商业体系支持，二是众筹模式下的创意设计团队需要整合创新思维，三是发展众筹模式需要必要的制度保障。

在题为《“近我经验”与“近我反思”——音乐人类学的城市研究的意义》的发言中，上海音乐学院教授、上海高校音乐人类学 E-研究院首席研究员洛秦教授指出，随着城市化的进程越来越加速，既大幅度地改变了乡村民间传统音乐文化，也同时在迅速地改变了城市音乐生活本身。城市化的迅速发展无疑必将对城市音乐内容、形式及其文化生态发生重要影响。因此，音乐人类学关注城市音乐文化的变化，认识城市音乐的作用，理解城市音乐文化的意义，已成为音乐学领域中的重要研究内容。

在题为《空间文化生产的社会性别研究》的发言中，上海交通大学媒体与设计学院朱宁嘉副教授指出，20 世纪后半叶，西方社会理论研究由时间转向空间。空间既是人类以种群方式生存与生产的地方，也是人类经济、政治和文化等活动交互作用和不断整合的场所。用列斐伏尔的话说"空间里弥漫着社会关系，它不仅被社会关系支持，也生产社会关系和被社会关系所生产"。空间文化生产的社会性别研究，旨在区别于其他的空间生产研究，立足社会性别关系，考察经历过"男女都一样"的意识洗礼，在经受市场经济之后，但女性意识并不必然进步的现代中国社会，为建构性别平等的文化生产空间提供理论支持。

在题为《中国都市化进程文献库建设报告》的发言中，上海交通大学孔铎博士介绍了中国都市化进程文献库建设的情况。指出本文献库建设以城市科学研究院编纂的《中国都市化进程报告》资源报告为主要内容，从世界背景与现实焦点、大都市与城市群、城市环境与经济社会、精神生态与文化发展、城市发展模式转型与都市文化理论创新等方面，以"记录关键要素、再现本土经验、分析内在矛盾、阐释深层结构、创新发展理念、推动城市转型"为主旨。文献库建设能够为建成教育部智库型重点研究基地提供有力帮助，为中国城市化进程的突出矛盾与独特经验提供科学的理论、方法和应用解决方案。

五、世界城市发展与一流大学建设

2014 年初，上海交通大学确立了"世界城市与一流大学共生互动"的发展战略，明确提出"抓住上海建设世界城市的战略机遇，坚持与国家发展同步，以服务求支持，以贡献谋发展，主动适应城市进步发展需要，与进步中的城市产生共生效应"的建设世界一流大学新思路。这也成为本次论坛的一个创新点。

在题为《城市发展与教育现代化》的发言中，教育部人文社科重点研究基地华东师范大学基础教育改革与发展研究所所长杨小微教授指出，当城市地盘不断向市郊和农村推进、外地人才不断向城市涌入之时，新建学校或由原来农村学校变身的新城市学校则越来越难以满足城市居民的优质教育需求，相应的对策也纷纷出现：当择校现象在杭州迅速升温时，政府强力推出“名校集团化”战略，让更多的新建学校、薄弱学校和原农村学校有机会分享到城市优质教育资源，实现自身质量和水平的迅速提高；上海推出由政府委托优质学校管理薄弱学校的举措，形成“结对帮扶”、在互动中双向提升的局面；上海还从“草根”学校中遴选“新优质学校”，许多城市依托名校资源实行“一校多区”“一校多校”等策略，都在一定程度上缓解了优质教育资源稀缺问题。

上海交通大学王郁副教授在题为《城市文明与大学的发展》的发言中指出：在城市文明发展的漫长历程中，大学作为重要的学术和教育机构，一直与城市的繁荣兴衰紧密相连。当今世界，城市是全球创新网络的中心，世界上大多数的创新都发生在高度国际化的世界都市地区。这些城市拥有良好的通讯和交通网络，有集中的从事创新的人力资源，还有自由、宽松的文化和机构。世界城市具备的优越的经济环境、制度环境和人文环境是推动一流大学繁荣发展的必备条件，而大学所具备的强大的知识与技术服务功能和创新能力，正为世界城市的繁荣，贡献优质的智力资本、人力资本、社会资本和文化资本。

在题为《世界城市英文文献研究的现状与趋势》的发言中，上海交通大学图书馆副研究馆员汤莉华、杨翠红指出，通过年度文献量对比可以分析近十年来世界城市在学术界的研究热度，数据表明，2004 至 2013 年十年间，世界城市研究整体呈上升趋势，且 2008 年之前，研究文献量平稳上升，2009 年至 2011 年三年间急剧上升，尤其是 2011 年增幅高达 13.4%，到 2012 年小幅回落后，2013 年又重回上升通道。可见近十年来，学术界投入世界城市的研究热度不断增强，而且从趋势图来看，世界城市的研究热度在未来还将持续增强。按文献内容的研究方向对样本文献进行分类汇总，世界城市英文文献排名前十的研究领域分别是环境科学与生态、公共环境与职业健康、历史、建筑学、气象与大气科学、传染病学、艺术、城市研究、工程学、免疫学，可见环境、与环境相关的生态、健康等问题已成为学术界关注世界城市的主要论题。

在题为《顶级世界城市与世界一流大学案例研究》的发言中，上海交通大学城市科学研究院研究员盛蓉、周之澄博士指出，世界城市发展的特点之一是人口的异质性和社会的包容性，为大学发展提供充足的人才资源。特点之二是文化的多样性，为大学中的思想交流和创新奠定了基础。从目前的发展情况看，几乎所有的顶级世界城市均有一流大学。处在这样的城市环境中，大学可以吸引全球的优势人才，在交流和碰撞中得到新知识和新成果，同时便于学习和科研成果的实践应用。就中国自身而言,学校所在城市中最具有发展成顶级世界城市潜力的城市主要是北京与上海,南京与武汉次之。

与会专家一致表示,城市科学作为关注城市化或城市发展一般规律的学科,应在国家新型城镇化的人文城市建设、智慧城市建设及世界城市与一流大学的共生互动等方面,发挥更重要和更积极的文化引领和创新驱动作用。

新型城镇化与中国城市发展模式的人文转型

——2014上海交通大学城市科学秋季论坛综述

2014年11月9日，由教育部哲学社会科学发展报告建设项目《中国都市化进程年度报告》课题组、上海交通大学城市科学研究院主办的“2014上海交通大学城市科学秋季论坛”在上海交通大学徐汇校区举行。本次论坛以我国城市与区域发展现状、焦点与趋势和江南都市文化传承与创新为主要议题，同时发布了《中国都市化进程报告2014》的主要研究成果。在论坛开幕式上，还举办了上海交通大学与上海斐讯数据通信技术有限公司中长期战略合作备忘录签约仪式，同时举办了“上海交大斐讯智慧城市研究中心”揭牌仪式。上海交通大学党委副书记朱健和上海斐讯数据通信技术有限公司顾国平董事长代表双方签署了备忘录。教育部社会科学司成果处魏贻恒处长、西咸新区空港新城管理委员会王学东主任、新华社《瞭望东方周刊》瞭望东方传媒有限公司张栋副总经理、上海斐讯信息通信技术业务单元齐达副总裁，来自上海交通大学、南京大学、复旦大学、华东师范大学、同济大学、新华社上海分社智库中心、上海数字化城市与交通研究所、上海发展战略研究所、上海市智慧城市建设促进中心、上海林同炎李国豪土建工程咨询有限公司等部门，以及住建部《中国建设信息》《学术界》《探索与争鸣》《中国名城》、新华社上海分社、《光明日报》《解放日报》《文汇报》等媒体出席了相关活动。

一、2014中国都市化进程发展报告主要成果发布

城市化是当今世界发展面临的具有总体性意义的重大现实问题。都市化是以“国际大都市”与“世界级城市群”为中心的当代城市化进程，在我国城市化战略中具有顶层设计、全局视野和战略核心的重要地位。

教育部《中国都市化进程年度报告》负责人、上海交通大学城市科学研究院首席专家刘士林教授指出：从历史上讲，古代城市化和现代城市化都属于旧的城市化形态，从类型上讲，政治型城市化和经济型城市化都是旧的城市化模式。新中国前 30 年，政治型城市化是主导模式。改革开放以来的 30 年，经济型城市化成为主导模式。与之不同，国家新型城镇化战略，在框架上以“人文城市建设”为中心，包括政治型城市化、经济型城市化和文化型城市化三个层面，综合满足城市发展需要的制度文明、物质基础和人文精神；在空间上以“城市群”为主体形态，包括“推动大中小城市和小城镇协调发展、产业和城镇融合发展，促进城镇化和新农村建设协调”，最终形成环境、经济、社会和文化的协调关系和协同发展机制。新型城镇化是以文化发展为主题、以经济发展为基础、以政治建设为目标并在空间上涵盖了大都市、中小城市和乡镇村落的城市化进程。这是对新型城镇化战略的科学理解和本质认识。

教育部《中国都市化进程年度报告》课题组发布了“2014 中国都市化进程主题报告及十大焦点”，分别是：在城市发展模式上，上海自贸区先行试验启动，城市创新驱动发展模式开启；在城市环境保护上，雾霾大规模降临中国，给粗放型城市发展模式敲响警钟，同时考验城市环境治理能力和转型发展能力；在城市转型发展上，中国资源型城市转型发展步伐加快，各地城市纷纷探索各具特色的转型经验；在城市开发建设上，我国的智慧城市建设风起云涌，但仍须探索符合中国特色的发展道路；在城市空间管理上，提高土地利用效率诉求明显，加快盘活存量土地压力加大；在城市群与区域发展上，区域协同发展深入推进，京津冀一体化正式上路；在城市管理治理上，中心城市大力整治群租现象，但存在手段简单粗暴等现象；在城市文化建设上，城市文化走向务实惠民，文化节庆活动出现新趋势；在城市生活方式上，以杜绝“舌尖上的浪费”和“公款吃喝”为突破点，铺张浪费的奢靡之风得到有效遏制；在城市科学研究领域，随着国家城镇化建设方案的不断明晰，关于城镇化建设的学术研究与讨论显著增加，并呈现跨学科、多角度综合考量的趋势。这些焦点问题和新趋势，在范围上，都是以大城市为中心而蔓延到中小城市和村镇，在不同空间只有程度差异而没有本质差异，具有很大的普遍性，并应从“城市群”的框架探索解决之道。在内容上，从环境、经济、金融、人口扩展到社会、文化、生活方式和审美，涵盖了我国城市发展的主要关系层面，体现出建设人文城市的紧迫性和必要性。

教育部《中国都市化进程年度报告》子课题负责人、上海交通大学图书馆汤莉华副研究馆员在题为“2014中国城市科学科研实力排名报告”的发言中指出：与欧美模式和拉美模式不同，中国城市化具有很大的特殊性，但一直缺乏科学足够的城市基础理论支持，这是我国城市建设和发展在战略上经常摇摆，在实践中成本较高的主要原因之一。当前城市智库建设风生水起，但也存在良莠不齐的现象。在城市科学发文作者排名中，以文献作者（不区分作者次序，未考虑团体作者）发文量统计，南京大学张京祥位列第一（68篇），华中农业大学张安录位列第二（61篇），上海交通大学刘士林位列第三（56篇），清华大学顾朝林位列第四（55篇），住建部仇保兴位列第五（51篇），中国城市规划设计研究院石楠、北京大学吕斌并列第六（48篇），北京大学赵民位列第八（42篇），中科院南京地理所姚士谋、河南大学王发曾并列第九（41篇）。以文献的第一作者（未考虑团体作者）发文量统计，上海交通大学刘士林位列第一（52篇），住建部仇保兴位列第二（51篇），中国城市规划设计研究院石楠位列第三（47篇），南开大学王家庭位列第四（29篇），南京大学张鸿雁位列第五（28篇），西北大学任保平位列第六（27篇），清华大学顾朝林、厦门大学许经勇并列第七（25篇），复旦大学王桂新位列第九（24篇），上海师范大学杨剑龙位列第十（23篇）。

教育部《中国都市化进程年度报告》子课题负责人、上海交通大学城市科学研究院院长助理张立群研究员在题为“2014我国三大设计之都创新发展报告”的发言中指出：近年来，世界各大设计之都纷纷制定规划，希冀凭借在设计创新能力的建设优化产业经济发展、改良城市管理、促进城市文化繁荣。我国目前已有深圳、北京、上海三大设计之都，得益于设计之都发展规划政策的支持，正在取得长足的发展。2013年我国制造业已占全球制造业的20%以上，居世界首位，成为举世公认的制造大国。航天航空、高铁、北斗等事业的蓬勃发展标志着我国重大工程装备系统集成创新和设计制造能力已居国际前列。但是从设计产业的角度看，我国还不是设计强国，尚存在诸多问题与矛盾。对此，主要对策建议如下：一是将设计之都建设与国家新型城镇化建设相结合，通过设计能力建设为智慧城市建设服务；二是进一步加强国家设计系统建设，增强国家设计体系的竞争力；三是加强工业设计的理论研究和设计创新成果转化；四是加强设计创新与科学技术的紧密融合；五是加强设计教育与工业设计创新人才培养；六是加强工业设计产业生态建设；七是加强设计创新资源要素整合，实施产业合理布局。

二、我国城市与区域发展的现状、焦点与趋势

西咸新区空港新城管理委员会主任王学东教授在题为《大空间时代的国际空港城市与世界经济发展的制高点》的论坛主旨讲演中指出，依托航空运输产生的临空经济已经成为世界新一轮经济增长极，而空港城市也已经发展到第四代，成为现代城市发展的最新形态。空港城市的出现和发展，已经颠覆了传统的区域经济理论，打破了产业由发达国家向发展中国家的沿海、内陆梯度转移的规律，构成了全球高端产业以国际空港城市为平台，点对点、跨洲际网状布局，在全球配置资源的大空间格局，世界核心枢纽城市的分布，逐渐摆脱对海岸线、河流和交通线的依赖，呈现出依托空港在全球均衡布局的趋势。大空间时代的到来，正在使世界上广袤的内陆地区摆脱以往的区位劣势，与沿海地区站在了同一起点上。我国必须加快布局国际空港城市，抢占今后世界经济发展的战略制高点，首先必须采取全新的理念方法建设国际空港城市，“功能整体构造、项目协同建设”的全新开发模式可以实现城市功能与产业体系建设的高度匹配。其次必须依托枢纽机场增强资源配置的能力，充分满足人流、物流的需要，并可以通过发展国际贸易、高端制造、飞机维修、文化交流等产业，配置资金、技术、知识等资源，最终使空港城市成为本地区参与全球产业分工的前哨和枢纽。

复旦大学国际关系与公共事务学院唐亚林教授在题为《从梯度化到立体化：当代中国区域发展战略格局的转型及其动力机制重塑》的发言中指出，当代中国区域发展战略格局开始从改革开放后形成的由东向西逐渐推进的梯度化、不平衡式区域发展战略格局，向国家战略层面（最高层）、大都市区战略层面（中间层）、跨区域战略层面（次中间层）、省域战略层面（最低层）的立体化、平衡式区域发展战略格局转型，其历史使命在于为当代中国现代化建设探索出一条区域治理的新路，即从东部率先发展到中部崛起，再到东部率先发展与中部崛起两者并立，继而走向东中部地区的联动发展，最终走向全国均衡发展的立体化发展战略新格局。推动区域发展战略格局转型的动力机制呈现多维度复杂性叠加特性，既有基于市场机制的自发推动，又有区域政府合作的协作推动，还有来自中央的统一规划与部署，以及基于区域公共产品与服务的一体

化提供和各区域先行先试的创新尝试。

上海交通大学城市科学研究院院长助理刘新静副教授在题为《我国新城新区建设过程中的“鬼城”现象研究》的发言中认为，一些城市管理者颠倒城市化与经济发展之间的逻辑关系，缺乏科学论证的新城新区建设造就了“鬼城”现象。刘新静认为应科学理性地看待新城新区建设过程中的“鬼城”现象。城市建设尤其是新城新区建设不可能一蹴而就，甚至不是十年八年能完成的工程。这样的案例屡见不鲜，例如美国著名的里斯顿新城从 1961 年买地、1962 年规划、1963 年开工、1964 年开盘直至 2005 年才竣工，历时达 44 年。加州尔湾新城成立于 1971 年，规划面积 88 平方公里，到现在人口也只有 17.5 万居住人口。尤其值得注意的是，新城新区并不都能成功，像日本的筑波科学城，不仅没有达到疏散东京人口的目的，还因为投入产出不成比例影响了自身的健康发展。因此，要科学理性地看待当前我国新城新区建设中出现的所谓“鬼城”，它们大多还处于“幼儿期”，未来的面貌与成就尚待观察。

上海交通大学城市科学研究院院长助理王郁副教授在题为《城市规划行政许可听证制度的现状与发展》的发言中，通过在理论层面探讨规划管理听证制度的价值目标和程序规则等功能内涵，总结了目前全国主要城市规划行政许可听证制度的建设状况。认为随着社会转型期的利益多元化和市民维权意识的增强，听证活动正在成为规划管理过程中利益表达的重要途径和形式。在当前经济社会快速转型的背景下，应当通过规范的制度建设，推动听证制度各项目标的充分实现，避免听证活动成为符号化、走过场的公众参与形式或是无序的情绪宣泄渠道。

上海交通大学城市科学研究院张书成博士在题为《“京津冀一体化”战略观察与路径探析》的发言中指出，京津冀一体化虽然已经做好顶层设计，但在实施中却仍面临诸多挑战，在路径选择上，一方面，认为“超密城市群”可以成为京津冀一体化在硬件建设上的战略构想与操作路径。“超密城市群”发展的基本思路是从城市体系的整体出发，针对城市化比例介于 40%至 50%的处于城市化中期阶段的特点，重点通过人口、土地和产业的集中实现规模经济收益，促进要素流通，改善城市新移民的福利水平。另一方面，“人文城市群”可作为京津冀一体化在软件建设上的战略选择。人文城市建设对于京津冀实现经济结构调整和转型发展有重要的战略意义，特别是对依靠资源粗放发展的河北地区，人文城市建设路径对其实现自身的转型与跨越发展更为急迫。京津冀城市群拥有的丰富的人文资源，特别是依托全国文化中心北京，以及众多的红色文化资源，这样的先天资源条件使京津冀建设人文城市群具有很大的可行性。

上海交通大学城市科学研究院盛蓉博士在题为《当代世界城市群理论的主要形态与评价》的发言中认为，当代世界城市群理论的近期发展主要有四种形态，第一种形态以美国区域规划学会主席罗伯特·亚罗的研究为代表，研究重点在于城市群发展的政策和战略研究。第二种形态的代表是英国学者彼得·霍尔(Peter Hall)等，他们在理论和案例研究的基础上，进一步通过实证和定量研究方法推进世界城市群理论的发展。第三种形态是以美国学者罗伯特·朗(Robert Lang)为代表的研究，他是 21 世纪以来世界城市群理论研究的代表人物之一，提出"新型跨都市地理模式"的概念，推进了城市群理论研究先驱戈特曼的许多想法，具有较强的理论性，同时也借鉴了欧洲研究的经验。第四种形态以美国学者戴瓦尔(Dewar)为代表，她于 2007 年发表《美国城市群区域规划》研究，重点在于探讨城市群的规划方法和框架，这是一个基于具体规划方案的总结性研究，研究思路和方法也日益丰富。

上海交通大学城市科学研究院周之澄博士在题为《中国城市旅游综合体发展问题分析》的发言中指出，由于处于起步阶段，中国的城市旅游综合体发展存在着多种多样的问题，首先是徒有其名而本末倒置；其次是核心尚存而驱动不足；第三是设施、服务与产业分支欠佳；第四是与城市结合不够紧密。城市旅游综合体成功运营的关键在于是否能使城市居民与游客感到满意，其核心与实质也就是满足人们的旅游需求。无论专注于经济层面、文化层面还是社会层面的运营模式，归根结底都是要将注意力从资源、经济等表层关注点转向文化、服务等更富有内涵的城市旅游综合体内在要素之上，完成旅游业从单纯发展经济到建设旅游文化再到打造旅游服务以至建立旅游精神的华丽转身。

三、新型城镇化与城市发展模式的人文转型

新型城镇化战略的提出，最根本的使命是终结"旧城市化"，而最紧迫的任务是如何处理"经济型城市化"的后遗症。《国家新型城镇化规划(2014～2020年)》在推动新型城市建设的策略中明确提出要"注重人文城市建设"，为处理

经济型城市化的后遗症提供了解决之道。

刘士林教授在题为《新型城镇化与城市规划的人文转型》的发言中认为,当前城市规划面临"提高城镇建设水平""优化城镇化布局和形态"等多重目标的约束。从1995年编制第九个五年计划时首次提出"转变经济发展方式",到2005年建设部在全国修编会议上提出建设"宜居城市",再到2014年《国家新型城镇化规划》明确提出"人文城市",一种不同于政治型城市化、经济型城市化的文化型城市化已经轮廓初现。"人文城市"的目标是"把城市建设成为历史底蕴深厚、时代特色鲜明的人文魅力空间",这既是对"跑马圈地"和"GDP竞赛"的旧城市化的彻底矫正,也提出了一个关于城市建设的新标准,即城市发展的目的,不是人口增加,也不是财富聚集,而在于是否提供了一种"有价值、有意义、有梦想"的生活方式。从城市规划做起,率先完成从以自然科学为基础到以人文学科为基础、从"硬的物质建筑"到"软的文化创意"的转型,为我国新型城镇化建设提供良性的资源配置和制度安排,不仅必要而且十分迫切。

南京大学高小康教授在题为《新型城镇化与分形空间建设》的发言中指出,新型城镇化必须是一种逆集中化过程,而城市发展的逆集中化并不是乌托邦式的反城市化,而是使城市和城市圈的空间发展从集中转向"分形"。分形不同于一般意义上的分散,区别在于分形不是使空间的不同单元相互离散和碎片化,而是使不同单元之间的空间关系从"轴向原则"(芒福德)组织转向可递归的自相似单元分化。新型城镇化对于农村和小城镇而言意味着合理的人口集聚,而对于中心城市特别是特大城市而言则必然是空间的合理分形,使中心城市在资源高效配置、引领科学发展和提高公共服务水平等方面的优势和作用,通过智能化的自相似组织进行分散合理配置。大数据背景下的智能城市建设重心,应当从智能资源和研发力量的集聚模式扩展到智能应用的分散和分形组织模式的开发。城市的智能化分形打破地价阶梯和公共服务等级而重构更加公平的服务、消费和生活环境。以智能化分形的城乡一体空间替代用扩张实体性整合而制造的超级大饼空间,这将引导新型城镇化建设离开福特式建设惯性趋势,走向真正的生态、公平、可持续发展的方向。

上海市人民政府发展研究中心、上海发展战略研究所经济战略研究部刘学华部长在题为《未来30年上海全球文化融汇引领功能的内涵、特征及发展战略研究》的发言中,首先对未来30年全球文化发展的重大趋势进行预判解读:一是文化传播技术革命催生人类第五次文化大变革;二是服务经济催生城市文明主导地位逐渐显现，东西方文明加快融汇交流步伐；三是信息技术引领文化发展，数字化、整合化和个人化将成为未来文化发展的重要趋势；四是全球城市将成为未来全球文化发展的枢纽；五是全球范围内整合文化要素的能力成为文化产业竞争力的决定性因素；六是全球文化进一步趋同化，但地域文化和特色也将得到更多的传播和弘扬；七是中国崛起也将是未来 30 年全球文化发展无法回避的立足点，但东方文化话语权的提升任重而道远。针对这些问题，上海建设全球城市文化融汇引领功能主要包括四大内涵特征：东西方文明交汇的中心节点、城市文明发展潮流的引导者、全球文化企业总部的聚集地、新的全球文化艺术教育之都。对于上海培育文化融汇引领功能的路径机理，一方面要从人的角度，要厘清未来文化发展的主体；另一方面要从全球城市的维度，要厘清未来文化的承载和事件。文化对上海城市未来发展的重要作用和战略地位不仅在于其能够直接创造可观的经济回报，更在于文化的魅力有助于吸引众多受过良好教育的人才和更多的知名企业、机构汇聚到城市，有助于推动上海城市成功转型，引领发展成为综合性的顶级全球城市。

上海交通大学船舶海洋与建筑工程学院陆邵明研究员在题为《乡愁中“家”的意象》的发言中，通过对关于“乡愁”与相关场所之间的作用机制的研究提出，乡愁中“家”的意象不可忽略，大多被调查者对于家乡的变迁最失落的地方包括曾经生活过的居所、家门前(小区/街道)、学校等。“家”的内涵大致可以归为三个层次：首先是客观存在的物质空间，其次是日常生活中的家人与亲情，最后上升为家的文化与传承(包括家风)。每一个个体对家的认知主要是从小时候的空间场所认知、家人音容笑貌到日常生活，而随着年龄的增长对家的意象从生活往事与家人的思念逐渐回归到了对故土的眷恋。从不同年龄背景时代变迁来看，“家”的意象逐渐从儒家思想影响下中心型的传统家文化演变为日常生活引导下均质型的现代家文化。重视乡愁中“家”的意象，对于响应国家的人文城市建设具有重要的文化价值。

上海交通大学设计管理研究所所长，城市科学研究院院长助理张立群副教授在题为《中国工业遗产资源的价值及其管理理念的探讨》的发言中指出，工业遗产资源具有重要的文化、经济、环境、教育价值。在当前的工业遗产资源管理上，“改造性再利用”(Adaptive Reuse)是目前工业遗产资源管理理论上越来越受到重视的一种途径。“改造性再利用”关键在于为某一工业遗产资源找到恰当的用途，这些用途使该场所的重要性得以最大限度地保存和再现，对重要结构的改变降低到最低限度并且使这种改变能够被复原。针对城市建设发展与工业遗产保护之间的诸多矛盾,比如工业遗产全面、整体的保护与工业遗产资源的多头管理之间的矛盾,工业遗产保护的客观需求强烈与主观动力缺乏之间的矛盾,建议一是统一对城市工业遗产资源的内涵界定,摸清工业遗产资源现状;二是明确城市工业遗产资源管理的指导思想,确立基本原则;三是探索对城市工业遗产资源管理中研究、保护、活化和再利用的模式与实施路径,加强规划指导,实现多元化资源管理;四是健全城市工业遗产资源管理的保障制度,做到有法可依;五是运用各种先进的理念和先进技术,科学管理和利用工业遗产资源。

上海交通大学城市科学研究院孔铎博士在题为《人文城市理念视角下的棚户区改造问题研究》的发言中指出,棚户区是现代城市诞生以来一直伴生的重要问题,也是城市快速扩展、人口膨胀过程中发展不完全和不充分的重要体现。从现状来看,困难主要表现在两方面:除了以棚户区安置房建造问题为主的"硬问题"之外,同棚户区居民对新生活的适应能力相关的"软问题"也逐渐浮出水面。对于"软问题"的不够重视,棚户区居民的生活有可能由于观念和心理的落后而迅速出现"返贫现象",存在着"躺下的棚户区变成站起来的棚户区"的危险。因此,建议一是搭建开放、便捷、有效的公众参与平台,转变棚户区改造工作由"被动型"的管理转为"主动型"的参与。二是完善政策机制及配套措施,推动棚户区改造"后棚改问题"的治理制度化、规范化、法治化。三是消除棚户区的贫困文化,培养良好的人文素养,积极促进和关注安置小区居民内部、安置小区居民同外界新社会关系网络的形成,断绝棚户区居民"贫困文化"的再生产。

上海师范大学人文与传播学院严明教授在题为《中国城市文学经典与文化传承》的发言中指出,中国古代的文学流派、创作社团和著名作家,绝大部分都是在城市中萌生或成名,在城市中发展消长。新的文学潮流风气往往会出现由都城辐射各地方中心城市,各地方中心城市再影响带动邻近地区小城镇的发展规律。每一朝代中代表主流的文学现象的产生莫不如此。在探讨当今中国城市精神的过程中,尤其是在重铸城市文化精神的过程中,对中国城市千年传承的特质与精神传统不能不加以深入的探讨。正是这些城市特质与精神传统,构成了当代中国城市发展的内在动力,并对中国城市的发展方式及方向,发挥着潜在的、十分重要的制约作用。现代城市精神渗透于城市生活的方方面面，是城市居民活力、智慧和人生观的集中体现。城市精神又是城市景观和内在机制的精、气、神，对城市的可持续发展产生着广泛而深远的影响。城市精神还成为民族文化精神的重要组成部分，在民族文化发展和精神培育的过程中起着先导和启蒙作用。

上海交通大学城市科学研究院王晓静博士在题为《上海与广州城市文化政策比较研究》的发言中认为，文化政策对促进文化发展具有重要意义，目前的文化政策对于城市精神等精神文明要素的指导流于文字，既没有在语言上让人产生喜爱，也没有脱离教条式、愿景式的表述，无法产生积极向上的引导作用。上海与广州在文化政策的制订与宣传方面都存在着一些问题，如文化政策宣传力度都较弱，对历史文化名城的文化品牌利用率低，文化产业支持政策的知晓率不高。对此她建议，一是结合政府决策机构及社会力量，抓紧建立我国文化政策体系框架；二是大胆利用新媒体技术改进原来的政策宣传方式，以多种形式、生动活泼，适宜人际网络传播的形式将各类与城市整体文化发展、关乎文化企业发展、个人文化服务的政策资讯传达到目标受众中去，强化政策的知晓率，丰富政策效果反馈的渠道；三是重视文化政策绩效评估工作，不仅要根据政策的反馈情况及时更新、修正相关政策，提高政策制定与落实的时效性，更要将一届政府一套政策的陋习加以根治，政策的稳定性、持久性必须得到体现，而文化政策的效果反应慢、不明显的特点也要在政府政绩中得到妥善合理的表现。

上海交通大学周继洋硕士在题为《国外关于乡土建筑的保护对我国的启示》的发言中提出，从 1933 年的《雅典宪章》、1964 年的《威尼斯宪章》、1976 年的《内罗毕建议》、1987 年的《华盛顿宪章》再到 1999 年的《关于乡土建筑遗产的宪章》，都无一例外地体现出保护作为人类的共同遗产和历史的见证的历史文物建筑的重要性。西方社会很早就把整体意象和综合特质视为有价值的东西加以重视，建立了环境美观舒适而适宜的理论概念，这成为当代西方环境观的根本指导思想。西方社会在历史发展过程中，不仅注重大城市的历史风貌区的保护，对小城镇、乡土建筑的保护也由来已久，在许多相关保护条例中可见一斑。在历史文化遗产保护，尤其是村镇历史文化保护方面做得出色的国家主要有日本和法国，对于我国历史文化名村的保护具有较强的借鉴意义。

在论坛举办及自由发言研讨阶段，教育部社会科学司成果处处长魏贻恒、新华社《瞭望东方周刊》瞭望东方传媒有限公司副总经理张栋、上海交大党委宣传部部长胡昊、上海交大改革与发展研究室主任季波、上海交大图书馆党委书记潘卫、上海社会科学院思想文化研究中心张来春副研究员、上海市智慧城市建设促进中心综合评估部副主任刘岩、上海交大国际与公共事务学院教授徐家良、上海交大安泰经济与管理学院副教授黄少卿等分别就相关话题发言和谈论，与会专家一致表示，“人文城市”理念是上海交大城市科学研究院建设中国特色新型智库的重大理论成果。在新型城镇化建设与中国城市发展模式转变的关键时期，人文转型是新型城市化与旧城镇化的本质区别，必须提升至国家战略高度。

多学科城市研究的框架与方法

——上海交大城市科学文科创新论坛会议综述

由上海交通大学主办，上海交通大学城市科学研究院、上海交通大学国际与公共事务学院联合承办的“上海交通大学文科创新论坛城市科学系列之二”于2015年7月10日上午在上海交通大学徐汇校区老图书馆1楼会议室举行。本次论坛以“多学科城市研究的框架与方法”为主题，上海交通大学城市科学研究院、国际关系与公共事务学院、凯原法学院、安泰经济与管理学院、农业与生物学院、社会认知与行为科学研究院(筹)等校内的专家学者，上海市城乡建设与交通发展研究院、上海师范大学、南京信息工程大学等校外的学者嘉宾，以及来自新华社上海分社、《瞭望东方周刊》《文汇报》《解放日报》《经济日报》、中新社的媒体记者出席。与会专家从经济学、法学、文学、公共管理、城市规划等不同的学科背景出发，针对城市科学领域的多个相关议题进行了深入的研讨交流。

一、以多学科交叉壮大城市科学研究实力

上海交通大学文科建设处处长叶必丰教授在致辞中指出，上海交通大学文科创新论坛举办的意义在于提升交大文科的科研实力，具体包含：一是通过整合若干个相关领域，共同推进某一学科的发展，如城市科学、海洋科学、公共管理等；二是由于当前的教学与科研过于体制化，不利于学术化，所以需要搞一些轻松、开放的学术论坛，只要有利于推动学术水平提升，形式并不重要；三是文科创新论坛的初衷是为了针对某一学科做一次科研规划，要搞清楚校内有哪些专家老师在做相关研究，取得了哪些成就，未来交大在该领域应该做些什么工作；四是文科创新论坛要勇敢走出去，尽可能多地联合相关学者，而不局限于一个团队和自己的学院。

上海交通大学国际与公共事务学院院长钟杨教授在致辞中指出，首先，上海交大文科起步较晚，规模较小，所以需要学科间联合起来，通过协同发展来壮大实力；其次，要讲究策略，集中发展，以精华取胜，不能泛泛而论，集中人力物力财力发展优势学科；再次，以城市科学为例，不同学科背景下都有着自己的特点与优势，比如研究方法、理论框架，可以研究院的形式，通过体制层面的整合实现学科快速壮大。

二、城市科学的知识启蒙与人文理性

在题为《城市科学理论建构与中华民族城市启蒙》的发言中，上海交通大学城市科学研究院院长刘士林教授指出，我国城市研究在总体上可以用“模仿中有创造、杂乱中有逻辑、自发性中有自觉性”来描述和概括。城市科学是关于城市化或城市发展的一般规律、深层本质、整体特征及当代形态的理论体系。过于专业化与精细化的传统学科架构，不适应在形态上以多元性和异质性、在功能上以世俗化和消费化为主要特征的当代城市。关键在于以城市科学的基础理论研究与学科框架建设为中心，推动相关城市研究理论进行学科整合与视界融合，为中国城市化进程提供基础性的科学方法、理论体系与价值理念。关于城市科学研究与学科建设的思路，刘士林指出：一是对传统的城市地理学、城市规划学、城市人类学、城市社会学、城市经济学等展开内涵建设，审查与重构其基本概念、范畴体系和逻辑架构，完成知识更新和系统升级；二是对初具规模的新理论和新学科——城市生态学、城市设计学、城市管理学、城市文化学、城市史学、城市美学等——进行梳理和规范，明确其基本问题、对象与范围，推动新理论、新学科的可持续发展；三是在顶层设计上提出和创建具有基础构架和重大现实需要的新学科，如城市科学理论、城市环境科学、城市交通科学、城市信息科学等，为在城市科学整体框架下改造旧学科、建设新学科提供可靠的基础与原则，同时带动相关理论研究的系统集成及协同创新。同时，他还强调城市科学建构应确定一个基本原则：在自然科学与社会科学交叉时，以社会科学为主导，后者关系到自然科学研究和技术研发的目的；在社会科学与人文科学交叉时，应以人文科学为主导，后者直接关涉到社会实证范围之外更根本的价值与意义问题。

在题为《养老服务供给中的社会力量参与》的发言中，上海交大国际关系与公共事务学院章晓懿教授指出，养老问题是城市公共治理的重要问题，为应对人口老龄化的挑战，十八届三中全会提出了加快建立社会养老服务体系的战略目标，鼓励社会力量参与养老服务业的发展。养老服务事业必须从封闭的政府供给系统逐步向开放的政府、社会、市场等多元主体互动供给系统转变。政府改革要着力解决基本问题就是培育社会民间组织、社会企业，调整政府与社会、市场的关系，发展和壮大社会自我管理与自我组织能力，让社会力量很好地吸纳和承接从政府分离出来的部分职能，与政府共同推进养老服务的发展。这一关系的最佳表现方式就是建立政府与各类社会组织的合作伙伴关系，政府和社会发挥各自的优势，合作互补。只有政府、企业、社会组织等多元主体共同参与，养老服务业才能充满活力。为完善社会力量参与养老事业，章晓懿建议制定养老服务机构用地用房的专项政策，制定养老服务社会企业和社会组织的扶持性税收政策、扶持性融资政策，制定养老服务从业人员队伍建设的激励政策。

在题为《城市公共服务供给与社会组织发展》的发言中，上海交大国际关系与公共事务学院徐家良教授指出，传统上城市公共服务的供给主体大部分是政府与企业，社会组织参与很少。随着经济社会转型和市民需求多元，社会组织在帮助困难人群、维护合法权益、提供行业标准、促进人际交流、参与决策咨询等方面发挥着越来越重要的作用，使城市服务供给主体由政府和企业的二元主体，逐渐变为政府、企业和社会组织三元的格局，共同促进城市社会的和谐与稳定。广义的第三部门包括社团、民办非企业单位、基金会、人民团体、群众团体、事业单位、业主委员会、宗教场所、村委会、居委会、社会企业等。徐家良指出，城市公共服务供给模式的改变与政府改革、社会发展密切相关，能够充分体现国家治理体系与治理能力现代化。

在题为《城市垃圾事件的时空分布规律研究》的发言中，上海交大国际关系与公共事务学院樊博教授借助大数据工具探讨了数据挖掘和城市公共治理的结合的可能性。樊博指出，当前随着一些大城市人口的不断增加，城市垃圾污染形势严峻，如果依靠传统的人工垃圾治理方式已经很难取得良好的治理效果，特别是在跟踪监测方面。在城市垃圾污染治理上，借助大数据的分析，通过信息集成，数据监测的方式判断城市垃圾的分布，得出时空分布的规则，然后根据规则进行治理，正日益扮演重要的角色。樊博指出，大数据在城市治理上有着惊人的潜力，根据数据进行规划、治理有着传统规划治理无法企及的优势，值得推广。

在题为《城市生态与海绵城市》的发言中，上海交大农业与生物学院车生泉教授指出经济快速发展带来严重的生态危机，要求我们必须尊重自然生态规律，保护环境。在内涝问题不时困扰城市安全的当下，我国政府在 2014 年出台了《海绵城市建设技术指南》，把建设海绵城市作为城市生态环境建设的启动点之一，指导我国城市生态环境建设。车生泉指出“海绵”城市能有效利用雨水。比如，传统人工化的雨水管理模式是快速排放，即雨水不经收集快速进入下水管道。这样，除水分蒸腾作用外，超过 80%的雨水被排至江河湖海。而借助自然力的“海绵”城市，采用下渗减排法和集蓄利用法，可循环利用 40%以上雨水。“海绵”城市在适应环境变化、应对自然灾害等方面具有良好的弹性。比如，夏天雨水较多时，可利用透水铺装、下沉式绿地、生物滞留设施、蓄水池、雨水罐、湿塘、湿地等收集雨水。待到缺水时，再将水释放，用于浇灌等生态用途。

在题为《由“多学科城市研究的框架与方法”引起的再思考》的发言中，上海交大社会认知与行为科学研究院(筹)蒋宏教授指出，围绕城市问题以及城市建设与发展开展多学科研究，不仅是问题导向的学术研究之必然选择，也是现实城市问题应当避免脚疼医脚、头疼医头的单一改进路径，而是要走向综合建设与综合治理的现代化城市建设与发展的路径。蒋宏指出，多学科城市问题的研究框架，应该围绕在城市规划与建设、城市经济与产业布局、城市智能化与治理、城市精神与文化生活等方面，渗透和植入以人为本，突出人文情怀的要素和理念，并在城市建设与发展中合理、和谐地建构与人的生存、生活与发展的交互关系。因为，城市生活的主体是人不是物，城市建设与发展的目的是城市让人的生活更美好，所以城市建设与发展的归因是人及满足人不断增长的需求。建构围绕“城市与人”的研究框架及其理念，从文化层面我们要关注城市的发展规划与人相和谐的环境文化、城市的经济社会发展与人相关联的商业(市场)诚信文化，城市的社会治理与人政治生活相关联的法政文化，城市的生活质量与社会的人文关怀精神等方面。

在题为《土地使用行政规制的方式》的发言中，上海师范大学讲师李冷烨博士指出，在快速但不均匀的城市化进程中，社会治理尤其需要法律保障。随着我国土地利用制度的改革，土地承包经营权、建设用地使用权、宅基地使用权等权利逐步建立。对于私人主体而言，土地及房屋的权利是其财产权利的重要形式;对政府而言,在现有的财税制度之下,国有土地使用权出让金成为地方政府重要的收入来源。因此,在城市化进程中,围绕着土地及土地上的房屋产生了大量的社会问题,成为众多利益博弈的领域,备受社会关注。李泠烨指出,对此应该建立一种开发权衡的模式,对土地开发使用的利益进行权衡、评估。在研究土地使用的公共限制、城市规划法时,必须加深土地所有权、土地使用权研究;在认识和把握土地使用权利和土地所有权时,需要关注以城市规划法为代表的公共限制对于土地权益的构成作用。

国际关系与公共事务学院刘霞教授在上半场点评中指出,上海交通大学提出构建城市科学理论的总体架构,并以城市文化统领全局,这是重大的战略指引,是上海交大城市研究的重要品牌。未来,我们的目标就是要建设有智慧、有尊严、有健康、有作为的城市生活,而专家们的发言正是从各自的专业视角阐释了什么是智慧、尊严、健康、作为的城市。相信按照多学科交叉融合的理念,以政治逻辑、专业逻辑、文化逻辑整合城市科学研究的资源,必定能打出上海交大城市科学研究的品牌。

三、创新创业驱动城市经济与社会发展

在题为《创业创新是城市发展的源头活水》的发言中,安泰经济与管理学院陈宪教授指出,所谓"城市","城"与政治有关,"市"就是市场,城市经济、城市人口研究是城市科学体系中的重要板块,需要加强与城市研究相关学科的融合。今年上海确立了建设具有全球影响力的科技创新中心的战略,同时在"大众创业,万众创新"的号召下,我们要清醒地认识到创业创新不能过分聚焦虚拟经济,而是要将更多的资源集中到生产领域,专注于技术进步,这也是美国、欧洲等发达国家给我们的启示。陈宪指出,创业创新要非常活跃才可能是一个好的城市,上海建设科技创新中心必须要在真正意义上实现全民创新,全民创业。

在题为《创新驱动经济发展: 美国四个城市的多案例研究》的发言中,上海交大国际关系与公共事务学院吴建南教授在阐述美国圣迭戈、奥斯汀、夫勒斯诺和利特尔顿四个城市实施创新驱动经济发展模式的基础上,从创新资源、创新主体与网络关系、创新政策与机制、发展效果四个维度进行比较,识别出创新驱动实施模式中的 15 项关键要素,提炼出了政府的角色定位。吴建南指

出，政府应该尽量少地干预区域经济发展活动，而是应该多通过发挥政策引导、搭建平台、公共服务等职能，充当区域战略规划者、资源评估者、网络构建者、指标优化者等角色，广泛激发市场主体的积极作用。吴建南提出，我国区域（省市层面）实施创新驱动发展战略应该在强化顶层设计、整合创新资源、搭建创新网络、优化创新政策机制，以及营造创新环境五大方面多做努力。

在题为《全球恐怖袭击事件的时空演变》的发言中，上海交大国际关系与公共事务学院刘霞教授指出，近年来，东突伊斯兰运动等国际恐怖组织不断在我国境内实施恐怖袭击，严重危害着我国公共安全，且有愈演愈烈之势，有效应对恐怖袭击已经成为我国政府维护公共安全和社会稳定的一项重要任务。刘霞分析了恐怖袭击事件的全球分布和时空演变的趋势，主要是分区域对全球恐怖袭击事件在时间维度上的变化、袭击目标的时空变化、暴力恐怖组织和恐怖分子主体特征与实施方式的时空变化，以及袭击后果严重程度的时空变化。刘霞指出，这些变化对我国一些城市的公共安全产生重要影响，需要密切关注。

在题为《加强本市住宅小区综合治理研究》的发言中，上海市城乡建设与交通发展研究院袁钢副院长从现状分析出发，介绍了上海市住宅小区数量和物业规模情况，业主大会、业委会建设情况以及物业服务行业发展情况。袁钢指出为加强住宅小区的综合治理，应该把住宅小区作为创新社会治理、加强基层建设的基础单元和重要内容，以改善人民群众的居住环境为目标，以解决住宅小区中的突出问题为突破口，以落实主体责任和夯实基层基础为重点；坚持系统施策、综合治理，坚持重心下移、属地管理，坚持分类指导、因地制宜；着力培育多元化、专业化、规范化的物业服务市场，着力提升社会组织参与社区治理和居民自治的能力，着力完善区县基层政府对住宅小区管理的体制机制，着力解决住宅小区中的突出民生问题。

在题为《城市合作中的地方自治权——以区域合作协议为例》的发言中，凯原法学院何渊副教授指出，中央政府授予地方政府的区域合作自主权将越来越大。区域法律治理中地方自主权的法律属性是合法承继的地方自主权，地方政府区域法律治理具有宪法上和法律上的依据。区域法律治理是中央对区域合作的法律监管，是中央对区域合作的直接参与，是区域合作制度平台的建设。区域合作协议使地方政府自主开展区域合作有法可依，并且在一定程度上不会影响政治平衡。

党的十八届三中全会将“推进国家治理体系和治理能力现代化”作为全面深化改革的总目标，提高政府治理能力成为当务之急。在题为《中国城市治理能力与公共服务质量的实证研究》的发言中，上海交大国际与公共事务学院陈永国副教授指出，政府的治理结构正在发生从管理到治理改变。通过电话调查法，网络文献法等实证研究可以发现，城市公共服务质量与城市治理能力正相关，城市公共服务质量通过影响群体性事件的数量进而影响城市的治理能力，公共服务质量的各维度中，只有公共安全、基础设施服务与治理能力正相关。在城市治理能力各维度中，只有动态反映与城市公共服务质量显著相关。教育服务、医疗卫生服务、住房与社会保障服务、文化休闲服务均与动态反应成正相关关系，而公共安全、基础设施质量与政府响应和政府公信力正相关。

在题为《上海与东京的城市形象系统研究》的发言中指出，上海师范大学严明教授指出，中日现代小说中的上海与东京形象体现了两城不同的特点与文化魅力。城市小说虽然不能作为考察中日现代历史的客观考据，但是通过小说对“城市”主观建构的分析，能够将作家的心理状态和价值观念准确的表现出来，从而理解当时语境下人们的生活现状。通过城市小说文本的具体比较，能够梳理出上海与东京城市发展的脉络，从而把握城市不同的文化特色与城市魅力。在西方城市化与现代文明的冲击下，现代城市的建设越来越趋向同一。上海与东京作为中日两国现代化建设的标尺，变成了其他城市建设的统一标准，现代城市逐渐失去自身特质而成为复制品。然而城市形象的树立不仅要遵循城市建设的客观规律，更加要注重传统文化的保存与发扬。城市形象的树立要结合城市传统文化精神，展现城市的独特性与唯一性，树立起城市的品牌。城市小说保存了大量的城市传统文化精髓，从小说文本的角度探寻城市形象的定位，是当今城市建设的新的方向。

在题为《环保公共服务机制的区域差距与对策》的发言中，上海交大国际关系与公共事务学院王郁教授指出，从资金投入看，东部地区侧重于污染治理、西部地区侧重于生态保护、中部地区两者相对平衡的结构性差异较为显著，相对于东部地区环保公共服务投入增长对制度建设的带动作用，中西部地区机构人力和设备等服务资源的增长是环保公共服务投入增长的主要动力，政策法规的制度建设和资源积累较为薄弱。从服务资源看，东部和中部地区环保公共服务资源的数量差异对加强环保应急服务、信息服务提供具有一定影响，而政策法规类资源要素对服务提供的影响尚不明显，反映出环保公共服务资源的建设仍存在内容的局限性,西部地区则由于服务资源积累整体性的不足,对服务提供没有显著影响。从服务提供来看,大部分地区投入、资源对服务的推动作用主要集中在治理、应急等少数服务内容上,监管服务、信息服务、教育服务等其他服务内容尚未得到充分的重视,服务提供的内容单一化,“重末端治理、轻事前预防”的特点较为明显。从服务结果看,服务供给内容多样化对提升服务结果的作用尚不明显。虽然东部与中部地区监管服务与治理服务的加强对服务结果的改善产生了一定的积极作用,但其他服务内容的作用则存在明显的缺失;西部地区投入、资源和服务提供要素都不对结果具有影响,反映出该地区环保公共服务要素间正向推动作用尚未全面建立,这必然影响着服务结果的整体提高。

与会专家一致认为,在世界城市化背景下,城市科学研究的关键在于要形成新的理论共识自觉,以城市科学的基础理论研究与学科框架建设为中心,推动相关城市研究理论进行学科整合与视界融合。要治理“城市病”,当前城市科学研究不仅要有城市化或城市发展一般规律、深层本质等理论体系,也应该重视知识启蒙与人文理性。

2015互联网+智慧寺院建设论坛会议纪要

2015年10月18日,由开原寺主办的"2015互联网+智慧寺院建设论坛"在无锡举行。论坛以"互联网+"时代背景下的"智慧寺院建设"为主题,无锡市委统战部、无锡市民族宗教事务局、无锡开原寺等部门,上海交通大学、上海财经大学、华东理工大学、苏州大学、中国传媒大学、江南大学、扬州大学等高校的专家学者,上海斐讯数据通信技术有限公司、上海知庚科技有限公司、北京德鲁安建筑规划设计院、无锡先迪德宝电子有限公司等企业界嘉宾,新华社、《人民日报》《光明日报》等媒体人士,从佛学、城市科学、信息技术、公共管理等角度,针对智慧寺院建设进行了深入地研讨交流。

一、智慧寺院的理论研究与战略分析

能超大和尚(开原寺方丈):无锡开原寺的信息化和智慧寺院建设

佛法是不断变化的,开原寺要通过现代科技的手段,更好地服务信众。"佛法在世间,不离世间觉。离世觅菩提,恰如求兔角。"面对全球科技的飞速发展,佛教寺院已经不能再单纯进行田园牧歌式的弘法,与时俱进,开拓创新是必须解决的问题。开原寺秉承世间佛法、人间佛教的思想,服务社会、利益群生,特别是面临"智慧城市建设"与"互联网+"的时代机遇,利用移动互联网、云计算、大数据、物联网等技术实现寺院管理、服务的智能化,促进寺院在管理与服务模式上的升级换代意义重大。

刘士林(上海交通大学教授):战略定位:"大千世界"中的"清凉世界"

在全球范围内,智慧寺院是一个刚刚开启的新议题和新领域。佛教思想和文化是滚滚红尘中的一个"清凉世界",也是在当今世界传承和发展佛教文化必须坚守的"本体"。现在的智慧城市建设普遍缺乏"文化内涵",各种"公共文化云”“E-家园”等项目对普通市民的文化需求研究、重视不够,多半属于“中看不中用”或使用效率很低的“形象工程”。在中国历史上源远流长,有着深厚的社会土壤和心理基础,作为中国文化独特和重要谱系的寺庙文化,不仅是中国当代城市文化建设的重要本土文化资源,也开示了人文型智慧城市的新理念和新路径。智慧寺院的本质不在节能、生态或提供多少信息服务,而在于它的存在能使世界变得“真正清凉一些”。把“互联网+清凉智慧”作为智慧寺院的战略定位,既可以明确智慧寺院在智慧城市家族分工体系中的角色和职责,也有助于和其他智慧城市单元建立互补和协调发展的良性合作机制。

蒋宏(上海交通大学教授):“互联网+”与开原寺智慧寺院建设及文化发展战略

首先,寺院文化建设应彰显本体精髓,去时髦化。其次,互联网+智慧寺院建设要从物质资产和文化资产两方面入手。再次,开原寺的文化发展战略——弘扬佛法、佛道归一、以宗旨的不变应万变。在如今,国内经济处于转型调整期,经济社会发展处于新常态,整个社会既需要遵法和法制,也需要道德和心灵救赎。最近在网络和微信社交群里,各种养身养心秘道、各种师训佛说经论、各种经诵禅咏曲调 Flash 等,可谓呼风唤雨,如何去粗取精、去伪存真是开原寺要充分关注的问题。

耿波(中国传媒大学副教授):空不异色:信息化时代寺院的大藏之道

中国传统寺院作为宗教道场,具有“藏于社会”的结构特征。藏身于社会,悟道于红尘。在佛教修行者看来,与藏于深山隐壑相比,藏身社会是“大藏”。在传统社会中,寺院道场并不是唯一的,民间邪教等也出身其中。因此,这同时也是一个充满竞争的权力空间。在信息社会中,这个空间同样会被其他权力掮客所觊觎。因此,佛教不仅不应缺席于信息社会,而且应当积极竞争在社会中的话语权,以慈悲情怀慰藉人心,消解戾气,为中华社会的健康自组织造福。

张栋(新华社《瞭望东方周刊》):善知识的创造、采集、处理、传播和运用

在参观了开原寺后,觉得开原寺的智慧寺院建设,是真正用智慧来建设智慧寺院。佛教本身就是智慧的结晶,是大智慧的集成。信息的创造、采集、处理、传播、运用是智慧建设的必经之路,但只有这些还不够,真正的智慧建设是好的信息,或者说是善知识的创造、采集、处理、传播和运用。智慧寺院的建设,从佛教本身来讲,是弘扬佛法,对大众来说是智慧的传播。智慧建设是手段，目的是要弘扬佛法，传播正能量。智慧寺院的建设本意应该是承古开新、向上向善。

孙洪刚(上海交通大学高级规划师)："互联网"与佛教传播回归最初本原

很多佛教的知识都信息化，给人们带来方便，但这个层次还不够，因为交流的方式还没改变，交流方式要变成主动求教的过程。互联网的出现提供了一个佛教传播回归最初本原的可能：即从宗教建筑形式的羁绊中解脱出来，成为纯粹的精神，这是后工业时代、信息化时代的结果。互联网时代的寺院，应有助于人们更加坚定信仰。宗萨蒋扬钦哲仁波切曾说："见地，是任何宗教的核心。"这种见地与互联网紧密结合，就可以超越任何物质实体的束缚，在同一时刻将佛音传播到世界任何角落。互联网时代的寺院不仅仅是一个传播的手段，通过一定的方式也可以演变成宗教本身。虚拟的存在可以最大限度地摆脱对物质的执着，回归信仰，这是佛教真实的存在。

二、智慧寺院的平台建设与技术应用

齐达(上海斐讯数据通信技术有限公司副总裁)：大数据在智慧寺院中的应用

佛陀即是智慧之人，佛学即是智慧之学，寺院是探讨、传播佛法的载体。寺院作为弘扬佛法最重要的道场，必然是智慧之寺院。现有的寺院已经为僧众、香客提供了一个很好的场所，智慧寺院应该为信众提供更好的服务。在智慧寺院的建设中，大数据是一个至关重要的环节，建议分几个部分来建设：一是寺院业务应用，包括寺院管理运营平台、寺院社交平台、寺院物联网平台和信众管理平台；二是寺院大数据平台，包括数据采集和转换、数据分析模型开发和大数据展示；三是寺院大数据应用。这三个部分紧密衔接，有了众多寺院的应用，就有了数据源，也有了大数据的根本，大数据平台才得以建立。

冯翔(华东理工大学教授)：对开原寺在软件上构建智慧寺院的思考

"互联网+智慧寺院"的建设，需要以改善寺院信息化水平为基础，构建统一的寺院管理与服务体系。这主要可分为以下几个部分：寺院行政管理系统平台、香客服务系统平台、安全系统平台等。功能主要通过网站、微信公众号、APP等形式体现。通过云平台架构，开发者可以将新的服务平台程序部署到云平台中，以拓展现有功能。

裘靖宇(上海知庚科技有限公司 CEO):建立互联网+寺院微信的统一云平台

现代人通过微信来传播很多佛教的信息,或其他类似佛教的心灵鸡汤。工具本身没有对错,但是使用工具有如法不如法。许多佛教寺院都开通了微信公众平台,但如何推广运营是一个难题。在智慧寺院的建设中,考虑建立互联网+寺院微信的统一云平台,在这个平台上,有许多寺院,大家可以自由选择,也可以起到降低建设成本、容易规范管理的作用。

顾毅(北京德鲁安建筑规划设计院):智慧寺院的信息化、数据化、智能化

随着智能手机和全民普及的时代的来临,智慧寺院的信息化、数据化、智能化势在必行。信息化包括(1) 寺院网站建设、微信平台建设等;(2) 佛像和殿堂的信息化、二维码扫描导览;(3) 寺院信息化管理、财务、来访等;(4) 法会禅修活动网络直播、现场互动;(5) 法师在线授课。数据化包括(1) 寺院数据云存储;(2) 寺院运行数据可视化;(3) 建筑能耗数据可视化;(4) 殿堂、佛塔、地宫等供养数据化;(5) 功德榜、捐助等信息数据化。智能化包括(1) 空气循环、能耗降低和建筑智能化;(2) 殿堂、佛塔和地宫的声光电环境智能化;(3) 无线网络、停车场、接待住宿、安全监控等智能化。

三、无锡开原寺的信息化与智慧寺院建设

张立群(上海交通大学副教授):无锡开原寺智慧寺院建设调研报告

自 2006 年开始,开原寺在因特网构建了寺院网站,正式开始了寺院信息化建设。2008 年,开原寺与无锡软通动力公司联合研发寺院网络管理软件,建立僧人档案,提高僧人文化修养,建设学习型寺院。2010 年,开原寺被评为“无锡市平安宗教活动场所”,8 月,开原寺数字化寺务管理系统投入使用。2011 年底,开原寺被市委统战部、民宗局评为“无锡市模范宗教活动场所”和“无锡市和谐寺观教堂”。2012 年,开原寺住持在全国宗教活动场所管理经验交流会上发言,介绍寺务管理系统及创新管理。2012 年至 2015 年全国有安徽省、海南省、广东省、浙江省、上海市、江苏省等多家全国重点寺院来开原寺考察参观。2014 年成为全国宗教界首家同时通过五星级档案室、5A 级数字档案室考评的宗教活动场所。2015 年开原寺被评为江苏省第一批五星级寺院。

开原寺信息化系统建设经历了两个阶段。第一阶段是开原寺内部财务以

及人事管理的设计与规划，第二阶段涉及报表、考勤以及很多自动化功能设计。当前，开原寺的信息化基础设施包含计算机机房、信息化设备(网络设备、服务器设备、终端设备等)，门户网站、智能家居、支持寺院各项业务的业务信息系统、微信公众平台、移动 APP、安保监控系统、电算财务、OA 办公系统等各类软硬件系统设施。各系统通过与档案系统的 Web Service 接口连接。实现无缝对接归档。特别是通过微信平台聚集信众，在为信众服务上已经取得了很好的效果。

开原寺信息化服务平台包括寺院采购管理、僧人信息管理、皈依信息管理、斋主信息管理、佛事预订、钟号预订、牌位管理、供奉管理、乐助流通管理、库房管理、财务管理、档案管理、后勤管理、考勤管理、财务管理等寺内大大小小各项事务皆涉及。通过信息化系统的统一管理，有效地提高了各部门的工作效率。该系统由数据驱动，大部分业务数据都由数据管理系统管理，并定期自动备份数据以及执行服务器系统快照，以保证数据的安全。

在人间佛教的主旨下，开原寺官网里面的子栏目已经打通了与禅悦无锡官网、有赞商城的连接，一旦需要可以实时进行网站之间的跳转，方便广大信众的浏览。目前各个网站都已上线运行，会定期为网站进行更新维护，保证网站的正常运行。同时，开原寺养老院目前正在紧锣密鼓地筹备中，关于养老院的公益微电影也在紧张拍摄中。相比国内其他寺院的智慧化建设，开原寺有以下特点：起步早、持续久、理念新、决心足。现在开原寺正在筹划通过以下四点来找到佛法与当代的切入点、平衡点，即对信众给予更加多元化的寺院服务、研究探索更加睿智的内部管理体系建设、积极融入无锡市智慧城市建设战略和在宗教界更大范围地推广智慧寺院建设成果。

何鸣(无锡民族宗教局副局长)：建设新型的弘法道场

互联网、物联网已经成为人们生活中不可分割的一部分，寺院面对新的技术不应该墨守成规，而应该积极地求新求变，佛教的传承与发展方式也要大胆革新，因此利用好互联网这个大平台，建设好信息化、数字化、智能化的智慧型寺院非常有必要，让互联网更好地服务于我们的弘法立身事业。开原寺已经做出了积极的探索，建设智慧寺院，就是建设新型的弘法道场，让佛法以更现代的方式得到传播，更好地为人民服务。

刘士林(上海交通大学教授)："以小为美""以文化为灵魂"

开原寺是典型的"城市山林"。上海交通大学斐讯智慧城市研究中心在国内外首次提出了“人文型智慧城市”的理念，目的是以“文化输血”的方式，扭转目前重科技、重市场的智慧城市建设主流。但人文型智慧城市这个概念依然很大，还需要再细化。寺庙文化和智慧寺院是应对、抵御后现代消费文化的珍贵文化资源。目前，开原寺在信息化管理、物联网等方面已走在了国内外禅林的前面。未来的战略重点应是以探讨解决我国智慧城市建设“文化贫乏”为突破口，在把自身建成弘扬“清凉世界”的信息化道场的同时，为智慧城市走向“以小为美”“以文化为灵魂”作出良好的示范。

后　记

本年度报告是上海交通大学城市科学研究院连续第三次发布的中国城市群发展报告，其中，在主题报告部分，刘士林、刘新静、盛蓉和张懿玮等以上海交通大学城市科学研究院2016版《中国城市群数据库》及2014版《中国城市群发展指数框架》为基础，对我国九个城市群的人口、经济、社会、文化和均衡性进行客观考量和公正评价。

在前沿观察部分，刘士林提出“我国城市群规划建设的若干重要问题”，指明了中国城市群发展的重要方向；在战略研究部分，刘学华和张书成（美国巨型区域战略对我国城市群发展的启示）、高小康（新型城镇化与分形空间建设）、孔铎（人文城市理念下的棚户区改造问题研究）分别就我国新型城镇化进程中的重要空间、战略和文化问题进行了深入研究；在理论参考部分，刘士林（城市群的全球化进程及中国经验）、盛蓉（美国东北部海岸城市群的发展理念和思路）、刘新静（改革开放以来上海空间文化变迁研究）就国内外城市群以及大都市的发展理论进行了梳理和阐释；在专题报告部分，刘士林、王晓静和苏晓静（长三角“中国传统村落”调查研究报告）、张书成（长三角十大“中国传统村落”个案研究报告）在长三角传统村落实地调查研究后对其存在的问题做了深入剖析，并提出了中国传统村落报告的对策和建议；在智慧城市部分，盛蓉和周之澄（国外智慧城市研究与建设报告）、朱逸宁（智慧城市与新时期的江南城市文化建设）在国内外智慧城市建设理论和实践的基础上提出智慧城市建设的建议，并结合智慧城市阐释了新时期江南城市文化建设的问题；在对话访谈部分，分别刊载于《中国新闻周刊》《华尔街日报》《经济学人智库》以及《澳门月刊》对刘士林的访谈纪要；此外，还刊载了上海交通大学城市科学研究院部分论坛和会议资讯。特此鸣谢各位专家学者赐稿。

上海交通大学

城市科学研究院

2016年1月

上海交通大学城市科学研究院简介

上海交通大学城市科学研究院始建于2010年，原名都市文化与传播研究院，是一个通过整合国家城市政策研究、规划编制部门及高校专家学者，以服务国家城镇化战略重大问题为宗旨的实体性研究咨询机构，也是一个普及和传播城市科学理论及价值观念的公共文化平台。

城研院系上海交通大学与国家发展改革委员会地区经济司、上海交通大学与国务院发展研究中心社会发展研究部、上海交通大学与新华社瞭望周刊社、上海交通大学与上海斐讯数据通信技术有限公司的签约共建机构，是教育部哲学社会科学发展报告首批建设项目《中国都市化进程年度报告》及子项目《中国城市群发展年度报告》(原社会科学文献出版社《城市群蓝皮书》)、社会科学文献出版社《中国工业设计发展报告》的牵头负责单位。城研院的中国城市发展数据中心系上海交通大学与国务院发展研究中心信息中心签约共建的数据服务平台。城研院的城市文化软实力分中心系上海交通大学与国家文化软实力研究协同创新中心的签约共建机构。城研院院长、首席专家刘士林教授系国家"十三五"发展规划专家委员会委员，国家文化软实力研究协同创新中心城市文化软实力分中心主任，国家教育国际化试验区指导委员会委员。

城研院下设城市科学研究所、战略咨询研究所、智慧城市研究所、规划设计研究所、信息管理和服务中心。主持国家社会科学基金重大项目、教育部哲学社会科学发展报告建设项目、教育部重大项目及国家发展改革委、住房和城乡建设部、国务院发展研究中心、澳门特区政府、上海市与国内相关城市委托项目多项。自主研发有《中国城市群发展指数框架》《中国大都市发展指数框架》《新城新区认定方法及统计标准》《区域城市规划实施评估指标体系》《国家战略规划框架建构及分类方法》《文化强国建设标准及评价体系框架》《中国式现代化标准体系框架》《智慧城市规划方法及标准系统》《智慧村庄信息服务平台建设模式》《中国传统村落评估认定指数系统》《江南传统村落评估认定指数系统》《城市科学基础理论及学科体系框架》《都市文化学基础理论及学科体系框架》等标准体系。决策咨询成果得到党和国家领导人及上海市主要领导重要批示，为国家规范和实施“十三五规划”编制、落实《国家“十二五”规划纲要》“规范新城新区建设”、推进国家出台《新区设立审核办法》、“国家文化产业标准修订”“全国摩崖石刻保护”、国家发展改革委编制《“十三五”文化强国战略规划》《苏南现代化建设示范区规划》、开展“国家区域规划实施中期评估”、住房和城乡建设部开展“中国传统村落评估保护”、教育部设立“国家教育国际化试验区”、上海市编制“智慧城市发展战略规划”“上海养老社区总体战略规划”“上海市智慧村庄信息服务平台建设”等，提供了重要的依据和参考。

城研院主持有教育部《中国都市化进程年度报告》《中国城市群发展年度报告》《中国大都市新城新区发展报告》《中国丝绸之路城市群发展报告》《中国智慧城市发展战略研究报告》《全球城市科学研究水平发展指数报告》《中国城市科学研究水平发展指数报告》社会科学文献出版社《中国工业设计发展报告》《中国城市科学》集刊、《交大城市科学内部文稿》等；建有总数据库、数据技术系统、交大城市网、交大城市网微信等；主办有“上海交通大学城市科学论坛(春季、秋季)”“上海交通大学文科创新论坛(城市论坛)”“上海交大斐讯智慧城市高端论坛”等；与国家发展改革委地区经济司等不定期举办“上海交通大学城市科学闭门工作会议”等内部会议，与联合国开发计划署(UNDP)、新华社《瞭望东方周刊》等联合举办“中国城镇化高层国际论坛：城镇化与传统村落保护”等高端论坛。

城研院以城市理论与战略、城市政策与机制、城市规划与设计、城市标准与评估、城市文化与传播、智慧城市为学术研究和政策咨询的重点领域，主要理论创新包括都市文化学、江南都市文化、新城新区建设、都市化进程、中国式城市化、文化型城市化、文化城市模式、文化城市群模式、城市文化病、设计之都管理、传统村落文化标准、人文型智慧城市模式；代表性著作包括国内首部《都市文化原理》，具有开拓性的《中国脐带——大运河城市群叙事》《中原文化城市群建设研究》《广西北部湾经济区文化发展研究》《中国丝绸之路城市群叙事》《江南城市群文化研究》等；学术论文被《新华文摘》《中国社会科学文摘》《高校文科学术文摘》及人大复印资料《区域与城市经济》《社会学》《人口学与计划生育》《科学技术哲学》《伦理学》《文化研究》《文化创意产业》《文艺理论》《美学》《中国哲学》等全文转载 50 余篇次；在《光明日报》《人民日报》《解放日报》《文汇报》整版发布的《什么是中国式城市化》《“互联网+”时代：经济新常态与智慧城市建设》《城市群：未来城镇化的主平台》《以文化之道引领城市建设》《文化与产城融合》《长三角“中国传统村落”调查报告》《现代作家解读江南城市》《拯救记忆场所　构建文化认同》《时代需要诗性文化》《诗性文化与中国文化自觉》《在江南发现诗性文化》《中国城市发展的深层问题与文化自觉》《上海城市的生命历程与文化创造》《艺术与城市文明》等，成为解读国家城市和文化政策、引导社会和大众舆论的主流话语。

在“十三五”期间，城研院的建设目标是：在学科计划上，以人文学科为价值理念进行顶层设计，基本完成“城市科学”新型交叉学科的建设；在咨政计划上，以教育部哲学社会科学发展报告为基础，基本建成城镇化领域的中国特色新型智库；在总体目标上，培养符合国家城镇化战略需要的城市研究和管理人才，为中国城市发展提供具有自主知识产权的理论、方法、应用对策，引领高校哲学社会科学的创新和转型发展，建成兼备中国话语和交大特色的城市文化学派。

国内联系：王晓静博士

地　　址：上海市闵行区东川路 800 号上海交通大学媒体与设计学院 A207 室，邮编：200240

电　　话：021－34204777　13585828563　传真：021－62933373

E-mail：13585828563@139. com

国际联系：盛蓉博士

地　　址：上海市闵行区东川路 800 号上海交通大学媒体与设计学院 A207 室，邮编：200240

电　　话：021－34204777　13774227385　传真：021－62933373

E-mail：shengrong@sjtu. edu. cn

Briefing on Institute of Urban Science, Shanghai Jiao Tong University

Established in 2010, Institute of Urban Science in Shanghai Jiao Tong University, formerly called Institute of Metropolitan Culture and Communication, is a research and consulting institutional entity dedicating to serve major national urban development by integrating the researchers and experts from national urban policy agencies, planning and tertiary education institutions. It is also a public cultural platform to communicate the urban scientific theory and values.

The Institute is a strategic SJTU partner with Regional Economy Department of National Development and Reform Committee, Social Development Department of State Council Development and Research Center, Outlook Weekly of Xinhua News Agency and Shanghai PHICOMM Data Communication and Technology Company. It is also the responsible institute for "Annual Report on China Metropolitan Development" and its branch project "Annual Report on China Mega-City region Development" (originally "Blue Book of Mega-City Region" by Social Science Academic Press), one of the first Philosophy and society report projects sponsored by Education Ministry in China, and "China Industrial Design Development Report" issued by Social Science Academic Press. China Urban Development Database of the Institute is a joint data service with Information Center of State Council Development and Research Center. The Urban Cultural Soft Power Center of the Institute is the joint branch of Shanghai Jiao Tong University and National Soft Power Research and Coordinated Innovation Center. Prof. Liu Shilin, the head and chief expert of the institute, is a member of national 13th five-year development and plan committee, a head of Urban Cultural Soft Power Center in National Soft Power Research and Coordinated Innovation Center and also a member of Instructing Committee of Test Area for Education internationalization in China.

The Institute has Urban Science Research Center, Strategic Consultation Research Center, Smart City Research Center, Planning Design Research Center, Information Management and Service Center. The Institute has completed projects from National Social Science Fund (Major Project), Education Ministry Philosophy and Social Science Development Report Project, Education Ministry Major Project, National Development and Reform Committee, Housing and Urban-Rural Construction Ministry, State Council Development and Research Center, Macao SAR Government and Shanghai Municipal Government. The Institute has established important standard systems on its own such as "China Mega-City Region Development Index", "China Metropolitan Development Index", "Recognition and Statistics Standard for New Cities and Towns", "Implementation and Evaluation Index for Regional City Planning", "National Strategic Planning Frame and Classification", "National Cultural Power Standard and Evaluation System", "China's Modernization Standard System", "Smart City Planning and Standard System", "Smart Village Information Service Platform Model", "Traditional Chinese Village Evaluation Index System", "Jiangnan Traditional Village Evaluation and Index System", "Urban Science: Basic Theory and System", "Science of Metropolitan Culture: Basic Theory and System". The Institute's consultations for decision-making have gained positive reply from national leaders and important leaders of Shanghai Municipal government. They provide reference for several projects of "National 13th Five-Year Plan", "Regulating New Towns and Districts in China in National 12th Five-Year Plan", "Rules to Set Up New Districts in China", "Modification of Metrics of National Cultural Industries",

"National Stone Carving Protection", "Strategic Planning Toward Cultural Power Nation in 13th Five-Year Plan" by National Development and Reform Committee, "Modern Planning and Construction in South Jiangsu Area", "Middle-Term Evaluation of Regional Planning", "Protection and Evaluation of Traditional Villages in China" sponsored by Ministry of Housing and Urban-Rural Construction, "International Test Area for Education in China" set up by Ministry of Education, "Shanghai Smart City Strategic Planning", "Strategic Plan of Shanghai Community for Aging People" and "Shanghai Smart Village Information Service Platform".

The institute has "Annual Report on China Metropolitan Development", "Annual Report on China Mega-City Region Development", "Report on New Towns and Districts of China Metropolis", "Report on the Silk Road Mega-City Region", "Research on Development Strategies of China Smart City", "Index Report on International Urban Science Research Level", "Index Report on China Urban Science Research Level", "China Industrial Design Development Report" issued by Social Science Academic Press, "China Urban Science", "Internal Literature of Urban Science in Shanghai Jiao Tong University". The data service includes General Database, Data Technology System, Website of Urban Science in Shanghai Jiao Tong University and its Weichat platform. The meetings and conferences include Urban Science Forum in Shanghai Jiao Tong University (Spring and Autumn), Humanities and Social Science Innovation Forum in Shanghai Jiao Tong University (Urban Forum), SJTU-PHICOMM Smart City Forum, and irregularly Private Work Meetings of Urban Science in Shanghai Jiao Tong University with Regional Economy Department of National Development and Reform Committee, International Forum of China Urbanization: Urbanization and Traditional Village Protection with United Nations Development Programme and Oriental Outlook of Xinhua News Agency.

The Institute excels at urban theory and strategy, urban policy and mechanism, urban planning and design, urban standard and evaluation, urban culture and communication and smart city. Major theories include metropolitan culture, Jiangnan metropolitan culture, new city and town construction, metropolitan advance, China's urbanization, cultural urbanization, cultural urban model, cultural mega-city region model, urban cultural problem, management of the City of design, cultural standard of traditional village, cultural smart city model. The representative works include first *Metropolitan Culture Principle* in China, pioneering *China's Umbilical Cord: Grand Canal Mega-City Region Story*, *Middle Plains Cultural Mega-City Region Research*, *Guangxi Northern Bay Economic Zone Cultural Development*, *The Silk Road Mega-City Region Story*, *Jiangnan Mega-City Region Cultural Research*. The academic papers have ben reprinted in *Xinhua Digest*, *China Social Science Digest*, *Tertiary Education Academic Digest*, REN DA Literature *Regional and Urban Economy*, *Sociology*, *Population and Planned Birth*, *Philosophy of Science and Technology*, *Ethics*, *Cultural Research*, *Cultural Innovation Industry*, *Theory of Literature and Art*, *Aesthetics*, *Chinese Philosophy* in full length. The Institute has published important reports such as *China's Urbanization*, *"Internet +" Era: China's Economic "New Normal" and Smart City Construction*, *Mega-City Region: Future Platform for Urbanization*, *Urban Construction Led by Culture*, *Culture and Productive City*, *Traditional Chinese Village Research Report in Yangtze River Delta*, *Modern Writers Explain Jiangnan Cities*, *Saving Memory Places and Constituting Cultural Identity*, *The Age Needs Poetic Culture*, *Poetic Culture and Chinese Cultural Consciousness*, *Poetic Culture in Jiangnan*, *Major Issues of Urban Development in China and Cultural Consciousness*, *Life Circle and Cultural Creation in Shanghai*, *Art and Urban Civilization* in *Guangming Daily*, *Renmin Daily*, *Jiefang Daily*, *Wenhui Pao*. They have been mainstream discourse for explaining national urban and cultural policies, guiding social and public opinion.

In the period of 13th five-year plan, the Institute has its own development goals. In disciplinary plan, we are to have top design based on values of humanities and culture and complete a new interdisciplinary field of "Urban Science". In political consultation, we are to establish China style think tank in urbanization based on Education Ministry Philosophy and Social Science development reports. In general goals, we are to cultivate urban research and management talents suitable to national urbanization strategies, provide self-established intellectual theory, methods and advices, guide the innovation and transformation of philosophy and social science in tertiary education, constitute urban cultural school with China discourse and SJTU character.

国内联系：王晓静博士

地　　址：上海市东川路 800 号上海交通大学媒体与设计大楼,200240

电　　话：13585828563,E-mail：13585828563@139. com

Contacts：Sheng Rong，PH. D

Address：Shanghai Jiao Tong University，No. 800 Dongchuan Rd.，Shanghai，PRC.

Mobile：13774227385　　E-mail：shengrong@sjtu. edu. cn

图书在版编目(CIP)数据

中国城市群发展报告.2016/刘士林,刘新静主编.
—上海:东方出版中心,2016.4
ISBN 978-7-5473-0944-5

Ⅰ.①中… Ⅱ.①刘… ②刘… Ⅲ.①城市群—发展—研究报告—中国—2016 Ⅳ.①F299.21

中国版本图书馆CIP数据核字(2016)第054252号

策划/责编 鲁培康
封面设计 郁 悦

中国城市群发展报告2016

出版发行:东方出版中心
地　　址:上海市仙霞路345号
电　　话:(021)62417400
邮政编码:200336
经　　销:全国新华书店
印　　刷:昆山亭林印刷有限责任公司
开　　本:710×1020毫米 1/16
字　　数:325千字
印　　张:20.25
版　　次:2016年4月第1版第1次印刷
ISBN 978-7-5473-0944-5
定　　价:45.00元

东方出版中心邮购部 电话:(021)52069798